凱薩琳・伍沃德・湯瑪斯
Katherine Woodward Thomas —— 著
黃美姝 —— 譯

七週遇見對的人

暢銷修訂版

擴展愛的能力，聽從內心的指引，
尋回值得的人生

Calling In "The One"

7 Weeks to Attract
the Love of Your Life

CONTENTS

第三週 治療核心創傷 133

第四週 設定你的方向 189

CONTENTS

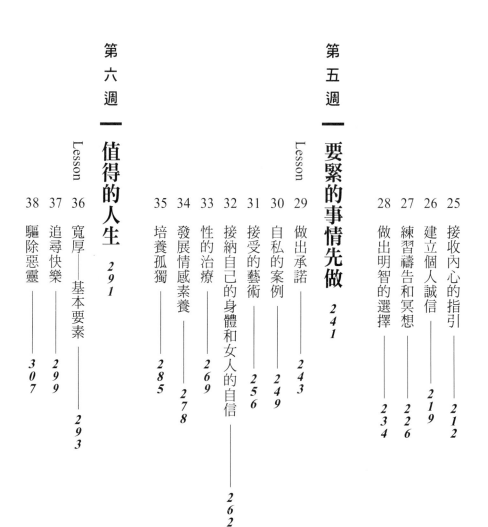

推薦序

準備好「對的自己」，刻畫未來美好願景

幸運療癒師／Wenling

這是一本實作的書，當我在二〇一五年看見作者建議組成小團體互相支持閱讀本書時，就開始了讀書會的旅程。超過六年的時間，辦了十多梯次的讀書會，在重複翻閱本書的過程中，往往有不同的啟發，它的歷久彌新，總能幫助當時的自己找到對應的解答狀態，而調整方向往前進。

第一次看《七週遇見對的人》時，在**Lesson 29 做出承諾**的練習中，因為有一題「哪些已經成為過時的承諾？」讓我驚覺曾經有想跟上一個對象復合的念頭，但這個念頭縱使未說出口，還是成為限制了我的承諾，讓我維持單身了四年，當我有意識地釋放承諾後，才遇到下一個戀愛對象。

又有一次看《七週》時，我對**Lesson 28 做出明智的選擇**中所描述的：懂得「對同類事情的誘惑說『不』，同時希望得到不同的結果。我們必須選擇兩手空空，而不是將錯就錯、重複過去的錯誤；這種誘惑不只會發生一兩次，通常會發生好幾次，就好像是宇宙正在考驗我們；每當我們對宇宙聲明『我們準備改變』，這些測試就會出現。」讓我開始回顧過往的戀愛經歷：總是急於進入一段關係，但也總是草草結束。在遇到真愛的上一個曖昧對象時，因為有書中這段話的提醒，讓我開始學習踩煞車，好好觀察對方是不是適合我，才決定是否繼續，而這樣的里程碑，讓我順利擺脫「渣男吸塵器」的循環。

我最感謝《七週》的時刻，是在二〇一九年八月因為要開始新的一期讀書會，做準備時，翻到**Lesson 24 釐清你靈魂的目的**，重新思考練習的那些題目，包含自己熱愛的、感到幸福的事情，以及人生目的等，突然腦海中「叮」的一聲，告訴自己那就是療癒師了！而我當時什麼療癒技術都還沒有學，但從那刻起，我所需要學習的資訊陸續出現，於是我就在二〇二〇年起，開始用療癒技術結合《七週》的內容去幫助學員。

在本書中，有許多問題都能帶領我們去覺察過往的影響與造成的信念，有許多的實作幫助我們突破自我舒適圈向前進，這是《七週》有魔力的地方，參與讀書會的學員，除了在這些年陸續收到他們找到伴侶、結婚生子的好消息外，也有學員在讀書會結束後，勇敢地去國外當志工與工作，圓了自己的夢想，還有跟家人關係變好的，它幫助我們看清自己，並指引改變的方向。

我很感謝本書讓我可以陪伴數十人走過生命中的低潮歷程，找到他們的幸福，有很多的感動想摘錄給即將要閱讀本書的你們：

「很高興可以參加您之前辦的七週讀書會，我自己也很相信心靈的調解對吸引力有很大的幫助，書中的確很多幫忙內心的調解，年底我要結婚了，我也在最好的狀態遇到我先生！」「運用《七週》裡練習的，有爭執不可怕，但如何因為爭執而感情更好需要好好練習的，謝謝各位姊妹這段時間的陪伴和分享，還有文齡提供的冥想和療癒。」（此學員於二〇二〇年底讀書會期間脫離單身，二〇二一年底登記結婚。）

「我覺得今天的冥想都滿有用的，釋放臍輪的傷痛跟收回自己的力量滿有感覺的，好像把一些自己的價值感收回來了。」（**Lesson 33 性的治療**，冥想回饋。）

「自從參加讀書會，我覺得我的人生開始了瘋狂的奇幻旅程——我過去一直沉浸在傷心中，直到現在才放下，轉而探索自己的內心，也發現自己其實有很多事要做／可以做，也是這時候才知道一切成功的起點就是堅持，至今部落格也是週更，雖然一切尚不能稱盡善盡美，但我從未像現在這樣充滿活下去的動機和力量，讀書會的過程中也認識了不同的人，彼此交流的感覺真的很棒！」

「很神奇的讀書會體驗，從中更瞭解自己，也更知道自己適合什麼樣的伴侶，過去的傷痛也慢慢癒合，可以打開心房認識新的男生，這次讀書會是我二〇一九年最開心也最值得的一趟旅程。非常謝謝文齡每次都真心分享及舉辦讀書會。」

「當我的感情出現狀況時，看到《七週遇見對的人》這本書，就上網找到了文齡辦的讀書會，開啟了我的靈性之旅。謝謝您幫我開啟了我身心靈之門，是我的大貴人，我這一年的蛻變，就讓我看見自己，愛不需要向外尋求，這很不容易，一直以來我都以為別人愛我，我才是值得的。」（此學員從小開始戀愛無空窗期，在讀書會期間想修復跟當時伴侶的關係卻被背叛，但在這難得的空窗期中，她開始學會愛自己，真正體驗到了快樂！）

這本書並不是只有給單身的人，而是給所有未能真正理解自己的人，這些年來，有已婚的媽媽、有情侶、未談過戀愛的人、背負過往情感傷痛的人，都在讀書會中更瞭解自己與對伴侶關係的定義和想像，它教會我們的並不是感情追求的技巧，或是伴侶條件的寫法，而是帶領我們刻畫感情中的願景，面對與療癒童年和過往的創傷，設定目標，給出承諾，學會對自己誠實，並活出自己最美好的樣子，《七週遇見對的人》的旅程其實是捨棄舊我，準備好「對的自己」的旅程，你若盛開，蝴蝶自來。

邀請大家拿出一本專屬筆記本，翻開本書，深入思考並書寫記錄每週的練習題，你會找到生命的答案。

前言

我的故事

「要面對現實，為奇蹟做準備。」

——巴關・希瑞・羅傑尼希（Bhagwan Shree Rajineesh，即印度靈修大師奧修〔Osho〕）

這是單身的我所過的生活：我是個饒富魅力的迷人女性，身材嬌小、曲線玲瓏、橄欖色的肌膚，和亂蓬蓬的黑髮。我非常想要愛人，也很需要和人建立深入的關係，我很討厭孤單的生活。然而，到我四十歲生日時，我卻已經是美國成長最快的團體——「不婚族」的死忠會員。

我要認識男人不是問題。其實我最喜歡給手帕交的建議就是這句名言：「男人就像公共汽車，即使錯過一班，下一班十分鐘後就會來。」換句話說，就算他們讓你失望，也不要浪費太多時間難過。你務必要相信我，這是我的經驗之談。

我十九歲時曾交過一個男朋友，在我的關愛和照顧之下，他跟我說，如果我不生小孩，可真是悲劇。然而隨著時間滴答滴答地過去，他的話縈繞在我的耳際。

即將叩響四十歲大關時，剛讀完研究所，準備擔任心理治療師的我讀到蓋爾・希伊（Gail Sheehy）剛出版的書《新中年主張》（*New Passages*）。希伊在書中用了整整一節，描寫像我這種遲遲不生育的婦女。她引用了一名婦科醫生的話，稱這個現象為：「一種迷你的流行病……等這些受騙的婦女到四十多歲時，一定會非常失望。」我的心沉了下去。那時我就知道，尋找真命天子的美夢不會發生，我只是在自欺欺人。

每週至少會有一次，總有人好像要羞辱我一樣，問我說：「你還沒結婚？為什麼？你怎麼了？」多年來，我總告訴他們，這是因為我還沒有遇到合適的對象。不過到最後，我開始暗自思量，這是不是因為我自己的問題，我從來都不是那個合適的對象。

我一直想要找出自己出了什麼問題。我在這裡指導別人該如何擁有美好、親密的關係，可是當我夜復一夜地回到家時，我卻得面對著空蕩蕩的公寓。為什麼沒有人向我求婚？為什麼沒人想要我當他孩子的母親？天哪，就算我離過婚，都比沒人要好，至少我可以說，曾經有人想要和我白頭偕老，只是後來計畫趕不上變化。

「我們人生中所有的痛苦都是來自於說一套做一套。」

——戴比．福特（Debbie Ford，美國暢銷心靈作家）

這是我的方式：我總是為無法到手的男人勇往直前：不論是什麼類型、身材、大小、膚色、專業經歷，或者無業遊民，只要是得不到的愛情，我都會義無反顧，一頭栽進去。我就像是磁鐵一樣，專門吸引已婚的男人、已有未婚妻的男人、工作狂的男人、酗酒的男人、不敢做出承諾的男人，和只有興趣「探索」的男同性戀。又因為我曾擔任藝術治療師，輔導前科犯好幾年，因此我對這些老是進出監牢不過興趣正常的男人，也不幸地具有誘惑力。這些男人都覺得我可愛又迷人，都願意大費周章誘惑我。我很想告訴各位，合適可靠的男人都對我不感興趣，或者覺得我沒吸引力。很可惜，說實話，根本很少有合適可靠的男人走進我的生活，我不知道他們會如何對待我。到頭來，我還是孑然一身。

有時候，我會和永遠不可能和我有結果的男人糾纏不清時而屈服，讓我覺得自己很糟糕。我會痛斥自己在輸家身上浪費時間，而不這樣做的唯一出路就是孤獨一人。但是正如之前所說的，我討厭獨處。太多時候，我都發現自己依戀的是自己看不起的男人，只是因為被他對我的欲望所誘惑。偶爾我會遇到我尊重，實際上也是合適可靠的男人，只是他總是如流水一般地從我的指縫中逝去。那些人總是另有目的地。

最後，就在我的四十一歲生日左右，我邂逅了一個態度親切、氣質優雅的年長男子，名叫丹尼爾。他是鰥夫，結褵二十多年的妻子在我們認識前幾個月剛去世。他長得很好看、善良、事業有成、有靈性、風趣，並且非常體貼我。他一遍又一遍地告訴我，他覺得我多麼美麗聰明，並且用盡方法討好我。

「如果你想要什麼，神都會賜給你。但你必須做好準備。」

——約瑟夫・坎貝爾（Joseph Campbell，神話學大師）

我想這回我的真命天子終於出現了，完全無視於種種跡象：在他那一段漫長又幸福的婚姻之後，我只是他過渡期的一段關係。儘管我為了他不再和其他男人約會，但他卻還繼續交了幾個女友，而我只是在等他恢復理智！也許我內心深處並不相信自己會得到我真正想要的，所以我只要假裝即使他沒有對我做出任何承諾，一點情感屑屑也就是夠了。畢竟比起以往我曾約會過的傢伙已經是很大的進步（還包括一個覺得「對我好」就是在他不在時，「開恩」讓我幫他餵愛貓的男人）。當丹尼爾在除夕和另一名女子約會時，我終於了解他這麼做的意思。我這輩子約會的對象淨是得不到手的男人，丹尼爾是最後一個。

遇見「真命天子」

現在，我要回溯到一九九二年。當時我正在與威廉約會，我們是經由徵友廣告認識的。他似乎是我一直在尋覓的有緣人——聰明、有創意、溫柔，並且有工作。他還自掏腰包請我去不錯的餐館共進晚餐，比起以往那些男人，我簡直是置身天堂。當時我並不知道威廉脾氣暴躁，這點稍後再談。

當一位朋友邀我參加當地靈修團體主辦的聚會時，我邀威廉一起去。其實威廉對於靈修，就和我對犰狳的求偶模式一樣興趣缺缺。然而，當男人想把女人騙上床時，他就會藉由陪她一起參加她有興趣的活動累積好感，威廉也不例外。

我們按址找到了地方，按了門鈴，一位自稱是馬克的男子應了門。他親切有禮貌地邀請威廉和我加入聚在他家客廳的團體。雖然馬克並沒有明顯地表現出受到我吸引的跡象，但我對這種感覺卻有如雷達般敏銳，光是憑他的視線在我身上打轉時，我就知道他對我有好感。我受寵若驚，也有點好奇。兩天後，他打電話給我時，我並不覺得訝異。

「不要在棋盤上尋找新途徑來逃避，直接聽取『將軍』。」

——魯米（Rumi，神祕主義詩人）

我與馬克第一次約會時，是參加一場他朋友在家中院子辦的婚禮。我們聊得很起勁，根本沒注意到新娘和新郎。之後我們去跳舞，我向馬克保證，我和威廉的關係並沒有到不能和別人交往的地步，我跟他說，我同時與他們兩個人來往完全不會有問題。我這樣交往了兩個月後，選擇了威廉而不是馬克。如今回頭想想，我放棄馬克，是因為他並不合乎我腦海中「真命天子」的形象，而且基於種種原因，馬克和我在一起的時機也還不成熟。這些原因中也包括：跟馬克在一起需要一定程度的成熟，但我還沒有。

一年後，我突然接到馬克的電話。自我們分手以後，我就一直沒有他的消息。而當我跟威廉分手之後，另一輛「巴士」又開了過來，我已經跟其他人交往了。不過同樣地，我和這個男人的關係也還沒有進展到非君莫屬的地步，因此我答應再次與馬克來往，只是才過了兩週，我就不得不再次承認，我們倆真的不合適，而且我得告訴馬克。

在接下來的六年裡，我不時想起馬克。我不知道他過得如何，不知道他是否已經不再單身。我想知道他是否曾想過我。在每一次和男友分手後的空檔時間，我都會想要打電話給他，但不知怎的，到頭來我總是沒打。

一九九八年十二月，只能算是我半個男友的鰥夫丹尼爾和我約了半年的會，除夕夜卻沒有約我（傻女孩，這回你總該清醒了吧！），於是我做了大多數人都會做的事：打電話給我的閨中密友抱怨。我要她做的是附和我，大罵丹尼爾和其他男人，可是她卻問我究竟在逃避什麼，為什麼我寧願獨自生活？這話一語驚醒夢中人。

我一直以為自己渴望找到一個我可以愛並尊重他的男人，建立健全而長久的伴侶關係，卻沒有考慮到我實際上追求的可能是孤獨。這個問題固然讓我感到煩惱，但我不得不承認這問題有一些真實性。我越想越明白我愛自由，儘管我的怨言正好相反。我不想為任何人負責，我喜歡有選擇的餘地。我不得不承認，我害怕自己在情感上依賴任何人，也不敢面對自己遭到拋棄的可能性。

如今，我已經成為名副其實的心理治療師。在醫治自己將近十五年的過程後，協助別人痊癒也成了順理成章的自然結果。此時我很清楚自己的問題，對於自己這些令人困惑的問題和心碎的困境，我也有了大部分的答案。不過，我還沒有嘗試過把這些見解發揮在我的人生上，我還不願意完全投身愛的風險，我還在試圖保護自己，不想要再嘗到童年有過的失望滋味。在這段時期，我一直在渴望著愛，並因此抱怨沒有愛，但其實我很害怕再次打開心房重回情場。

「重要的是，要能夠隨時為我們未來可能成為的樣子，而犧牲我們現在所是的樣子。」

——查爾斯・杜波瓦（Charles Dubois，比利時自然主義者）

讓自己成為開放狀態

你可以作繭自縛多年，卻因為有人說了一件小事而使整個宇宙豁然開朗。我的朋友提出一個簡單的問題，卻讓我展開意義深遠的自我探詢。我不能因為我的情況光是責怪別人，而把責任推給雙親、男人、文化。多年來，我一直把尋覓「真命天子」的願望當成我生命中的重心，直到如今，我才終於明白，想追求某個事物，和做好擁有它的準備，其間有所區別。當我以全新的層面承擔責任，面對我遮掩的態度和隱藏的目的時，我才能放下抵抗，敞開胸懷面對愛情。這是我成年之後第一次，真正能夠創造深情、忠誠、浪漫的結合。

「成為完整的人，所有事情就會歸向你。」

——老子

當時我在職業生涯中，已經藉著設定明確、實際的目標，而獲得正面的結果。我決定如法炮製，為我的人生設定尋覓「真命天子」的目標。為了讓這樣的目標更正式，我決定昭告天下，於是打電話給我的手帕交。

「娜歐米，」我說，「我要在我生日之前訂婚。」「太好了！」她不假思索地回答，接著她立刻和我談起這個目標。回想起來，我明白她對我有能力改變自己生活的信心，這在改變的過程中非常重要。我們的朋友是我們親愛關係的訓練場。他們鼓勵並支持我們，與我們站在一起，為我們將會變成什麼樣的人打氣。他們也是我們的願景守門員，讓我們追求目標之時，要我們對自己的選擇負責。我的兩位好友娜歐米和珍妮佛（Jennifer）在我對愛的追尋之路上，是無價的盟友。

決定好目標後距離我的生日僅僅只剩八個半月。我沒任何一個可做另一半的人選，遑論理想的丈夫。但是，我開始表現得好像我的說法千真萬確一樣。才不到一個月，光是設定了尋覓「真命天子」的目標，就讓我的生活天翻地覆。

丹尼爾和我打開天窗說亮話，真誠討論彼此生活中的目標並決定分手，讓我們的關係轉變成友誼。過去我也與一些曾經與我打情罵俏的男人開誠布公，這樣的談話讓我們的目標更清晰，也化曖昧的情愫為友誼。而和丹尼爾的談話就像我其他許多關係一樣，雖然以愛情的可能性為基礎，但他卻並沒有真正地打算承諾。我終於放下這段感情，為花了五年才走完全程的關係悲傷不已。

在這段期間，我每天早上都在冥想打坐，在展開忙碌的一天之前，真心誠意地在寂靜中打坐幾分鐘，我會看到自己的腦海急匆匆地列出「待做事項」列表，我會注意並深沉地呼吸，藉以融入我的身體，設法得到一些中心的感受。雖然進入被稱之為「靜謐之境」的境界對我來說並非新的體驗，但我發現自己得到的是先前未曾經歷過的啟發、清晰，和直覺的指引。

「我們總將自己的人生建立在自己因為欠缺愛的努力上，而非上帝之愛的基礎上。」

——瑪莉安．威廉森（Marianne Williamson）

我嘗試遵循我內心的指引，納悶這一切是我自己的想像，還是我真的受到引導，要採取某些行動並前往某些方向。如今回想起來，無論是哪一種方式，我內心的引導似乎都很正確，因此我就遵循不渝。週末夜晚，我獨自在家檢視過去的一切，燒掉舊情書、刪除以前的電子郵件，它們除了讓我感覺不那麼孤獨之外，沒有任何保存下來的理由。我捐出前男友送我的珠寶首飾，收起曾經感動我的詩。我翻遍我的公寓，移開所有反映出孤獨、悲傷，和隔離的任何圖像，取而代之的是表達愛情、結合和喜悅的圖片。我在已經破破爛爛的日記裡寫下一頁又一頁，直到孤獨的谷底，思索孤單生活為什麼吸引我，以及我又做了些什麼來確保這樣的生活——儘管我嘴巴上說的恰好相反。

在還沒有新展望之前放下我的過去，教人感到不自在；而改變我一向看待自己的方式——可以說是我的身分，也同樣教人不安。拋開那麼多定義我是誰的事物，讓我面對巨大的虛空，感覺胃在翻騰。但我真的相信，如果你想在生活中創造一些精彩的東西，如果你真的想做出重大的改變，就必須學會忍受「中間」的時間。在這段時間裡，我們得要放下我們知道的自己，才能容許我們面對自己可能會轉變成誰。這個過程會一步一步引導你經歷眼前的生活，最終實現愛情。

召喚「另一半」

在二月的時候，我再度想起馬克，但我依舊決定不打電話給他，因為我就是覺得不對。接著到了三月的一個禮拜天，我參加了一個我已經去了約十年的教會做禮拜。在這十年間，我從沒在這個教會裡見過馬克。據我所知，他甚至根本不知道有這個教會。當我在共有數百人正在找車位的停車場與朋友聊天時，一抬起頭，卻看到馬克走過馬路。我立刻變得膽小，趕緊移開視線，時間久得正好夠讓他消失在我的視野外。等我鼓起勇氣抬頭尋找他的蹤影時，他已不見了。「哦，好吧！老天注定我們不會相見。」我這麼告訴自己，以掩飾我的失望。

兩週後，我和朋友打電話聊天。儘管我已經定下目標，並且努力做好心理建設，但我仍然向朋友抱怨「真命天子」還沒出現，我開始不耐煩起來。已經三月底了，最後期限步步進逼！朋友建議我到交友網站登錄，她在那裡認識了一些有趣的男子。我以前從來不認同以這種方式認識男人，但這回我想試試看。

她教我怎麼上這個網站、該怎麼做。我打開電腦，發現在這個網站註冊的竟有二十五萬人，他們全都在以一種或另一種形式尋找愛情，讓我有點不知所措。在輸入年齡、宗教信仰，及其他諸多個人的偏好之後，合適的男人終於縮小到只有八十個。所有的個人資料都匿名，有的人附上了他們的照片，但大多數人則沒有。這些資料既沒有名字，也很少有能辨認的特徵。

當我讀這些自我介紹時，其中有一個人特別吸引我。這名男子寫道，我們全都是息息相關的，因此，人人都是彼此的一部分——這正是我的信念。他描述自己的方式，讓我覺得他很成熟、快樂，是個成功人士。我決定回覆他。我覺得有點愚蠢和不自在，所以只簡短地寫了一封有點笨拙的自我介紹郵件。接著我繼續閱讀其他人的自我介紹。有一個人的介紹表現出冷面笑匠和彬彬有禮的幽默感，讓我笑出聲來，我也開始草擬對他的回覆，不料此時電腦當機，而我對技術問題完全沒耐心，因此把電腦關掉，然後上床睡覺，電郵草稿沒有儲存，就此消失。

第二天晚上，我打開電腦檢查郵件。先前回覆的男人已經回信給我，我驚訝地盯著在他郵件帳號括弧旁邊的名字：這個男人是馬克。我想：「多麼完美。」因為我的身分並未列在我的郵件帳號欄上，因此馬克不知道我是誰，他就像對陌生人一樣寫信給我。我彷彿對老朋友一般熱情地回覆他，並告訴他我的身分。幾週後，馬克告訴我，他沒想到自己竟然是以這種方式聽到我的消息，因此在他讀我的電子郵件時，從椅子上摔了下來。他收到郵件後，鎮定下來，然後打電話來邀我外出喝咖啡——他後來說，要不是因為老天這樣明顯注定要我們相遇，他才不會如此故作姿態。馬克很有自尊，先前我已經拒絕了他兩次，他原本不會再邀我出去。事實上，他後來承認，那天他也在教堂的停車場看到我，只是故意避開不和我說話。所以你看吧，我們的確需要一點奇蹟才能再度重逢。

在聽到他的消息幾天後，我發現自己正坐在這個英俊、聰明、善良又溫柔的男人對面，啜飲一大杯無咖啡因的咖啡。與他在一起還不到一個小時，我就認定他是我一直在尋找的另一半。我不再害怕愛情。我回到家，興奮地發送郵件給一直支持我的兩個閨密，肯定地告訴她們我剛才和我未來的另一半約完會。兩個月後，馬克向我求婚，在五月的最後一天，我生日的前八週！在撰寫本書時，馬克和我已經結褵快四年了。我們有幸在千禧年感恩節前夕擁有了一個漂亮女兒——在我四十三歲時的第一個孩子。

這門課程

在打算尋覓你理想的終身伴侶，和做好準備，掌握住他（或她）出現時的機會，這中間存在著巨大的鴻溝。這門課程就是要協助你跨越這道鴻溝，教導你如何設定強而有力的目標：愛與被愛，然後以明確具體的步驟，列出你該做些什麼，讓你美夢成真。

我運用了許多自己的經歷，設計本書中的課程大綱，我也列了其他許多人在這條路上成功的事例。身為領有專業執照的心理治療師，我能夠結合我多年來在心理治療和心靈改造上的經驗，建構出實用、有效，並且在心理上健全完美的方法，付諸實行。

尋覓真愛是一條漫長而艱巨的道路，路上可能充滿錯誤的彎道、危險的坑洞，和迂迴的路線，有時候會讓你感覺這條路不會有結果。不過你會被這本書所吸引，已經代表你正認真地尋求生活上的變化。現在你正面對著一個意想不到的機會：你正站在交叉路口，其中一條路引導你走向與以往沒什麼兩樣的方向，這條路在許多方面都比較安全，因為它可以預測，但這條路也往往只通往你太熟悉的失望；另一條路引領你擺脫過去，面對未來非常可能會發生的愛情，這是一條未知的道路。從這個角度來看，它可能有點嚇人而可怕，也因為這個原因，人們不常走這條路。但是，這門課程會引導你由這條路走下去，一步一步實現愛的目標。我保證只要你決心走上這條路，我會每天支持你、指引你，好好照顧你。無論你在過去曾經歷過什麼樣的失望，無論你曾經多麼疲憊灰心，你現在依然可以選擇一條追求並接納你伴侶的快樂道路。因為人人都能找到理想的另一半。振作起來，不要氣餒。愛情是屬於我們大家的。

緒論
召喚「對的人」

「我們都是為愛而生。這是存在的原則，和唯一的目的。」

——班傑明・迪斯雷利（Benjamin Disraeli，英國政治家）

人類這個社群總是關注身外的事物。我們希望有人能告訴我們愛情的規則，我們希望有誰該說什麼、誰該做什麼的教戰手冊。這並沒有錯，也有許多聰明的老師由這樣的角度寫下如何約會、如何尋覓愛情的著作。但本書的課程並非如此。你找不到關於你或其他人應該如何表現才能找到，並維持愛情的硬性和速成規定，你找不到讓別人在一年之內愛上你，並向你求婚的祕密配方。不過你會在這個課程裡，發現由內而外讓你的生活脫胎換骨的工具，你會發現愛的實踐真正的可能性。

在我們開始之前，我必須請你細想三個基本前提。這些前提對你的成功舉足輕重，因為它們是本課程的基礎。

三個基本前提

我們的人生是持續創造的過程。大多數人總以為未來「存在某處」，而我們只要被動地生活，直到在某個指定的時間碰上它，就能夠讓它實現。這是幻想，而且是相當有害的幻想。本課程的第一個前提是：

生命是一個創造性的過程，我們的思想、信念、假設、選擇、行動，和言語是我們用來創造經驗和環境的工具。

然而，既然我們的人生是一種創造的行為，我們就必須放棄自己是受害者的想法。這對許多人來說，可能並不容易。我們難以放下受害者的枷鎖，有幾個原因：我們可能為自己建立了一個完整的受害者身分，只能透過它的重擔來認識自己；我們可能會覺得，身為受害者可以讓我們得到所期望的愛和同情；也許我們喜歡讓加害者見證我們的痛苦，藉此懲罰他們；或者我們以為沒有人能真正聆聽並理解我們的痛苦，因此無法放手讓它隨風而逝。可以理解，這些都是我們繼續背負受害者重擔的原因，然而我們要付出非常高昂的代價。簡單地說，為了維持你受害者的身分，會讓你得不到愛。我們希望能夠啟發你，讓你明白放棄這種受害者角色的可能，改變你和這種角色的關係。

「你人生中的每一刻都充滿無限創意，浩瀚的宇宙寬廣無垠。只要提出足夠明確的要求，你心裡想望的一切都一定會來到。」

——夏克蒂・高文（Shakti Gawain，美國心靈作家）

我們有權藉著我們設定的目標，決定我們自己的命運。雖然我們所過的生活似乎朝著某個特定方向前進，可以預測它的結果，但我們可以在任何時間，透過設定堅定而明確的目標，改變我們生活的路線。因此這個課程的第二個前提是：

藉著設定明確的目標，承諾按照這些目標生活，讓我們有能力創造人生中的環境和機會。

大多數人在生活中沒有目標，只有期望。這些期望通常都沒有實現，帶來失望和消沉。這是因為我們沒有想到，自己必須要積極主動去實現我們的夢想和願望。

「試圖改變外在的環境並沒有意義，你必須先改變內心的信念，外在環境就會發生相應的變化。」

——布萊恩．亞當斯（Brian Adams，加拿大歌手）

我們與別人建立關係的問題，往往是在反射我們與自己內在的問題。如果我們無法保持親愛、恩慈和承諾的關係，那麼該先檢討的是你與自己的關係。捫心自問：為何你不能愛自己，滋養自己，並向自己做出承諾？因此，這個課程的第三個前提是：

若你改變與自己的關係，你的外在世界就隨之改變。

如果不改變我們與自己內在的關係，我們就不能只憑單純地改變外在的行為，創造持久的變化。當你改變自己內心的景觀時，就能夠毫不費力並且確實地調整你的外在行為，讓你的生活開始有所不同。因為你已經面對了困難的源頭，一旦你改變自己內在的對話，你的外在世界也將永遠改變。而且這種變化並不只限於在受迫和不自然的情況下，遵循一套規定和法則才能發生作用。

這三個前提都是本課程中非常重要的作業原則。前提的定義是，毋須證明就要採取的事物。你可能同意，也可能不同意這三個前提，或者你也可能無法在此時確定它們和你的關聯。但是為了我們一起努力的目標，我請你試試這三個前提，至少給它們在你的生活中發揮作用的機會。如果它們對你沒有幫助，你稍後可以隨時捨棄它們。說實話，一旦你掌握了這些前提，把你心愛的人帶入你的生活之後，你也可以運用它們來實現任何領域最深入、最珍貴的夢想。

「人生是由一個人整天所想的事物所構成。」

——拉爾夫・沃爾多・愛默生（Ralph Waldo Emerson，美國文學家）

「所有的問題、信念、態度，或假設，都是你與你和其他人的關係；以及你和你自己之間的問題。」

——吉塔・貝琳（Gita Bellin，心靈作家）

如何進行這個課程

「用到上帝這個詞時……你可以用井然有序的方向或流向來取代它。我無意解釋、辯論，或定義這種流向。人並不需要瞭解電力，就能使用它。」

——茱莉亞・卡麥隆（Julia Cameron）《創作，是心靈療癒的旅程》（*The Artist's Way*）

我對於「有靈性」（spiritual）的人所下的定義，並不是指這人要相信特定的學說或宗教，而是說他要主動積極地追求構成善良與愛的人生所具有的特質。我曾見過最虔誠的宗教界人士，但他們並未真實地審視自己的內心，去揪出自私和欺騙。我也見過自稱是無神論或不可知論者，但他們竭盡全力地在生活中培養仁愛、慈悲和憐憫的特質。正因為如此，我不再理會一般所謂「有靈性」者的標籤和證書，而是深入欣賞每個人各自路徑的複雜和獨特。

「未來並不是在那裡等著我們。我們必須透過想像的力量創造它。」

——皮爾・維拉亞・汗（Pir Vilayat Khan，英國當代印裔伊斯蘭教蘇菲派大師）

在你進行本書的這些課程時，會發現你面對了一些我所運用、並請你接納的基本精神原則。在這樣的時刻，我請你保持開放的態度，嘗試這些對你來說可能會是不尋常的新做法。我請你不要太在意特定的宗教教義，而要著重實踐的本質以及它所帶來的效果。

即使是堅定的無神論或不可知論者，也應該能夠像其他人一樣成功地駕馭這門課程。我並不打算傳教，我對上帝的經驗是非常私人的經驗，而且時時刻刻都在變化。我更感興趣的是繼續探索我與神的關係，而非傳達我相信上帝是誰或是什麼。我相信在靈屬這方面你有你自己的理解，並根據自己內心的渴望自我成長。有些事物真的是文字難以形容，言語無法表達。

課程用品列表：

- 日記本
- 繪圖紙
- 紙板或其他可做美術拼貼的支撐物
- 彩色筆或蠟筆
- 造型黏土（可免）
- 剪刀
- 膠水
- 火柴
- 雜誌或其他來源的圖片和影像
- 螢光筆

這門課程整合了許多性靈上的傳統和療癒的方法，在冥想、體能活動、書面作業、藝術工作，以及建議你在生活中應採取的行動之間遊走。這些所謂的「練習」，是為了讓你參加全方位成長和變化的過程。你不能只憑智力來參與這門課程。換句話說，雖然你可以先讀完這些課程，再回頭身體力行，但唯有在你願意做這些課程，而不僅僅是閱讀課程之後，才能保證你在人生中真正地進步。

「如果你只能做的唯有爬行，那麼就開始爬行。」

——**魯米**

對於聲稱「曾經做過」這些練習的人，我的建議是，這些課程是一種心靈的練習，而不是做完就算了的一次性事件。沒有人會因為自己曾經祈禱過而放棄禱告，我們也不會因為我們曾經去過健身房就不再去運動。此外，雖然我們可以讀許多冥想類的書籍，但再怎麼讀也比不上坐下來花二十分鐘左右親身嘗試。本課程是實務的體驗，它的設計是要幫助你改變生活，這表示你必須有停止說空話的意願，採取具體行動和實地做練習。

我建議你用一本筆記簿，特別專供這門課程使用，你也可以用喜歡的筆來書寫。找個安全隱私的空間來放這些東西，你寫的內容必須能夠保密，讓你感到安全，才能真正向自己吐露實情。你不必擔心危險或威脅，你的工作只是為自己而做，除非你願意與別人分享。很多人在進行這門課程時，都會創造自己的儀式，諸如點燃香氛蠟燭，或聆聽心靈音樂等。這是你的時間，你大可把這段時間發揮得淋漓盡致。

如果你按本書的做法進行這門課程，總共需要耗費七週的時間。我喜歡按照這種方式進行：一天一堂課，總共四十九天。如果你採取這種做法，每天應撥出二十至四十五分鐘，最好是在早晨。雖然我明白對一些人來說，這算是極多的時間，但不妨想想你需要投入多少時間培養親密的關係，你的承諾應該從現在就開始。

「如果連青草都可以穿過水泥成長，那麼愛情也可以隨時叩門。」

——雪兒（Cher，歌手）

我發現有些人喜歡以其他方式來進行這門課程，也許一次讀一章，這一章就代表整週的課程，然後他們再將這些練習分開，也許一天做一個練習，或第一天做兩個練習，第二天不做，依舊以整週的情況為進度，每週專注在一個整體的主題上，這樣做也證明相當有效率。另外也有人會讀完整本書全部的內容之後，再回到第一課去實踐。有些人則按照自己的進度慢慢走，每堂課花個兩三天（或三至五個月完成課程）。

你該知道的是，進行這門課，並沒有「錯誤」的方式。這門課不是邀請你來痛斥自己做得不完美，而且事實上，這門課程也不可能做到完美，相反地，你應該考慮讓生活放輕鬆一點。本課程談的不是追求完美，而是關於成長和發揮自己，拋棄對你不再有用的東西，接受對你有用的事物，這是底線。這本書的內容遠比你可以輕鬆地在七週內所做的練習更多，我刻意這樣做，為的是那些願意回頭再做一次、甚至可能再做第二次的人，讓你物盡其用。這個課程豐富充實，而且可以多次運用。所以請細細品味享受，不要被自己打敗。

說了這麼多，如果你發現自己得花費半年以上才能完成課程，那麼你可能要認真檢討一下你到底有多想要一段親密關係。拖延太久，可能表示你懷抱著強烈的矛盾心理，不想敞開心扉，體驗親密浪漫的愛情。如果你發現自己在課程進行時耗費的時間過長，拖延做練習的時間，或者停滯不前，那麼該與如治療師或精神顧問等讓你信任的人談談你的感受，他們也許能協助你更清楚地看清拖延你的是什麼。

如果你發現，自己大體而言是向前進，但偶爾會「卡在」特定的一課中，因為它對你產生深遠的影響，那麼你也可以先標註這一課，等你完成了全部四十九天的課程，再回頭來做耽擱你的這一課。本課程是全方位的綜合練習，共有許多主題。其中一些會對你比對其他人更重要，你發現自己需要多做練習的重要主題時，應該記下來，日後再回頭來做。療癒並非一天之內就能完成，請相信你在進行的是一個過程。這門課程大部分的價值，是要清楚找出阻礙你去愛的問題。記下你認為特別有幫助的練習，以便在你完成課程之後，把它們納入你的生活。

「你還要讓自己的精力繼續沉睡多久？你還要繼續對自我的無限性漠視多久？」

——羅傑尼希

要注意的是，本課程有時會較為激烈，我會盡可能預先警告這樣的情況，但如果你曾受過虐待之害，包括受到忽視和情感虐待，以及語言、身體和性虐待，你可能會需要額外的幫助，才能面對在擴展愛的能力時所可能產生的焦慮和恐懼。心理治療和諮商能讓你得到額外的幫助，如果尚未進行治療，我建議你該注意自己的反應，如有需要，也該與專業人士談談。

如果你還沒有治療師，但覺得與人談談可能會有幫助，那麼你該和二至四名治療師談談，再選擇其中一人和你合作。治療師也是人，尋覓適合你的治療師就像找對象一樣，需要一點時間才能找到你的「良伴」。你該找一個你尊重的對象，他能分享你的價值觀和人生哲學，讓你感到安全和自在。因經濟方面的考量而裹足不前的人，要知道當地的診所往往為了培養要成為治療師的研究生，而提供費用低廉的輔導，通常這些學生很有天賦，也有優秀的主管引導他們。雖然他們缺乏經驗，卻經常能以努力和熱情作為彌補。

「真心，誠實和快樂會帶你到終點。你不會輸掉這場遊戲。祝你愉快！」

——約翰和琳．聖克雷兒．湯瑪斯（John and Lyn St. Clair Thomas，澳洲作家）

與其他人一起進行這個課程

「我們是彼此夢想的催生者……成功發生在群聚之間。」

——卡麥隆《創作，是心靈療癒的旅程》

我鼓勵你如果可能的話，請與一位或一群朋友一起進行這個課程，而不只是自己進行。當你希望藉著這門課程進入更深入和更深刻愛的體驗時，沒有比與他人一起進行這個課程更好的做法了。與關心你、真正能掌握你所經歷變化之重要性的人分享這個課程，證明你願意在生活中創造更多的愛，也能幫助你鞏固你所得到的益處。

我一直都很喜歡《新約聖經》中〈雅各書〉的一段經文，它告誡我們：「你們要彼此認罪，互相代求，使你們可以得醫治。」當我們能夠說出自己的缺失，並且感受到把我們的缺陷和弱點告訴他人是安全的時候，就可以讓我們接納自己本來的面貌，因為我們會發現，別人也因我們本來的面貌而接受我們。然而，當我們受制於自己的不安全感，必須犧牲自己的真實面貌，以求他人接受我們美好的表象時，就會變得疏遠而孤立，從而驗證了我們身陷的恐懼。

讓別人參與，讓他們瞭解真實的你，這點非常重要，你必須讓其他人和你一起抱持著你所創造的未來願景。我們太容易在遭逢失望或挫折時，讓自我懷疑破壞我們的努力，如果發生這樣的情況，強大的支持團隊就能幫助我們留在充滿期待和信心的位置。在絕望和沮喪的時候，自己孑然一身試圖守住願景，和有其他支持你、甚至與你或為你維繫這一願景的人一起努力，其間有天壤之別。我相信這是〈雅各書〉鼓勵我們「互相代求」的意思。在遭到艱難險阻的時刻，別人的善意和支持能協助我們走很長遠的路。

「在崩盤的世界中，唯一的通貨是當你不酷的時候，還能和他人分享的東西。」

——菲利浦・西莫・霍夫曼（Philip Seymour Hoffman，美國演員）《成名在望》（*Almost Famous*）

最後，你的支持團隊能夠見證你釋出和放下的事物。這樣的見證提供了你在經歷痛苦時迫切需要的理解和同情，而這也能協助你放下。有很多時候，我們無法放下過去，是因為我們還沒有感覺到自己的痛苦和折磨已經被其他人完全理解，得到他人的認可。

如果你認為該與其他人一起進行這個課程，那麼下面是你們團隊該遵行的一些原則：

一、**聚會**。由於這是七週的課程，我建議你們團隊至少聚會九次——每一週同一時間聚會，連續九週（或者十週，中間休會一週），並在課程結束後的三到六個月之間，進行幾次後續會議。九次的聚會中，包括七週之外的兩次額外聚會：一次是「互相認識」的介紹聚會，還有一次「終結」的聚會。聚會的日期應該預先確定，讓小組的每個成員知道他們參加的是什麼樣的活動。

二、**會員資格**。我建議這應該是封閉的團體。這表示在第一次或第二次會議之後，不再開放新人參加。你該尋找願意承諾從頭到尾參加小組整個活動週期的成員。如果參與者事先知道他將只會錯過一次會議，而且承諾會照樣做他們所錯過那一週的功課，我通常都讓他們參加，但是，如果他們知道自己會錯過一次以上的會議，我就會要求他們等到有時間之後，再加入另一組。

三、**隱私保密**。我強烈建議小組成員之間要有保密協議，這意味著，你不會透露其他成員的名字給小組以外的任何人；這也意味著，你不會洩漏在會議期間所說的任何事物，即使是對未能出席的小組其他成員亦然。你們不會彼此八卦，也不會以其他任何方式破壞小組的信任和真誠，這點最為重要。若無法建立安全的架構，群體的效益就會遭到嚴重的破壞，可能會徹底崩潰。

四、**時間和地點**。最好有固定的聚會場所，並設定每星期會議開始和結束的時間，讓成員可以預做規畫。同樣的成員準時並且持續不斷地出現，才能建立群體關係。

五、**分享**。這個團體的目的，是為所有的成員提供支持和鼓勵。除非主持小組的是心理諮商專家，否則最好盡量減少回饋和干擾。雖然有些人好為人師，很難克制「修正」別人的欲望，總想告訴他們：我們對於他們應該如何生活，有什麼樣的看法，但那不是我們這個團體的目的。重要的是要記住，對於正在努力解決自身問題的人而言，光是關懷傾聽，就已經有莫大的幫助。有時候，更重要的是表達相信其他人能夠自行找到出路的信心，而非揣摩你該如何幫助他們脫離困境。底線是：要確定「我」這個字使用的次數遠遠多於「你」這個字（比如：「我注意到在你說話時，我有一點不自在」，而不要說「你不該那樣想」）。讓你的團體負責實行這個原則，因為小組成功與否，端視大家是否能遵守這個原則。你也可以在你們的團體開始之前，先均勻劃分時間，讓所有參與者都能得到同樣的時間和注意。

六、**主持人**。我建議大家一起分擔主持團隊會議的任務。每次會議結束時，選出下一次聚會的主持人。主持人負責帶水和點心，如果聚會有任何變化，也由他通知每個人。

七、**合作的體系**。我建議大家在各次會議之間彼此尋求支持。你們可以每次更換合作夥伴，也可以在整個課程中，保持同一名合作夥伴。最重要的是要相互支持，彼此保持信心，互相幫助保持專注，不偏離主題。

「傾吐憂傷吧；悲傷若不說出口，就會向負荷過重的心竊竊私語而令其破碎。」

——威廉．莎士比亞（**William Shakespeare**）《馬克白》（***Macbeth***）

基本上，團體的每個成員都為彼此擔負「願景守門員」的角色，但要注意，不要變成彼此的獄卒，或扮演對方嚴苛的父母，不要試圖透過分析對方來扮演治療師。帶著同情傾聽，不時地提出單純的問題，例如詢問某些行為舉止背後的動機，這樣做會在幫助對方成長方面有莫大的好處。

如果在完成這一切之後，你仍然希望再單獨進行課程，至少讓你的好友知道你正在進行。至少有一兩個朋友知道你有什麼樣的目標，對你很有幫助。他們可以支持你言行合一。換言之，一旦你的行為舉止不再符合追求真愛的目標（比如和一個對你刻薄又凌虐的人交往、深居簡出，或者自己有虐人的傾向時），你的朋友就可以指出你做法的不一致，幫助你回到正軌，當然他們是以有愛的方式這樣做。

現在你已經準備好要展開不平凡的旅程。容許自己以你本來的面貌去經歷這段旅程，在你宏偉、非凡、美好的自我之外，也接納你不完美、散漫、無知的自我。曾有一名女性學員報名參加我的研討會，但在課程開始前一天，她因為無法「擺脫」不肯承諾、不把她當回事的男友，而差點取消上課。她以為在參加課程之前，她必須先達到完美的境地才行。我不得不提醒她，她當初之所以要參加課程，就是因為她不完美！在清潔工來打掃房間之前，你不必打掃房間。而在這門課程進行之前，進行期間，或進行之後，你也不需要是完美的。只要保持真實，樂意說出真話——先對自己說，然後對別人說，那就是療癒發生之處。祝福你順利進行這段美好、神祕的朝聖之旅，讓愛情在你的生活中實現。

「一個人必須做他自己。這是我基本的訊息。當你接受自己的原貌，所有的負擔，所有山一般重的負擔即會消失。然後生命會成為純然的愉悅，一場光明的盛宴。」

——羅傑尼希

第　一　週

為愛做準備

「有一天，在我們已經掌握了風、海浪、潮汐和重力之後，
我們應該充分利用上帝的愛的能量。
然後，人將會在世界歷史上的第二次發現火。」

——德日進（Pierre Teilhard de Chardin，法國耶穌會神父）

常常，我們以為個人的痛苦應由個人獨自來承擔，卻忘記我們是巨大群體的一部分，人人都以某種形式與其他許多人共同承擔我們大多數人感到困擾的一切。

在這一週：

- 我們將探討我們周遭的文化對於我們集體創造愛與有意義關係之能力的影響。
- 我們將以全新的層面，對我們周遭的人們敞開胸懷，探索並擴展我們健全地相互依附的能力，為愛做好準備。
- 我們將培養並實現一個愛的願景，讓我們的生活能以對愛的瞭解為重心，並以此設計我們的人生。
- 我們要開始採取具體的行動，能夠與愛的實踐保持一致，並且支持這樣的未來。

Lesson 1

擴展愛與被愛的能力

「如果你想學會去愛，你首先必須探究愛是什麼，什麼特質才能構成一個充滿愛的人，這些特質又是如何發展而來。每個人都有愛的潛能，但如果不去做，潛能永遠不會發揮實現。」

——李奧．巴斯卡力（Leo Buscaglia），《愛》（*Love*）

許多人都得不到我們所渴望的愛，一個原因是我們還沒有成為能夠吸引和維持這種愛的人。我們大多數人都大幅提高了標準，想要從伴侶那裡得到的事物，遠遠超過我們父母親對浪漫結合的期待。然而，我們成熟的程度卻並未進化到可以體現和維持我們所希望創造的愛的程度。

今天浪漫的關係是一種不確定的試探，結婚不再是安全可靠的途徑。從前人們出於經濟和社會的需要而結合，如今我們結為伴侶，卻是為了創造心靈和有意義的人生。然而卻有許多時候，墜入愛河的結果最後卻是絕望無助地坐視愛由我們的指縫間溜走。為什麼我們無法保持愛的光輝超然？為什麼我們無法駕馭激情，使它安定下來，讓它成為一個家庭？

有人會說，浪漫的愛情是一種幻覺，是自然引誘我們生兒育女的詭計。在錐心蝕骨的分手之後，我們總免不了自問，對方究竟是不是我的心靈伴侶？這段感情究竟是不是真正的愛情？我們生命中最美麗的時刻在愛情消失之後，竟貶為它們的最低公約數：荷爾蒙、欲望，和教人不寒而慄的那句話——「那只是一時的迷戀。」

「每個人都以他有限的方式實現愛，並沒有把因此產生的困惑和孤獨，與欠缺愛的知識聯想在一起。」

——巴斯卡力

然而單憑直覺，依舊有許多人明白：浪漫愛情含有我們仍未完全理解的承諾。出於本能，我們知道浪漫愛情握有我們擴充發展的關鍵。因為它有一種深奧的能力，能帶出我們內心最好和最壞的一切，因此我們開始把它當成我們性靈成長和發展的最新疆界。

性靈道路並不是要我們與世隔絕，而是召喚我們更深入地探索我們關係的性質。它的前提是非常關鍵的新名詞，「性靈伴侶」（spiritual partnership），這是最新流行用來描述當今婚姻模式的詞彙。但這個人人都在談論的新婚姻模式到底是什麼？如果說，舊的婚姻模式關注的是經濟的穩定和道德上認可的性行為，那麼新的婚姻模式所關注的則是實現我們靈魂的命運，徹底發揮自己全部的潛力。性靈伴侶意味著：以相互鼓勵和支持彼此靈魂之所以存在的原因作為目標。

不久之前，「性靈」（being spiritual）意味著獨自去深山或寺院，遠離與其他人的關係。然而，如今它意味的則是讓我們全心全意認識另一個人，也被另一個人完全認識。這表示要對另一個人的性靈提升做出承諾，藉此學習愛的範圍和語言。這也表示要學習完全暴露自己脆弱的一面，毫不設防，同時百分之百真誠地面對自己。它意味著要超越上一代認為浪漫結合是妥協和犧牲的普遍想法，接納浪漫愛情可以讓我們延伸擴展，包容一切的體驗。換言之，仍然認為浪漫之愛和性靈之愛是兩碼子事的人，並不瞭解這兩者發展的方向。

本書並不是寫給想要躲藏者的書，而是寫給不畏挑戰者的書。它的設計是要幫助你蛻變，由今天的你變成你所需要成為的人，才能讓你得到這輩子最好的伴侶。對於「只是因為想結婚」而拿起本書的人，請想想當你找到的不只是配偶，而且是心靈配偶，不僅僅是伴侶，而且是心靈伴侶，這會是什麼樣的景況。

「我們所有的失敗，追根究柢，都是愛情的失敗。」

——艾瑞斯・梅鐸（Iris Murdoch，愛爾蘭裔英國作家）

幾年前，我聽到《心靈雞湯》（*Chicken Soup*）系列書籍的主編傑克・坎菲爾（Jack Canfield）講述一個女人曾經歷瀕死的故事。這個女人發生意外後不久，經醫生宣布死亡。就在這個時候，她看到了我們經常聽說的光之隧道。她跟著光向前走，很快來到一個渾身散發著愛的天使面前。天使告訴她，現在還不是她該死的時候，但是在送她回到她的肉身之前，天使問了她兩個問題。第一個是：「在這輩子中，你曾獲得了什麼樣的智慧？」其次是：「你曾如何擴展愛的能力？」

我丈夫和我結褵時自己寫了結婚誓言。我列在誓言中的一項是，「我今天對你做了一些承諾，而我也會盡力遵守這些承諾。我知道這些承諾超越現在的我，因此我必須在未來成長和成熟。」對於我們這種不願安頓下來的人，人生總是必須不斷努力的漫漫長路。

如果你想要做好迎接「另一半」的準備，就必須有自我成長、超越現今自我的意願，因為現在的你是以你過去所有的經驗創造的。正如「十二步驟計畫」（12-Step Program，透過一套規定指導原則的行為課程，來挽回或治療上癮、強迫症，和其他行為習慣問題的計畫，由美國匿名戒酒協會首先採用）所說的，「藉著我們最好的想法，讓我們來到這裡。」因此，你的任務是讓自己更健康更堅強，創造能讓非凡愛情進入你生命的空間。要是我們一直陷身在童年的創傷之中，沉溺在過去的失望裡，在人生中實現愛很可能就只會是無法實現的空想。然而，一旦我們付出努力自我療癒，就很有可能在別人面前表現出最好的一面，而因此吸引願意和能夠在我們面前做出最好表現的人。最起碼，我們可以先分辨出哪些人不能也不願這樣做，知道這些人雖然可能有「巨大的潛力」，但他或她並非打開我們心房的那個人。

為了吸引不平凡的愛，並且保持尊重和親善的關係，我們首先必須面對自己的恐懼，並且接納我們的創傷。我們必須培養能力，在所有的人面前得以流暢地表達愛的特性。因為若是不以這樣的方式自我成長，我們就難以維持確實進入我們生活的愛。因此我邀請你，把下定決心提升愛和被愛的能力作為你的目標。

我們必須瞭解，我們並不需要先有伴侶，才能提升我們給予愛和接受愛的能力，只要願意由今天開始敞開胸懷，接納我們周遭愛的機會。

「在果園和玫瑰園，我渴望見到你的臉。為了甜美的滋味，我渴望親吻你的唇。在激情的陰影下，我渴望你的愛。」

——魯米

練習：敞開心胸接納愛

瑜伽導師古魯穆克（Gurmuhk）在她的書《八種人類才能》（*The Eight Human Talents*）一書中，收錄了一個打開心房的簡單瑜伽練習。以下是這個練習的改良版。

如果你做得到的話，請盤腿坐在地板或枕頭上進行這個練習。如果你無法盤腿，請挺直背脊坐直，雙腿併攏前伸在你面前的地板上，或者跪坐在枕頭上。

首先把雙臂伸展在你的面前，雙手合十，手肘伸直，使雙臂與地面平行。當你用鼻子吸氣時，向兩側張開雙臂，盡量寬闊地伸展，使肩胛骨盡可能靠攏。在你伸展時，把注意力放在你的心上。隨著你的肺部因深呼吸而充滿空氣時，想像你已打開並擴展心房。感覺你的手臂好像巨大的翅膀一般伸出，同時保持手臂與地面平行。

在你盡力把手臂向後伸展之時，開始以鼻子用力呼氣，並讓你的手臂慢慢回到原來的位置。再次將你的雙手合十，全程都要保持你的手臂與地面平行。

在每次伸展之時，默默地對自己說：「我徹底開放自己，給予並接受愛。」

如果可以，重複上述動作二十六次，閉上雙眼，微微上抬，專注在眉毛之間和之上（「第三隻眼」之處）。以適當的步調來做這個練習，如有必要，容許自己在伸展之後把手臂放在膝蓋上休息，放鬆一下。

「我自始就在這裡，我是愛的靈魂。」

——魯米

加分題：實際行動

一天之中只要你隨時想到，就敞開心胸做深呼吸，對自己默默重複：「我徹底開放自己，給予並接受愛。」

Lesson 2

透過蘿拉的眼睛看世界

「人是整體的一部分……他親身體驗到自我的想法和感覺，認為自己與世人隔離，這是意識的一種光幻視（optical delusion）。這種錯覺成了一種監獄，將我們禁錮在個人的欲望和周遭少數人的情感之中。」

——亞伯特．愛因斯坦（Albert Einstein，物理學家）

一位在印度成長的朋友曾經向我傾訴，他在美國覺得非常孤獨。「這裡處處都是隔閡，」他說，「你們美國人怎麼受得了？」身為心理治療師的我比大多數人都更深知我所接觸者的內心世界。對於他提出來的這個問題，我思考了一陣子之後，不得不回答他說：「我們過得並不好，我的朋友。我們一點都不好。」

太多人在人生中都感到孤立和孤獨。在這個物質進步、科技複雜的社會，我們很少努力提升愛與歸屬的集體意識。就文化而言，我們深諳該如何發展自我的物質價值，但對於我們必須施予和接受愛的機會卻一無所知。這些機會不斷朝我們而來，但我們往往不認識它們，遑論掌握住它們。要是我們能夠這麼做，就能在人生的路途中，深刻體會人與人相互的連結和幸福感。

幾年前我的好友蘿拉因乳癌去世。在她過世前兩天，我與即將成為我丈夫的馬克一起到醫院去看她。蘿拉從沒見過馬克，她一看到我們倆在一起的身影就淚流滿面。她說她可以看到我們之間的愛，彷彿它是實物一樣，讓她滿心喜悅。她因歡喜而容光煥發，慈愛地望著我們。

「在現代世界，我們往往把所有事物都當成機器，包括我們最寶貴的關係。」

──湯瑪斯・摩爾（Thomas Moore，愛爾蘭作家）

有時在人即將往生之際，在他們的靈魂離開身體之前會回光返照，蘿拉就是如此。她看到在每個互動中的愛是美麗而有形的力場，在他人與她之間來回傳遞。她用像孩子般興奮的聲音告訴我們，她看到護士進房間來照顧她、甚至當工友拿著掃帚去清掃走廊時所懷抱的愛。當她面對死亡之際，在敏銳的意識狀態之中，她在每個動作和姿態中看到了愛。我有時忍不住想知道，如果我們每個人都能夠看到蘿拉往生那一天所見到的景象，即使部分也好，那麼生命會變成什麼模樣。我們必須自覺地培養愛心和同情心的特質，希望有朝一日在我們心中的這層面紗將被揭開。

有時候，與周遭的人培養相互依附的相關認識，和當前的文化價值觀和社會習俗格格不入。雖然我們可能會因為心靈的感動而將貴重的財物送給有需要的朋友，但世俗智慧卻可能建議我們，最好還是囤積我們的財產，讓別人自生自滅。雖然表面上現代人總把愛放在優先位置，但實際上並非如此。儘管我們創作許多情歌、浪漫喜劇，和愛情小說，但基本上我們還是「自我優先，他人其次」的社會。甚至可以說，我們強調浪漫的愛情，正是顯示我們內心貧乏的徵候。

在《希拉河：一條美國河流的生與死》（*Gila: Life and Death of an American River*）中，葛里哥萊・麥克納米（Gregory McNamee）寫道：

曾有人類學家問一名霍皮族人（Hopi，北美印第安人之一族，現居住在美國亞利桑那州東北部），為什麼他的族人有這麼多關於雨的歌曲。這名霍皮族人回答說，「因為水非常稀少。你們有這麼多愛情歌曲，也是因為這個原因嗎？」

我們對浪漫之愛的迷戀，往往只把重點放在發現這樣的愛，而不是如何實質維繫真愛的關係。電影或歌曲很少描繪真愛需要我們實踐的日常瑣事細節，然而長期的真愛，日復一日慷慨地付出，同時接納縫補我們破碎心靈的堅定與慈悲，同樣也是畢生難得的精彩好戲，但令我吃驚的是，電影往往會把這一段略過不提。其實這一段絕對是愛最好的部分，但大多數人卻對它一無所知。只顧墜入愛河，卻不知維繫愛情，就有點像調情前戲時戛然而止。

「當今最大的疾病不是麻瘋病或肺結核，而是不受歡迎，沒人照看，和遭到遺棄的感覺。」

——德蕾莎修女（Mother Teresa）

我們往往會把浪漫的愛情和「精神的愛」（agape，指神對人的愛）或博愛區分開來。這或許也是離婚率如此之高的一個原因。浪漫之愛確實拜荷爾蒙和生理本能之賜提高了魅力，但其實不論我們愛朋友、姊妹、學生，與丈夫建立愛的關係，其本質卻是相同的。同情、寬厚，和親切關懷的關係並不分性別、頭銜，或形式。

通常在像我們這樣物欲橫流的文化中，個人的價值是按淨值，緣分的價值也是由其人脈的潛能來衡量。這使得生活在這個社會中的人，心靈產生了巨大的空虛。因為我們對待彼此，就像對方是物品一樣。我們彼此的疏離絕非微不足道的小事，當我們看到許多人都感覺孤單，都極其渴望愛情時，就該思索這個問題。

達賴喇嘛在他的著作《新千禧年的心靈革命》（*Ethics for the New Millennium*）中，談及西方文化與當今疏離感和孤獨感普及的關係。

以往我們依賴彼此互相扶持，如今卻依賴機器和服務。從前的農民只要一聲召喚，所有的家庭成員都會來幫忙收割，如今他們只要打電話給承包商。現代生活井井有條，因此盡可能地減少對別人的依賴。一般人共同的抱負，似乎就是讓人人都擁有自己的房子、車子、電腦，以便盡可能獨立。這是自然而可以理解的。自主權日漸提高，使人們得以享受科學和技術進步的結果，這自然有其好處。當今的社會可能比以往任何時候都更為獨立。但是隨著這些發展出現的感覺是，我的未來不是依賴我的鄰居，而是在於我的工作或在於我的雇主。而這使我們會推論說，因為我的幸福不依賴別人，因此別人的幸福對我而言也不重要。

「我們的城市與擁擠的人口，和如懸崖般高聳的建築是滋生孤獨感的地方……在這個世界的轉輪中，古老而自在的人類團體已經消失。」

——艾倫．佛洛姆（Allan Fromme，心理學家）

喬治．蕭伯納（George Bernard Shaw）曾經說過，我們「……對周遭的人最嚴重的罪過不是恨他們，而是對他們漠不關心」。大多數人在日常生活中不會懷抱著如憤怒或厭惡等強烈的負面情緒。然而，他們所面對的挑戰是克服我們對彼此的冷漠和漠不關心：關注市場旁邊的人們、我們每天在辦公室走廊上見到的同事，和我們經常在社交圈和性靈世界見到的熟人。

在任何悲劇發生後的一段時期，我們的社群意識會急速培養。但是，如果要在我們的生活中感受到真正的滿足，就必須培養和重視歸屬感。正如愛因斯坦所說的，為了要讓我們能夠超越上述所謂「隔離的錯覺」，我們必須學會「藉著擴大我們同理心的圈子，擁抱眾生和美麗的自然界，從這個監獄釋放自己」。

練習：培養互相依附的意識

今天，我們要集中心力，培養讓我們互相依附的意識。我請你以簡單的冥想開始新的一天，這個冥想是要讓你敞開心扉，迎接愛和連結的意識。我建議你先讀這個冥想一、兩次，然後憑記憶來做。盡可能地回想這個冥想的做法，但即使做得不完全如這裡所寫的，也不用擔心。

我建議你不要躺著冥想，因為這樣很容易入睡，尤其是一早起來就這麼做時。如果可以，盤腿坐直，把你的手輕輕放在大腿上，閉上眼睛（注意：有些人沒辦法這樣靜坐不動，果真如此，不妨一邊步行，一邊冥想，而不要跳過本書全部的冥想。謹慎地繞街步行，同時盡你所能做所指定的冥想）。

請注意你的身體是否緊張。如果有，請放鬆，讓自己感到自在。專注於你的呼吸，讓你的氣息充滿你的腹部，再充滿你的心。想像一道美麗的光芒，隨著每一次的呼吸，擴大你心靈周遭的能量。接下來，想想你的鄰居。注意有一道活動的能量，讓你的心靈連結到他們的心靈，再由他們的心靈回到你的心靈。對你自己說：「我與每個人和每件事物都連結在一起。」

現在再想想你的同事或你每天接觸到的人。再一次，注意那個美麗的力場連結你與每一個你所看到的人。不管你是否知道那個人的名字，都對每個你想到的人向你自己重複上面這句話。現在，再想像自己走在街上。同樣地，注意能量連結你和與你擦肩而過的人。不斷重複上述這句話。

接下來，想想你疏遠的那些人。你們之間也許有未化解的憤怒，也許因時光流轉而失去聯繫。不管是誰，都可以出現在你的腦海。當你向腦海中的每個人重複這句話時，想像一道美麗的能量通過你和他們的心靈，以愛連結你們。

至少花三分鐘做這個練習。如果你能做久一點更好，但三分鐘已經夠了。

「在持續擁擠和沒有人情味的社會環境中，在我們被迫問出絕望無助的問題『愛怎麼了？』之前，重新思考個人密切關係的價值益形重要。」

——德斯蒙德．莫里斯（Desmond Morris，英國動物學家）

加分題：實際行動

今天，我邀請你用一天的時間，以蘿拉的眼睛來看世界。在這一天之中，常常和你的心靈連結，對自己默默重複：「我與每個人和每件事物連結在一起。」

刻意和你周圍的人連結，並且去發現你自己和他人之間的連結。與其他人視線交會，和通常你不會交談的人說話，對你通常會避開眼神的人微笑，向他們問好，並且停留夠長的時間去聆聽他們的反應。注意，如果這些行為會讓你感到不自在，只要深呼吸度過它，不要讓你的不自在阻止你整天的練習。

在這一天結束之時，拿出你的日記，寫下在你和另一個人之間體驗到的連結、關聯性，和歸屬感的時刻，不論你是否認識他們。可能有陌生人對著你微笑，也可能是你為長者開門，或者是有人打電話給你談生意。請記住，我們是透過蘿拉的眼睛來看世界，所以到各處去尋覓愛。

「一股奇特的激情湧入我的腦海。我的心已經變成一隻在天空搜尋的飛鳥。我的每一個部位分別朝不同的方向而去。我所愛的人是否真的無所不在？」

——**魯米**

Lesson

3

將需要託付他人

「我們都是單翼的天使，唯有彼此擁抱才能展翅飛翔」

——路西安諾・克萊仙佐（Luciano De Crescenzo，義大利詩人）

不久前，朋友史都華和我共進午餐。我們在一個美麗晴朗的下午相約於可俯瞰瑪利那岱瑞（Marina del Rey，洛杉磯附近的小城）海灣的一家小餐廳。當我咬下豐盛的火雞堡時，史都華湊過來問我問題：「你知道天堂和地獄之間的區別嗎？」他問道。「我不知道，」我回答，「你何不說說看。」

「好吧，」他靠在椅子上說，「地獄是這樣的：你走進一間鋪著高級亞麻桌布和擺著漂亮瓷器的美麗食堂，樂隊在角落演奏美妙的音樂，你環顧四周，看到人人都穿著優雅的衣服，戴著華麗的珠寶。他們的桌子上擺滿了精美的佳餚和飲料，你以為你來到了天堂。「但漸漸地，你開始覺得有些不對。大家看起來愁眉苦臉，並不快樂。儘管有許多食物擺在他們面前，但他們無法食用，因為他們的餐具過大。雖然他們可以設法用叉子叉住食物，但卻無法放入口中，因為銀器餐具的柄實在太長。你發現他們都快餓死了。」他說完之後，靜靜地坐著。

「那麼天堂呢？」我如他所料地問道。「哦，天堂，」他露出淘氣的笑容，「你走進同一個場合，同樣的細麻布和瓷器，同樣美妙的音樂，同樣豐富的食物，甚至連器皿也相同。只是這個時候，人們是開心地笑，享受美好的時光。他們與地獄中的人唯一不同的是，雖然他們仍然不能用大叉子餵食自己，卻學會用他們的餐具餵食彼此。」

「人不過是關係的網絡，而光是這些，對他已至為重要。」

——安托萬．聖－修伯里（Antoine de Saint-Exupéry，法國作家）

這個故事之所以感動我們，是因為我們憑直覺就知道，我們大多數人都過著有點接近地獄的生活。我們不知道何時應該餵養他人，或讓他們回饋我們，分量又該是多少。在我們講求時髦和精明療法的文化中，我們已經把共同依賴（codependence）和相互依賴（interdependence）混為一談，難以區分。在困惑中，我們不再把自己給予別人，也不讓別人把他們自己給予我們，因為我們認為：需要別人是負面的事情。我們被誤導為要完全獨立、自給自足，免得別人認為我們「太貧乏」，卻因此而更加悲哀。

我的朋友艾薇才三十幾歲就罹患肺癌。她有兩個可愛的孩子，分別是五歲的男孩和三歲的女孩，她也有心愛的丈夫，和美好的事業生涯。她剛知道自己罹癌的消息時，召集了一個「療癒圈」（healing circle），邀請社群裡的每個人來和她與家人相聚。我們大約六十個人出席，各自帶著禮物、詩歌、禱詞，提供協助。一名婦女帶來她結婚時她母親給她的金戒指，她把它放在艾薇的腳前，告訴艾薇說，她把戒指送給艾薇，讓她在女兒婚禮當天交給女兒。那天每個人都落了淚。

「人們活在彼此的庇護下。」

——愛爾蘭諺語

艾薇的病讓我們所有的人以在我們文化中極其罕見的方式聯合起來。她的好友瑞秋把想要幫助她的人排了時間表。有的人幫忙買菜，有的人打掃房屋，有的人一週來幫忙帶小孩一天，有的人接送她來回診所。你一定會以為這群人一定很鬱悶、沉重而悲哀，但其實正好相反。大家因為有人需要他們而非常快樂，他們希望能為艾薇及她和家人做出一點貢獻，讓他們的人生能有所不同。艾薇的家總是充滿了歡聲笑語，最後艾薇依舊撒手人寰，但即使在她臨終前，大家依舊在幫助她，為她祈禱，和她說話，安慰她一切都很好，告訴她可以放心離去。對我來說，艾薇去世令人悲傷的一個原因是，我們都不得不回到各自孤立、卑微的生活。她總向我傾訴，麻煩這麼多人幫助她讓她非常不好意思。我多次想告訴她說，她為別人帶來多麼美好的禮物。如今她很可能已經明白了。

「愛的安慰有如雨後陽光。」

——莎士比亞

人需要其他人，這是單純的事實。雖然如今男人和女人可能不再因為經濟上的原因而需要彼此，但我們依舊為了關懷和情感的幸福美滿而彼此需要。我們都需要感受到相互連結，受到重視、關心和尊重。這些體驗並不能憑空存在，它們建立在我們相互之間的關係上。我們害怕自己顯得太貧乏、太需要他人，因此許多人都放棄了在人際關係上原本應有的需要。我經常輔導一些受虐的婦女，她們不敢堅持自己應該受到妥善的對待，容忍約會對象種種輕蔑無禮的行為，只因為她們不希望自己「太依賴」或「太貧乏」。我們之中有許多人都不敢向別人表達我們的需求，然而這樣做卻矯枉過正。在與人建立關係時，除了照顧對方的需求之外，期待我們對愛、對連結，和對歸屬的需求會得到對方的照顧作為回報，這是適當的，是人性的一部分。

愛需要我們放棄一定程度的自主，讓自己不設防，讓對方可以接近。愛是彼此滿足，是依靠這種交換，並仰賴它帶給我們健康和福祉。愛的關係必須包括這種因脆弱而依賴他人的能力。

通常，當我的病人說自己是太依賴他人時，我總發現他們相處的對象都不願意或無法提供支持、無法保持一貫、無法愛他們。我向他們保證，問題不一定是他們太依賴別人，而是他們所選擇的對象，不管因為什麼，都無法把他們的需求列入考慮。當然，這將會引領我們探討這些病人願意認真面對自己的需求。

有時聽到女性告訴我她們生活中為什麼不需要男人，總教我心灰意冷，彷彿需要男人就像需要輪椅一樣。其實人會依賴任何他讓對方進入親密內圈的人，這是理所當然的道理。我需要周遭的人們提供我的需求，也希望他們足夠信任我，需要我能提供的一切。

「儘管我三十多年來都在研究女性的靈魂，但這個我無法回答的大問題就是……女人想要什麼？」

——西格蒙德．佛洛伊德（Sigmund Freud，心理學家）

現在，我明白許多人都帶著過去無法癒合的傷口，把它當成強求的依賴。我們覺得必須隱藏自己的需求，擔心它們會吞噬太接近我們的人。然而，在我們努力壓抑不適當的需求時，許多人會矯枉過正，完全封閉所有需求。不論是適當或不適當的需求都被放到一起，被我們嚥下。然而這樣做反而只會造成更嚴重的飢渴，因為如果在我們與其他人的關係中沒有任何需求，根本就不正常。當我們假裝我們的需求不存在或視之為病態，它就會餵養我們心中的飢餓，使它更加強烈。

人類並不應該孤獨生活。我們來到世上，就是為了要建立關係。如果不和其他人連結在一起，那麼人生中就沒有任何事情能夠完成。與其試圖擺脫你對愛、關懷、尊重，和歸屬感的需求，不如認真考慮你的需求。和能夠並且願意親切回應你的需求的人建立關係，而不要與無法這樣做的人在一起，冀望他們會改變。

「鳥兒有巢，蜘蛛有網，人類有友誼。」

——威廉．布雷克（William Blake，英國浪漫派詩人）

通常男女兩性各有不同的需要。在交往過程中，女性需要感覺對方的傾聽和關懷。在理想的情況下，她需要受到對方的注意，希望對方想要得到她，崇拜她，她需要感到男人珍惜她，她需要伴侶表示他在乎她的感受。她需要有人能夠預見到她的心願，甚至在她還未開口之前，採取行動滿足它們。她需要她的伴侶對她言出必行。她需要他成為一個可以依靠的人，能夠盡其所能讓她感到安全。

另一方面，男人需要感覺被需要。當男人覺得伴侶讚賞和認可他的成就時，就會更加堅強。女人常常會承認男人的重大成就，卻忘記他每天為了讓她快樂而做的小事情，他也需要她認可這些小事，他需要人接受他的本色。如果他感到自己受到讚賞，被真心地喜歡和尊重，他就會更努力。一個能鼓勵和啟發他的伴侶將會激發出他最好的一面。

我們必須瞭解自己需要什麼，才能適當地評估自己該不該對誰敞開心房。我們不該因為自己有這樣的需求而評斷或責備自己。在交往的過程中，在你能對自己想要和需要的事物負起全部責任之前，你可能會在缺乏你所想要事物的人身上浪費很多時間，或者在無論出於何種原因，根本無意把你所需要的事物給你的人身上浪費時間。

練習：列出能肯定自己的事物

在你的日記上，列出五件以上能讓你在一段關係中得到快樂的事物。要真誠。你列的表可以包括如下這樣的事物：

- 我需要感覺受到重視和尊重。
- 我需要對方說我漂亮。
- 我需要受到啟發。

現在閉上你的眼睛，一次一句，默默地或大聲地對自己應允表上的每一項事物。例如：

「我需要感覺受到重視和尊重」變成「我重視和尊重自己」。
「我需要對方說我漂亮」變成「我承認自己多麼漂亮」。
「我需要受到啟發」變成「我常常啟發自己」。

現在，把這些肯定自己的句子寫十遍以上。一邊寫，一邊感受它，讓它進入你的心裡。

加分題：實際行動

在今天挪出一些安靜的時間，私下寫封信給自己，代表你的理想戀人寫信給你。想像一下當他在你的耳邊柔情蜜意輕聲細語時，可能會說些什麼。什麼是你心中渴望許久，希望聽到戀人對你訴說的話語？比如：「你是我所知最美麗的女人，我會永遠愛你，我會盡我的一切力量讓你快樂。你的心在我身上是安全的——我會在生命中的每一天奉獻自己來愛你和照顧你。」

寫完之後，重讀一遍你的信，再次以體貼關懷的態度想像有人說這些話給你聽。現在，把你的手放在你的心上，不論輕聲或大聲都沒關係，深情地對自己說出你的名字。慢慢地、意義深遠地，把你的信讀給自己聽。敞開你的心扉，接收你所寫的甜蜜情感。

「造就幸福婚姻的是什麼？所有的男女都彼此互問這個問題……我想答案在於兩人結褵之後相互發現對方個性最深的需求，並且滿足這個需求。」

——賽珍珠（Pearl Buck，美國作家）

Lesson

4

為愛而愛

「在人們關係失敗之時……關係之所以失敗，是因為建立關係的原因錯了。」

——尼爾．唐納．沃許（Neale Donald Walsch），

《與神對話（一）》（*Conversations with God, Book 1*）

過去一百多年間，心理學家一直想要找出人類行為舉止的動機。佛洛伊德認為我們的動機在於我們下意識追求樂趣的需求，阿爾弗雷德．阿德勒（Alfred Adler）認為它是出於我們需要同儕之間的尊重，亞伯拉罕．馬斯洛（Abraham Maslow）認為它是出於自我實現的必要，維克多．弗蘭克（Viktor Frankl）認為它是因為我們人類必須追求事物的意義。也許他們每個人的說法都有一些是對的，但是在探究這個問題的核心之時，我們每個人必須決定自己的動機是什麼。我們每個人到頭來都必須選擇對我們有意義的原因，並且在我們追求伴侶之時，反省這樣的抉擇。

這麼多關係都失敗的原因之一是，我們的關係建立在無以為繼的基礎之上。我們害怕孤獨，我們希望有人能給我們父母沒有給予我們的事物，我們希望有人在財務上照顧我們。然而，這些以往選擇人生伴侶時可以接受的理由，如今已經不再足夠。因為老實說，大部分的人都想要得到愛所能給予的最佳事物，而且絲毫不能讓步，因此每當我們建立的關係不是基於真正的愛與被愛的動機，我們遲早會焦躁不安而得不到滿足。總有一天，我們會破壞這樣的關係，讓它分崩離析，最後不得不去接受諮商治療，嘗試修復從一開始就沒有真正成功過的關係。我們再也不能在恐懼和失落的情境下創造愛的關係，愛要我們付出更多，一如作家戴芙妮・露絲・金瑪（Daphne Rose Kingma）所說的，「愛試圖找到我們。」愛堅持我們要增加賭注。如今只有在為愛而愛的情況下才能成功——要延伸和擴展、給予和成長、祝福，也受祝福。

「萬法唯心造，諸相由心生。」

——《法句經》

我們在人生之中有兩種態度，不是消極被動地掙扎求生，就是積極主動地蒸蒸日上。掙扎求生，代表我們生命的前提是認定人生活在危險之中，認定人生的定義是我們無法得到我們所需要的，人人都想要利用我們，如果我們不再操弄哄騙，很快就會被人擊敗；而另一方面，能夠蒸蒸日上，意味著我們選擇了一個新的基礎。我們已經有所體認，知道在我們的生活中，愛的可能性無限，只要我們提出要求，就會獲得豐富的收穫，我們貢獻的事物都會受到他人的歡迎，如果我們敞開心胸相信我們自己和其他人，美好和愛總會流向我們。

我邀請你以愛而非恐懼為基礎，追求浪漫的結合。許多人可能是出於恐懼而拿起這本書：「我怕愛會棄我於不顧」，「我怕自己不夠好、不夠健康、不夠聰明，無從尋找愛情」，「我怕自己已經錯過了愛的機會」等等。你以為買了這本書，做了使你有所改進的課程，我就能修正你的錯誤，告訴你該怎麼做才能找到照顧你的人。但是我並不認為你需要改進、需要修正錯誤，也不認為你需要別人照顧。

我希望的，是啟發你放下生活中所有不是愛的成分，讓你已有的光輝太陽能突破雲層而出。威廉森在《愛的奇蹟課程》（*A Return to Love*）一書中提到：「愛與我們同在。它不會被摧毀，卻會被隱藏。」在你的人生中，你已經有了你需要的愛。愛鎖在你高貴的心靈裡面，我只是提供幫助，讓你重新發現它，並大膽地與他人分享。

「愛是放下恐懼。」

——傑若德．詹波斯基（Gerald Jampolsky，美國身心靈導師）

人生是不斷創造的過程。我經常聽到人們說自己缺乏創造性，他們沒想到我們所有的人都在創造我們生命中的每一天每一刻。大多數人生活，彷彿人生的一切是降臨在我們身上，而不是透過我們自己的努力而發生的。我們沒意識到其實我們一直不停地在創造自己的生活，它們就好像是偉大的藝術品一樣。而上天給我們創造人生的工具是我們的思想、信念、假設、行動、決心和言語。

通常當我們想要創造自己還未擁有的事物時，我們就活在恐懼裡，而不敢面對它的可能。我們沒準備好朝愛擴展，而是心懷畏懼而感到焦慮。即使是光是面對愛的可能，依然教我們感到害怕。我們不想失望。我們擔心如果坦白說出我們的要求，很可能會遭到拒絕，讓我們覺得更失落。我們害怕會發現我們最擔心的事實——我們真的不值得被愛。

我們不希望走這種出於恐懼的路。因為我們往往會創造出我們一心專注的事物，因此以恐懼為努力的基礎，注定會讓我們失敗。在尋覓愛的路途上，不該任由恐懼主宰我們。「我已做好接納愛的準備」這樣的話比「我無法再忍受孤獨」更有效。如果你進行這個課程的原因主要是出於恐懼，比如擔心你永遠不會有人愛，那麼你所擔心的事必然會發生。這是因為你關注恐懼，恐懼就會集中周圍所有的能量。你的愛是否以恐懼為基礎有個很好的指標，也就是不顧一切的絕望感。如果你感到絕望，就可以確定你的基礎就是恐懼。如果你進行這門課程的目的是為了要逃避你最害怕的那些事物，那麼很遺憾，你可能創造了更多你最恐懼的事物。常言道：「你越刻意逃避的事物，就越會糾纏你不放」。

「愛是拆除建築用的破壞鐵球，它敲碎不夠寬敞或不夠勇敢的每一段關係紀錄，讓真愛進入。」

——金瑪

因此，在我們一起展開這段創造的旅程之際，我請你首先要選擇一個或數個特定的本質，作為追求愛的基礎。這個本質是愛的一種屬性。我邀請你在愛裡放下錨，作為本課程的基礎。如果你過去曾遭受狠狠地背叛，那麼當你再次敞開心房接受愛之時，你的錨可能就是療癒和勇氣。如果你曾被拋棄，那麼你可能想培養信任和開放作為新的基礎，來創造愛的關係。從這個地方開始，你內心的自我療癒才會有最強大的效果，也最適合召喚真愛。

練習：選擇特定本質作為愛的基礎

我們經常聽人說，愛比恐懼更有力量。雖然恐懼可能會存在，但是我們讓愛來負責這個過程。我請你選擇一個或多個特定的本質，作為你追求愛的基礎。

只要閉上眼睛片刻，探索你的內心，看哪一個或哪些特定本質最能引起你的共鳴。以下列出一些建議的特定本質，或許會對你有所幫助。我建議你選擇浮現在你心裡的特質，無論它們是否在這個表內都沒關係。

豐富	接受	欣賞	敬畏	美麗	頌揚
慈悲	圓滿	信心	勇氣	創造	好奇
聖潔的愛	自在	信仰	寬恕	自由	滿足
趣味	寬厚	恩慈	感謝	療癒	健康
希望	誠實	幽默	誠信	親密	喜悅
仁慈	歡笑	開朗	愛	美好	開放
樂觀	熱情	和平	發揮	喜悅	返老還童
自愛	沉著	成功	放下	同步性	溫和
信任	真實	無條件的愛	神奇		

對每一個你選的特定本質，創造一句肯定的話語，讓你以那個本質為重心（例如豐富：「我的生活豐富，滿溢著愛」）。

在你的日記中，把每個特定本質的肯定說明寫十次以上。一邊寫，一邊也在心中產生同樣的感受。然後把它們寫在小卡片或便利貼上，並把它們放在你可以經常看到的地方。

加分題：實際行動

今天至少做一件事來展現你今早所選擇的特定本質。例如，如果你的特定本質是自由，不妨寫一封信給你覺得束縛你的人，宣告你的自由，你可以寄出去，也可以燒掉它。如果你的特定本質是開放，不妨向陌生人問路，或要求他幫忙。如果你的特定本質是神奇，不妨花點時間，到花園走走。

Lesson

5

滿足愛的憧憬

「就如同偉大的運動員一樣，在行動之前，我們必須對想要完成的任務有非常清晰的願景。願景，在準備行動之前，與行動本身一樣重要。」

——威廉森，《療癒美國靈魂》（*Healing the Soul of America*）

我見過很多人就是無法憧憬愛的關係，而要創造你無從憧憬的事物非常困難。最近我在一場由地區性教會所主辦的「召喚真命天子」研討會中認識了蘇珊。三十多歲的她留著一頭美麗的紅色長髮，十分動人。在我們結識後的頭一個小時內，蘇珊就承認她根本無法想像自己實際擁有親密而持久的浪漫關係。我追問原因，她只說她相信別的女性可以有這樣的關係，但她自己就是不行。我問她：「所以你覺得上帝單單挑出你來，要你成為唯一一個注定孤單一生的女性嗎？」她忍俊不禁，因為雖然她認為如此，但這麼說出來卻感覺很傻。「我猜是的，」她不好意思地承認。「那麼，你所服侍的上帝是什麼人？」我問。「因為在我看來，他或她相當冷酷而狠心。」

在我與我的另一半重新建立起關係之前，我曾與擔任神職的朋友尼凡納．蓋爾（Nirvana Gayle）有一番長談，這段話永遠地改變了我的人生。我因為孤單寂寞而感到煩惱，不明白自己為什麼找不到合適的伴侶。

我已經年逾四十，生理時鐘早就超過滴答作響的時候，我的時鐘電池恐怕已經用盡了。

蓋爾問我，在這一生中，是否曾經向上帝做出任何承諾。我思索了一會兒才想起在我十九歲時，曾花了約六個月的時間祈禱冥想。當時我正在學習擔任牧師，並盡我所能按照我所理解的基督教教義生活，過得有點像清教徒。我抱著誠摯的理想和熱情，放棄了大部分物質財富，過著非常簡樸的生活。在這段期間，我把生命奉獻給上帝，祈求上帝透過我的生命，讓我為善。可以說我「嫁」給了上帝。

「我是能自由發現想像力的藝術家。想像力比知識更重要，知識是有限的。想像力卻能圍繞整個世界。」

——愛因斯坦

在我娓娓訴說之時，蓋爾和我突然都明白：我四十歲所過的生活，反映的是我在十九歲時的想像——四十歲的我是一個遊民中心的醫護主任，雖然生活得很有意義，但薪酬很低，獨自生活在只有一個房間的小公寓裡，只有十五歲的愛貓克洛芙為伴。

蓋爾說，我似乎「嫁給了貧困的上帝」——嚴苛要求過清貧生活的上帝。接著他說了一句驚世駭俗的話，卻一語驚醒夢中人，我為此永遠感謝他。「如果我是你，我會和這個上帝離婚，嫁給一個新的上帝！」

當晚我陷入了冥想，我思索他的建議，並且決定接受它。我感覺有點像跳下懸崖，但在短短的幾個月內，我已經重建我對人生的願景，在服務人群時，除了以我認為有意義的方式為他們的生活做出貢獻之外，也加上了愛情和物質上的富裕。由於我為人生重建了一個真正符合我心願的憧憬，使我的生活幾乎立即開始擴展這方面的事物。

我把這段經驗告訴蘇珊，她說她很認同。她也一直是著重深刻靈性的人，有一種如修女一般隱遁的靈性。就她目前的人生願景而言，她無法想像會有充滿愛的未來。她看到自己孑然一生，過著為服務他人而奉獻的簡樸生活。因此她的人生道路上就出現了核心的衝突，而唯有在她決定做我曾做的——重建人生的願景，包括性靈和浪漫之愛兩方面的實踐，否則這樣的衝突無從解決。

除非你能夠憧憬自己過著真心想要擁有的生活，否則你無法創造它。因此，在未來幾週內，我們要努力加強你的能力，讓你所憧憬的人生充實豐富，充滿了愛，也包括了你想要的其他事物。

「希望是心的方向；它超越了能立刻感受到的世界，停泊在超越它自己的界線之處。」

——瓦茨拉夫．哈維爾（Václav Havel，前捷克總統）

不久之前，一名可愛的女子金芭莉參加我的研討會。她是一流的專業歌手，在世界各地巡迴表演。在前來參加研討會的路上，她因為迷了路，因此遲到約半小時。她向大家道歉，說她十分高興能夠來參加研討會，因為尋覓人生伴侶是她的當務之急。但隨著研討會進行，可以看出其實金芭莉害怕做出承諾，她非常喜愛自己的歌唱事業，只擔心伴侶關係會妨礙她實現自己事業目標。她相信她必須要在找到合適的伴侶和做個成功的歌手之間做選擇。金芭莉最後提早離開研討會，因為她得去唱歌。她答應我，她會參加下次的研討會，完成課程。然而迄今為止，她從未再來參加研討會，而我上一次見到她時，她仍是單身。

許多人都認為我們的欲望是互相排斥的。我只能在有意義的職業生涯或是伴侶的愛之間擇一；只能在名揚四海或是美滿的關係之中擇一；只能在侍奉上帝或幸福的家庭之間擇一。你目前的願景是否也有這種非甲則乙的性質？如果是，那麼我要說，你的人生願景非常微小。首先我們要培養你的人生可以達到的更大願景。我邀請你為人生創造一個憧憬，讓你能夠得到所有你想要的事物，而非只能擁有部分的可能。

「在毛伊島度假時很容易找到喜愛的人。但重要的是要在往毛伊的漫長飛行中，能讓你感到快活的人。」

——湯姆．阿諾（Tom Arnold，美國影星）

練習：拼貼能感動你的圖像

拿出日記本，列出你所有的目標，所有你覺得重要、要在此生完成的目標。我請你今天做一個拼貼，讓你可以按自己的步調，在這個課程的過程中完成所有的目標。如果你花一整天的時間做這個計畫來完成拼貼，固然很好，但如果你今天只能為拼貼找一張圖片或一句話，也沒關係。

尋找一些圖像或詞句，代表你在人生中對愛的實踐。請確定你收納了對你自己和你的生活中各層面都重要的圖像。重要的是，這些圖像包括了浪漫之愛與其他能夠滿足你人生，你所喜愛和需要的其他事物。你可以在雜誌或書店中，尋覓藝術大師或尚未出名的藝術家所創造，能激勵你感動你的圖像，你甚至也可以自行繪製圖像，完成美術拼貼。今天請尋找或創造至少一個圖像，讓它能夠以愛的可能和深入的關係填滿你的心。請確定你選擇的是讓你產生強烈情感反應的圖像。

容許你自己勇於創新和標新立異。在你收集圖片和文字時，可以先把它們放在一個文件夾或盒子裡，讓它們得到重視。你可以先把它們全部收集在一起，然後再黏到紙板、畫布或木板上，你也可以邊收集邊創作。

把你的圖像放在你可以經常看到的地方。每當你看到這些圖像，就對自己說：「是的。這些圖像是為我而做的。謝謝祢，上帝。」

加分題：實際行動

今天，我請你寫下你追求愛的經過，把你的人生和你所經歷的一切都寫成童話。把自己當成旁觀者來寫你過去的生活。要有創意，把自己的挫折和失敗寫成你要克服的障礙。把你生活中的人——包括自己，當成童話故事人物。

把你自己拆解成原型角色，渴望有人來救她的「落難美女」，勇敢地解救她的痛苦的「白馬王子」，以及強迫她接受非理想之愛的專制父母。寫下你所面對的挑戰，把它當成在愛獲得實現之前必須殺死的惡龍。以「很久很久以前……」開始你的童話，塑造幸福快樂的結局，讓愛和你人生中所有重要的目標都獲得充分的實現。

「這個或更好的事物如今以徹底滿足和和諧的方式展現在我面前，對相關的一切都至善至美。」

——高文

Lesson 6 靈魂連結的本質

「我們的靈魂伴侶很少會求助於我們的個性——自我。這就是為什麼他們被稱為心靈伴侶，而不是自我伴侶。」

——卡洛琳．米勒（Carolyn G. Miller），《靈魂伴侶》（*Soulmates*）

不久之前羅格斯大學（Rutgers University）做了一項研究，一群二十至二十九歲之間的單身受測者被問到是否同意如下的說法：「在你結婚時，你希望配偶的首要條件，是要成為你的靈魂伴侶。」高達百分之九十四的受訪者表示同意。我們大多數人在尋覓伴侶時，並不只是尋找「某個人」，而是要尋找「另一半」。

湯瑪斯．摩爾在《心靈風情畫》（*Soul Mates*）一書中，把心靈伴侶定義為，「我們對某個人感到深刻的連結，彷彿我們之間發生的溝通和共融並不是刻意努力的產物，而是神的恩典。」靈魂連結是一個深刻的禮物，可能發生在許多不同的關係之間——朋友、家人、同事，或鄰居。但在我們永恆存在的浪漫渴望中，總會專注在與戀人的連結，希望與之分享這樣的經驗。我們試著想像他或她會是什麼模樣，甚至可能會為了希望親密伴侶擁有什麼樣的特質，而思索好幾個小時。

如今流行條列期望伴侶該有什麼樣的特質，要有吸引力、成功、有事業心、富裕、大專以上的學歷等等，不勝枚舉，對於這種做法，我不敢苟同。雖然我同意我們應該清楚地知道在人生中希望得到些什麼，但我看到的一些表列卻詳細到令人匪夷所思的地步：確切地指定他或她的職業（「我想要愛上作家」），住在哪裡（「我想要住在比佛利山的男人」），開什麼樣的車（「我要找個開跑車的有趣對象」）。尋找伴侶並不像點餐——我要配料放在旁邊、請多加些番茄，不要起司。我們認為重要的外在屬性，實際上與反映我們稱之為靈魂的心，或者和雙方關係的屬性，其實並沒有任何關係。

「願景不一定要附圖片。」

——高文

你的生命之愛很少會如你想像中他（或她）的模樣。因為我們太重視心中幻想的愛情，反而常常錯過可能會是非常美好的愛情經歷，只因這個人不像我們想像中的對象。在本書前言中，我提到我的丈夫和我相識相知的過程，你會發現在六年之後，認定他做我的「另一半」之前，我曾拒絕過他兩次。我常納悶自己當時的選擇。如果你在那個時期問我，我會發誓：只要找到我一直在尋覓的對象，我一定會結婚。那時我三十多歲，想要生孩子，我以為我已經做好結婚的準備。但如今回想起來，我不得不問自己，我怎麼可能錯過了他？

就在我第三次和馬克重逢之前，有一天晚上正當我在冥想時，我聽到內心的聲音清楚而大聲地告訴我，「他不會是你認為他應該有的模樣。」這話驚醒了我。我想了整整十秒，才回答我的內心：「好吧，謝謝你的提醒。」

我母親這邊的血統是一半西西里人，一半英國人，而我的父親是北歐的猶太人，不過他並沒有撫養我。

我的母親和德國後裔的養父帶著我在長島的郊區長大，我們所住的地區居民背景都差不多。在我念的高中裡，只有兩個黑人學生，雖然我和他們保持友善的關係，但我的教養卻是相當疏離。我是一個難搞的孩子——充滿自我毀滅的衝動，而且叛逆，我覺得必須做的一切，正好和其他人的做法相反，因此我母親得常常叮嚀我很多事情。她不止一次告訴我：「不管你做什麼，都不能和黑人結婚。」現在回想起來，我相信這是她為了保護我，免得我出於桀驁不馴而魯莽行事，但是在當時，我視它為必須遵守以免讓她難過的聖旨。由於我原本就對與黑人男子約會沒什麼興趣，因此當時這算不上什麼大問題。我只是把這個訊息存在我的腦海深處。

「充滿深情的婚姻由表面來看，往往是奇怪的。」

——湯瑪斯．摩爾

現在你可能已經猜到，我的丈夫馬克是黑人。

如今的事後諸葛可以告訴我，打從一開始，我與馬克就很契合，只是他不像我所想像的模樣，所以我並沒有把他列入考慮。我們頭兩次約會，我並沒有完全做好準備，應付選擇他作為我的丈夫所可能產生的後果。我雖擁有自由心態，並不在乎與不同族裔的男人約會可能會產生的烙印，但結婚卻是完全不同的問題。直到我四十歲，我才覺得有足夠的信心，信任我自己的判斷，冒著疏遠家人的風險而選擇他。該附帶一提，否則這個故事就不夠完整的是，我的母親不僅已經接納了馬克，也真心愛他，欣賞他。她當然也非常疼愛她的第一個外孫女。

我們常常把強烈的吸引力誤認為心靈伴侶的連結，其實讓我們感到瞬間吸引的人，可能很少與我們有共同之處。心靈伴侶關係的特徵並非興奮和欲望，而是共享人生的軌跡、自在和安逸的感覺，以及對彼此的真心喜愛。雖然你也很可能在興奮和欲望的時候邂逅你的靈魂伴侶，但這並不是雙方關係的定義。米勒博士在《靈魂伴侶》一書中這麼描述：

我們的靈魂……試圖引導我們到和我們有相同生活目標的人那裡去，讓我們截長補短，相輔相成。但這些理想伴侶的模樣未必如我們的預期，也未必和我們自己的背景相似。這就是為什麼如果我們不聽從內心的聲音作為指導，總是很容易就會錯過他們。

「靈魂選擇她自己的同伴。」

——艾蜜莉・狄瑾蓀（Emily Dickinson，美國詩人）

你不能只憑外表，就找到你正在尋覓的關係。我曾和我以為擁有我想要一切屬性的對象約會，他也以為我擁有他想要的所有屬性。我們交往了整整半年，終於不得不承認，雖然我們的關係看起來應該可以開花結果，實則不然。問題在於我們根本不愛對方，我們之間沒有實質的內容，沒有深刻和有意義的連結。感謝上帝讓我們有智慧而能分道揚鑣。

你必須用你的心，而不是用你的期望或荷爾蒙來尋找「另一半」。因此在與他人建立關係時，我們必須接受心靈的召喚，而不是憑忙碌不堪的頭腦來做判斷和評估。我們必須以更加開放和好奇的立場練習與人相處，這意味著我們必須放下防衛的姿態，放軟立場，更願意接納他人。

「靈魂伴侶是……他看待人生的方式不一定與你的一樣，但和你的互補，所以這不是妥協折衷，而是相輔相成。」

——保羅．羅碧爾（Paul Robear）

練習：想像與另一半的關係

今天早上我們要做一個簡單的冥想。請閱讀一遍指示，然後盡量憑記憶力來做冥想。坐直，雙臂輕鬆地放在兩側，閉上眼睛，放鬆整個身體，由腳的底部，向上經過身體：你的腳趾、腳踝、小腿、膝蓋、大腿，直到抵達頭頂，放鬆你在身體上所發現的任何緊張。正常呼吸，不要用力，微微張開你的嘴巴，保持輕鬆。感覺你自己的呼吸，但不要以任何方式來調節你的呼吸。

現在想像一下與「另一半」的關係是什麼感覺。不要去想像你的伴侶看起來像什麼，或者他們是誰。相反地，嘗試想像這樣的關係可能會是什麼感覺。想像一下這個人坐在你前面，他的呼吸配合你的呼吸，他的心跳配合你的心跳。想像自由地笑，自在地哭，向他傾訴你的祕密，知道你不會遭到批判，只會受到重視和讚賞。想像你這麼安全，這麼受到重視和珍愛的景況。

這就是你正在尋找的，這就是你敞開自己所想要面對的境界。

加分題：實際行動

整整一天，不要用你的大腦評估別人，而試著進入你的心靈，問自己，你對他們實際上是什麼感覺？溫暖和熱情？恐嚇和憤怒？悲傷和寂寞？歡喜和樂趣？運用你的感覺和直覺來評估你和他們之間的連結。這是可以成為朋友的人嗎？一起歡笑？可以保守你的祕密？他或她是你覺得信賴的人嗎？他會評斷你嗎？誰真心喜歡你的本來面貌？誰不是？

今晚睡前，拿出你的日記，寫下你對於自己與他人的互動有什麼想法和印象。不如由性別、種族、年齡、教育程度、財務狀況或職位等外在的條件評估你與他人的連結關係，而是由你對你們兩人之間關係的真實感覺。

「雜誌和談話節目都充斥一種說法，認為美滿的婚姻很困難，需要莫大的努力。但對靈魂伴侶來說，和諧的關係並不費工夫，就彷彿在伴侶關係中自在相處是舉世最自然不過的事。」

——羅絲瑪莉・伊蓮・古伊蕾（Rosemary Ellen Guiley，美國作家）

Lesson

7

給愛空間

「為愛留個空間，它就會到來。為愛做一個窩，它就會安定下來。為心愛的人準備一個家，他將會找到回家的路。」

——威廉森，《女人的價值》（*A Woman's Worth*）

一個灰暗的夜晚，我和一群約五十人的團體一起包一輛遊覽車旅行。幾小時前我們才參加了令人興奮的課程，獲得啟發，也很放鬆。大家在車上分享零食，一起唱歌講笑話，享受彼此的陪伴。我看到走道對面坐著一個素未謀面的男人，於是和他談話。

傑佛瑞將近四十歲，才剛訂婚，這將是他第一次婚姻，他滿心歡喜。我問他是怎麼認識他的準太太。他心滿意足地微笑著告訴我說，她和他所想像的截然不同。這許多年來，他列了一張另一半的資格表，他形容「標準非常嚴苛」。可是這個理想的「另一半」始終沒出現，直到他放棄了這些條件。他吐露說，真正該做的是，必須要敞開自己的胸懷，愛人與被愛。我問他怎麼做到這一點，他不好意思地笑著湊過身來，告訴我他的祕密。「我清理我的衣櫥」，他坦白告訴我，「我在臥室的衣櫃裡清出了一個空間，並且空出一個抽屜，如果她出現了，就有個地方放她的東西。」

如果你想要偉大的愛情來找你，就必須確保你的環境是開放和歡迎的空間，讓那個人可以進來。即使你的家對兩個人來說太小，你也確定只要找到對象後一定會搬家，但更重要的是，在你現在的住處為這個人騰出一個空間，即便是象徵性的也好。下面這個經常聽到的忠告其實很有智慧：如果想要一段關係，就去買一張雙人床。

「我們的生活將反映我們的周邊環境。請仔細選擇。」

——凱倫・安・湯普金斯（Karen Ann Tompkins）

當然，最好開始重整的房間是臥室，臥室有雙重目的：休息和親密，如果你的辦公室設在臥室，或者有任何其他活動在臥室進行，那麼你該把這些活動移到家中其他地方，或至少在夜裡用屏風把它隔開。你的臥室是你的個人空間，這個房間是交流愛情、溫暖、親情，和你恢復活力的地方。

如果你的臥室裡都是童年時的填充玩具、父母親的照片、以往戀愛的紀念品，或者掛滿文憑，那麼我請你重新考慮如何使用這個房間，曾有一名女子向我訴苦說自己抑鬱消沉、精疲力竭，她無法擺脫自己與前夫分離的沮喪事實，往往輾轉難眠，煩躁不安。在我們的談話過程中，我發現她因為不想看到因持續而痛苦的離婚訴訟所產生的一大堆法律文件，因此把它們全都塞在床底下，讓我非常震驚，難怪她無法安眠。不用說，我勸她馬上將文件移開，妥善收存到其他地方。她馬上就睡得好多了。

在我開始設計環境，以支持對「另一半」的召喚時，我注意到的第一個事物就是我的床，雖然是雙人床，但因為靠在牆邊，所以只能從一邊上床。把床移到對角線那一頭，讓它可以從兩邊進入，這樣的調整並不困難。

我們很多人在單身時，容忍自己生活在對我們沒什麼意義的環境中，常常拖延，想等到合適的伴侶出現之後，再創造親密而舒適的空間，但後來才發現，我們對人生的不滿，常常因為我們的家是過渡性質、空虛、缺乏滋養的力量而更加嚴重。更糟糕的是，很多人的家裡都還保有前任男女朋友的事物，讓這段關係繼續存在他們的空間。如果你也有這些情況，那麼我建議你開始創造一個環境，反映並支持你在召喚的未來。

「如果家沒有意義，任何東西都不會有意義。」

——亨利埃塔．里珀格（Henrietta Ripperger）

風水是中國古代的藝術和科學，最初約在六千年前就開始發展。其實，風水談的是特定空間裡的能量流動，是環境中物體的放置如何影響人們置身其中的感受。在風水學上，使用成雙成對的物品可以凸顯出浪漫結合的可能。成對的枕頭，成對的圖片，成對的燭台，都可帶來和諧關係的感受，喚起親密感。如果把風水應用在浪漫的伴侶關係上，它也鼓勵在環境中反映關係的男女兩性層面。比如身為女性的你在家裡擺了許多浪漫、蕾絲、華麗的東西，那麼你可能要用較陽剛的圖案、顏色和線條加以平衡，反之亦然。在同性的關係中，平衡陰陽的欲望也同樣有用。

四十出頭的辛西亞在「尋找真命天子」的研討會上坦承，她發現自己只要一想到要與人分享她的臥室，就會變得非常不自在。她描述她的房間說，她在床的兩側各放了不同的床頭櫃，一邊的床頭櫃上有放書的書架和一盞大小合適的檯燈，讓她可以在晚上讀書，另一邊的床頭櫃上沒有書架，而且小得放不下檯燈。她認為如果自己遇到理想的對象，應該會把比較好的床頭櫃那一側讓給他用，因此留在她這一側的床頭櫃無法滿足她的需求。就這樣來看，雖然她還沒遇到合適的對象，卻已經是犧牲者。研討會的成員全都鼓勵她去買另一個床頭櫃來配合她所喜歡的那一個，並且把較小的床頭櫃送走，她也接受了這個建議。

在生活中創造愛的空間，未必與實體環境有關。請確保在你的日程安排中，留下可以喘息的空間，好讓你有時間去探索人與人之間的關係，並讓新的人們進入你的生活。有的人可能會覺得非得要以不斷地活動填滿生活，才能創建一種意義和目的感。很多人都盡量讓自己忙碌起來，以避免回家時感受到獨處空屋的痛苦。

忍耐空虛不是膽小的人所能做的事，而是勇士讓準備與隨時會冒出頭來的恐懼戰鬥，面對挑戰。無論你正在人生中尋求更大的意義，或者難以拒絕別人，或者光是獲得啟發就能對生活充滿熱情，你都可能需要放下一些事物。我們都必須放下我們是誰的事實，才能追求我們可能會變成誰的可能。正如常言所說，「為了飛翔，你必須放棄你現在所站著的大地。」

「最重要的是愛你的家……你不能指望愛情來到並逗留在沒人愛的地方。充滿愛的家園能邀請更多的愛進來。」

——古伊蕾

在你學習這個課程的過程中，確保你為自己留一點「停機時間」。這段時間會確保你有空間讓另一個人進入你的生活，停機時間也將支持你培養有愛的孤單能力，這和寂寞相比，是截然不同的經驗。

練習：改變家中環境

檢視你的家，注意家是否歡迎其他人進入。這是一個你能自在邀請他人到來的地方？你的家有沒有空間容納另一個人？你能否為進入你生活的人騰出空間？

注意你牆上的藝術作品、你放置家具的方式、你家中物品的數目。你的床旁邊只有一張桌子嗎？只有一個杯子供早上喝咖啡嗎？如果是這樣，不妨開始蒐集成對的物品，帶入你的家，象徵你為自己所創造的未來。

拿出筆記本，列出至少五件可以讓你改變家中環境的事物，以便為親密伴侶創造更溫馨的環境。再添一、兩件你可以改變日程安排的事物，讓你的生活有一些喘息的空間，以便探索新的關係。

加分題：實際行動

今天在你家裡做一個以上的變化，為你邀請進入生活中的浪漫情感，反映出溫馨的環境（比如為你的床購買一對枕頭，拿下任何喚起寂寞傷感的圖片，騰出衣櫃的空間讓別人能放東西），同時做一個或多個計畫，為自己創造認識其他人的機會（比如訂下日期、和朋友相約出去跳舞、請同事幫你安排相親、在你的日常生活安排一些「停機時間」、到外面去散散步、去咖啡館看看報，或上商場逛逛街）。

小組討論建議研究指南

一、對於你和在你人生中的人，你覺得有多少的連結或疏離感？為什麼？

二、在最親密的關係中，你需要什麼？又該如何滿足這些需求？

三、你會選擇什麼樣的本質？又如何肯定你為自己創造了什麼樣的特質？

四、分享你人生中愛情獲得實現的願景。

五、這一週你做了什麼具體的改變，為你人生中的愛創造空間？

第　二　週

結束

「你的任務不是去尋覓愛情，
而僅僅是去尋找並發現
所有你建立在自我之內妨礙它的障礙。」
——《奇蹟課程》（*A Course in Miracles*）

現在是我們捲起襯衫袖子，腳踏實地展開種種細節工作，在我們生活中實現愛的時候。我們開始為期兩週的課程，識別並且釋放這些障礙。

在這一週：

- 我們將挑戰自我，承受必要的損失，以釋放在我們的生活中阻撓愛情發展的事物。
- 我們會探索真正寬恕的要素，以結束並釋放過去。
- 我們會檢查阻礙其他健康關係的有害關係，以免它們在我們的生活中扎根。
- 我們將放掉不再適合我們的約定和模式。
- 我們將面對過去的創傷，重新定義我們在伴侶關係中的身分，為愛創造出路。

Lesson

8

接納損失

「把自己交給愛情和婚姻，就是向死亡說Yes。」

——湯瑪斯．摩爾，《傾聽靈魂的聲音》（*Care of the Soul*）

大多數人都想不勞而獲。我們想不用做運動就能變瘦，想成功而不用擔風險，想戀愛而不會失去任何東西。這種「只享受而不負擔」的生活哲學是非常美國式的想法，因為美國是世上唯一只求人生舒適自在而無痛苦的文化。然而，在許多性靈上的傳統中，我們找到無數的例子，證明悲喜、盈虧、生死之間，都有必然的關係。哲學家艾倫．瓦茲（Alan Watts）說：「有善無惡，就如有上無下，一味的追求善，就像是試圖擺脫左邊，卻不斷地向右轉。」

我頭一次想到在尋找「真命天子」的過程中，可能也需要面對一些損失時，是有一天我的美髮師嘉莉給我的啟發。嘉莉的婚姻幸福美滿，我問她和她先生認識和追求的過程。她說她幾乎一眼就認定他是她希望能長相廝守的男人：他們倆邂逅之際，她立刻感覺到雙方互相尊重和強烈的吸引力。雖然他們彼此互訂終身，讓她非常欣喜，但其實他們訂婚的這段時光，對她而言是非常困難的考驗。當他們的婚禮日期越來越接近時，與這個男人共度人生的現實，迫使她檢討多年來的某些習慣和模式。她發現自己堅強和獨立的形象，正好與要和他建立持久連結關係的心願相反，這讓她不得不放下她已習慣的情感裝甲，變得比以往任何時候都更脆弱，更不設防。她也不得不放棄從小以來的幻想，以為她能夠嫁一個像父親一樣的男人以取悅父親。她的未婚夫一點也不像她的父親，這兩個男人雖然表面上都很有禮貌並尊重對方，但實際上彼此都有點不自在。逐漸地，嘉莉被迫放棄與她自己承諾要創造的生活不一致的部分。因此，他們的追求期主要是一段調整的過程，其中包括了許多損失，使嘉莉變得更成熟。

「正如飛蛾撲向可能結束牠生命的火光一樣，情人也渴望心愛的伴侶。」

——康妮・茨威格（Connie Zweig，心靈作家）

我們總沉迷於大家集體創造幸福快樂結局的神話，卻很少承認為了達到這個目標所必須承受的損失。事實上，生活中的每一個收穫，都代表在其他方面的損失。沒有失去某些東西，我們的生活根本不會向前發展。難怪大多數人都抗拒改變，即使這些改變承諾會帶來正面的結果。向改變屈服，就意味著放棄控制。雖然我們希望改變人生，卻不喜歡自己掌控一切的錯覺受到挑戰。掌控人生的感覺讓我們不願接受損失。然而，努力規避損失正是造成我們過度焦慮和擔心的基礎，許多人都患有嚴重的焦慮，企圖避免生命的自然秩序，其中也包括結束和死亡。

無論我們多麼不願接受這樣的事實，但真相是，許多人私心寧可維持原狀，即使這意味著我們會繼續遭受苦難，但大家總覺得這比人生必然會有的損失好。只是人生不可能靜止不動，當我們不肯移步向前，其實就已經開始向後倒退。拒絕冒下一步的險，我們就會喪失生命力，變得平庸、沮喪和逃避，這並非吸引愛情的理想心態，儘管因為生命缺乏火花，使我們對愛的渴望更加強烈。

我們可能在人生中獲得最重要的技能，是好好回應損失和失望的能力。而要這樣做，第一步就是要放棄下面這個成見：一有損失，就是「出了差錯」。沒有任何事情是錯誤的，損失是人生的一部分，有時損失會帶來悲傷、沉默、絕望，或孤獨，需要有人聆聽。古老的蘇菲教派詩人魯米說得好：

生而為人，就像一間賓客之屋，
每天早晨都有新的旅客光臨。
歡愉、沮喪，與殘酷，
有些時刻，覺醒來臨，
就像意料之外的訪客，
歡迎並禮遇他們！
縱然是一大片的憂傷，
暴烈地橫掃你的房屋，
家具無一倖免。
仍要善待每一位客人，
因為他可能正為你除舊布新，
帶來新的喜悅。

「我們受到童話故事所毒害。」

——阿娜伊斯・寧（Anaïs Nin，美國作家）

我們的人生永遠在運行，因此，我們必須不斷地放棄現有的生活，才能接受正在創造的生活，對於已經遭受重大損失的人，尤其當這些損失發生在孩提時代早期，如悲傷、恐懼，和沮喪等和失落連結的情感會讓人感到不安和可怕，但重要的是要學會如何去感受這些感情而不麻木，或採取傷害和破壞的行動。

在決定要改善自己的生活時，你會經歷的第一件事情就是喪失。我經常看到這樣的情況：你開始治療或加入一個性靈團體，因為你看到自己有一種新的可能，而你希望能夠實現它。你認為因為你已經採取了積極正面的行動，因此一切應該開始好轉，但很多時候卻恰恰相反，奇怪的是，你明明已經做了努力，情況卻變得更糟，那是因為你已經做出了決定，要使自己更有智慧，更愛自己。這意味著你的「舊我」必須死亡，「新我」才能誕生。創造的第一步總是破壞。

「喪失生命的，將要得著生命。」

——耶穌

就在我的另一半走進我的生命之前，我主動結束了三段關係，首先是與我的前男友，對於他，我依舊抱著他會改變的最後一線希望，以及因為他依舊沒有改變而產生的強烈怨恨。第二個是我一直在約會的男伴丹尼爾，我很清楚他對結婚、建立家庭沒興趣。雖然丹尼爾仍然可以和我做朋友，但我們必須捨棄「男女朋友」關係的形式，才可以真實地面對自己。最後，我放棄兩年多來一直與我打情罵俏的一個男人，雖然這段時間我一直懷抱著希望：「也許有一天」他會離開同居女友和我共同生活。在迎接馬克進入我的生命之前，必須釋放這些關係。更準確地說，先前創造了這些關係的我必須死亡，而由敞開心扉、吸引愛人的我來取代。以前的我相信我「不如其他女人」，我「太老，所以找不到另一半」、「太難應付」，讓人不想與我為伴。難怪我總是屈就於不合適的男人。可以說我的選擇是：要麼就是這樣苟且下去，要麼就是乾脆獨身。

「每天都是個小小的死亡。」

——史蒂芬．桑岱姆（Stephen Sondheim，美國劇作家）

為了活出豐富而有意義的生活，我們必須學會接受生活中必要的損失，而不必以戲劇化的事件分散自己的注意力，或者逃避未知。即使我們害怕，依舊必須學會向前走，接受我們一直在努力避免的損失。因為這就是我們轉變的關鍵，把我們的失望、失敗、悲傷的故事，變成一些有價值的東西——更深入的靈魂，更多的同理心，撫平虛假的驕傲。這些經驗能夠協助我們，擴展我們給予和接受愛的能力。

有一個中國俗諺我覺得非常美：

我的穀倉被夷為平地，
現在我可以看到月亮。

失去就是像這樣，只要我們放棄那些阻擋愛情經驗的事物，信任《舊約》〈詩篇〉作者的承諾，「一宿雖有哭泣，早晨便必歡呼。」

「有一件事該要牢記在心，直到它的真理能寬慰被明顯的失敗和損失而困擾的心——那就是：新的生活總是比舊的好。」

——拉爾夫・布倫（Ralph Blum，美國作家）

練習：檢視損失和獲益

拿出你的日記本。請列出三個以上你曾蒙受的損失（並且以為自己會因此而活不下去），和之後的獲益。

例如：

損失＃一

男友哈羅德在我們籌畫已久的夢幻假期展開之前，和我分手了。我哭了三天，最後決定無論如何一定要去度這個假。

之後的獲益

我發現自己可以隨時隨地結交朋友。這為我開闢了全新的世界，讓我知道我可以獨自旅行，玩得開心。現在我每年至少單獨度假一次。

現在寫下這個問題：

什麼是我一直努力避免必要的損失或可能的失望？

提示：檢視你過分擔心和焦慮的感覺（亦即，我一直努力不願放棄前男友，即使我知道這段關係對我沒好處；我一直在嘗試避免遭到拒絕，所以我並沒有努力讓自己去認識新的人；我一直避免再次受到傷害，因此不肯對任何人打開我的心扉）。

加分題：實際行動

今天，針對你一直嘗試避免的損失（例如，結束一段明顯不適當的友誼，燒掉一封讓你痛苦難當的舊情書，整理你的衣櫥，丟掉一年以上沒有穿戴的任何東西），採取一個或多個行動。

「除非通過黑夜的路徑，否則無法到達黎明。」

——卡里·紀伯倫（Kahlil Gibran，黎巴嫩裔美國詩人）

Lesson

9

放下過去

「想想這個字：『for-give』『For-to-give』。寬恕是這樣重大的禮物，因此在這個字之中含有「給」(give)。基督教的傳統一直想讓它成為溫和被動的字；把另一邊的臉頰轉過來。但這個字包含主動的「給」字，這就揭示了它的道理。」

——麥可．范杜拉（Michael Ventura），《認識陰影》（*Meeting the Shadow*）

每一年，我都會排除萬難，參加三天的沉默冥想靜修會。通常這個會總有大約五、六十名參與者，所有的人都在上午九點左右起集會，並保持沉默，直到晚上約九、十點，我們很少視線接觸，以免分散注意力。

這個特殊的靜修對我來說很困難，幾週之前我已昭告友人，要在生日前訂婚，而且我才剛開始尋覓對象。我對前男友滿懷憤怒，一心想報復已經愛上另一個女人的他。整個週末我都在奮力掙扎，要放下無濟於事的憤怒情緒，我完全陷入未能解決的憤怒痛苦之中。

我有權利生氣。從我的角度來看，前男友讓我深受委屈。幾年前我向他提出一個想法，要為曾經成為遊民的專業詞曲作者開個實驗工作坊。我想幫助這些男女與孩童，把透過音樂振作和希望的故事告訴他們，一方面協助遊民的問題，一方面也鞏固並頌揚他們所獲的益處。我的前男友覺得這個點子很好，五年來我們一起經營這個工作坊，協助無家可歸的人重拾信心，以及全世界最傑出的詞曲創作者。我非常喜歡這個為人們的生活創造差異的做法，也愛經由我們幫助而創造的音樂。工作坊的成果豐碩，讓我頭一次覺得自己對周遭的世界有真正的影響力。然而前男友和我之間的關係生變，讓我們雙方都覺得得不到滿足。我無法想出該如何脫離這段關係，卻還能保留該計畫的方法，因為該計畫真正屬於我們兩個人，就像我們孕育的孩子。最後我結束了這段關係，但我最擔心的事情也發生了。工作室留給了他，而我選擇離開。

「怎麼！我必須拿著燭火，照亮自己的羞恥嗎？」

——莎士比亞

我氣壞了。這回我根本無法說服自己不是受害者：原本這個主意是我的！是我邀請他加入的，但現在我卻被排除在外，這太不公平了。更糟的是，我不相信這個工作坊沒我還能生存，而後來也證明我是對的。在我們分手之後，工作坊不再有活動，看起來即將消失。沒辦任何一場研討會，也沒寫或錄任何一首歌曲。所以，他不僅「偷取」了這個工作坊，拒絕放下對這個組織的任何控制，而且現在他也忽視（因而摧毀了）它。一連兩天，我在冥想會上保持沉默，與寬恕的理想搏鬥，放不下我對他的怨恨。但我瞭解，為了要留個明確的空間，讓愛的關係進入我的生命，我必須放下這種苦澀的感受。

在第二天深夜，我得到了可以稱為頓悟或超然的性靈體驗。我站在戶外的懸崖上，仰望明亮且渾圓的月亮映照在老樹光禿禿的枝椏上。突然，月亮變得更加明亮，我的意識也進入了另一個境界。我感覺到空靈的眾生對我說話，這不是外在的聲音，而是內心的覺醒，它們說道：「我們理解你的痛苦，也瞭解你的損失，你是對的，對方虧負了你。但是，現在這筆債務由我們負責，我們會確保所有虧欠你的，會以超出你想像的方式償還，但為了要做到這一點，你必須先釋放他，因為你一心一意要他歸還的執著，讓我們無法將虧欠歸還給你。」就在那一刻，我徹底放下了對他的怨恨，永遠不再受痛苦或憤怒的情緒困擾。我突然找到了同情、接納和理解，取代了原先的敵意。

「在這種創造生命的冒險中，成就的標準將會是……勇敢地放下過去，以及過去的真理、目標，『意義』的教條，而它的恩賜會是：置之死地而後生。」

——坎貝爾

不出所料，第二天，我就開始更清楚地瞭解我在我們關係之中的角色。在我終於能平息內心對前男友的謾罵責備之後，我終於能夠看出自己是怎麼造成這樣艱難的情況。我終於看出在五年前我們成立了工作坊之時，我已經交出了我的權力，因為我並沒有請前男友擔任執行的職務，或者把部分的憧憬交給他去做，而是立即讓他成為業主和合作夥伴。那時我幾乎還不認識他，為什麼我會這麼做？我不得不對自己承認，我如此做的唯一原因，是因為我不相信以自己的能力能在世界上實現我的願景，我沒珍視我的想法特殊和獨特的價值。當我再深入思索，不由得想起，打從一開始，我就對這樣的合夥關係感到不安。我的直覺試圖提醒我，但我一直覺得沒把握，而不肯聆聽。

我開始看到在我的一生中，我一直貶抑並懷疑自己的想法。我看到了我之所以受折磨，是因為缺乏對自己的信心。然而，我們創造的工作坊卻非常精彩，整個洛杉磯音樂圈裡，有數以百計的人快樂地參加我們所成立的詞曲創作工作坊，他們寫的歌曲鼓舞人心，令人振奮，而且是精彩美好的音樂。我們舉辦了全美轉播的演唱會，也製作了明星藝人的光碟，在全美各地的唱片行出售。我花了自己的時間來實踐這個計畫，這個我原本一直沒信心的計畫——一個我擔心是微不足道的愚蠢念頭，因此放棄的想法。

我所學到的是：我已經為自己從小就養成的自我懷疑付出高昂的代價；我不會再因為以為自己的想法毫無價值，而放棄自己精彩的點子和創意。在那一刻，我不願意再讓自我評斷和自我批評在人生的路途中阻礙我。更重要的是，我學會了如何真正的愛人：不是因為我愛前男友，而是因為對他的憤怒阻擋了來自於他的愛。我們忙著嚴重的權力鬥爭，就算我們之間有任何潛在的愛情，幾乎都會扼殺。由於這段關係我才明白，在你建立信任與愛的連結時，某些界線是不能越過的。現在看來這點可能很簡單，但老實說，我先前並不明白。這是我第一手的經歷，為了做對的事，往往要犧牲被愛的代價。我再也不想要體驗這樣的教訓了。

很多人都認為，非得要等到感情的傷害和憤怒都化解了之後，才可能原諒他人，其實並非如此。寬恕其實是一種深思熟慮的刻意行為，這個決定能讓你的人生恢復活力、可能性，和誠信。因此，如果要產生如感激和仁慈這種高尚的情操，往往也要留到最後。要明白，你的怨恨會讓你失去個人的力量。如果你充分擁有個人的力量，就能以寬厚對待表現差勁的人。唯有不能充分擁有個人力量的人，才會心懷怨恨。

基本上，原諒別人是指打消你覺得他們欠你的債務。這是放下你們之間的傷害，感到釋懷。這並不意味著你同意這些人的作為、縱容他們的行為，或甚至讓他們再次進入你的生活——通常這樣做是不明智的。

有時候，我們緊抓住憎恨的心，是因為我們只剩下憤怒。我們都害怕忍受放手之後的空虛，卻因為我們徹底阻止了新愛情的可能性，結果往往創造更多的空虛和寂寞。許多人都想要讓傷害了我們的人瞭解他們所造成的痛苦，然而這點也必須放下。獲得道歉固然很好，但這並非必要。這種情況真正的價值在於看清我們自己的角色，並讓自己成長，更有智慧，更完整。

那天晚上在我望著月亮而產生頓悟的經驗後，源源的福祉進入我的人生。在我放下我一直背負著的怨恨不久——我和馬克重逢，輕而易舉地以四十二歲之齡懷了女兒，得到了一大筆的財富，搬進我多年來一直想要的房子等等。當我原諒前男友，擔起自己行為的責任時，我就開啟了讓愛和富足湧入的空間，而它們也真的降臨了。

「寬恕是糾正誤解的手段。」

——詹波斯基

怨恨的解藥是接納。我必須接納自己失去了所愛的組織，我必須接納一個乍看之下並不公正的情況，我必須接納自己耗費多年時光和力氣所創造的組織已經在我手裡化為塵土，因為我從來沒費心以正確的方式保護我所建立的事物。最重要的是，我必須為我獨自一人所造成的痛苦承擔全部責任。

評估我的人生在這段時間裡所獲得的事物也非常重要。當我能夠放下受害者的心態，也終於可以承認：我的前男友讓我的願景種子開花結果成為事實。因為我不相信自己的能力，我無法想像我會做哪些必要的舉動讓這個計畫成功。這要歸功於我前男友的堅毅。可是在其他方面，同樣的這種堅毅卻被我稱為固執，使我發怒並且不斷抱怨。同樣這個男人讓我的夢想成真，向我證明我的想法有價值，值得花費工夫和力氣。

當你在一段關係之中不再感到有活力時，你就知道你與對方的關係已經完滿結束——當你能夠以百分之百該為當初創造它負責的角度來看待它，甚至能夠準確到何時何處以及如何交出你的權力，並且能夠瞭解你由這一課所學到的經驗教訓，真心感激你由這次的遭遇中所獲得的禮物。雖然乍看之下，這種說法未免像離譜的苛求，但對我們所憎恨的人，如果達不到完全中立的心態，是談不上放下與寬恕的。當我們要在人生中創造更多的愛，就得像戰國時代的武士一樣做好準備，釋放我們心中所有不是愛的事物才行。

練習：列出讓你心懷怨恨的人

拿出你的日記本，列出讓你怨恨的人：

- 誰是讓我心懷怨恨的人？

檢視你的名單，選擇一、兩個對你來說感覺最「熱門」的人，針對他們一一寫出下列問題的答案。有時間時，再拿出這個表，針對你所列出的每個人，完成以下的問題：

- 為什麼我怨恨這個人？
- 我該為這個情況負什麼責任？
- 這個經驗以什麼方式幫助我成為一個更成熟的人？
- 我可以學到什麼教訓？
- 這種情況會出現什麼好處？
- 為什麼我一直不願意接受這個情況？
- 我現在可以釋放什麼，讓這個情況結束？

加分題：實際行動

寫一封信給你準備原諒的人。在信中，以你能負責的角度寫下你感受到的怨恨。你怎麼創造出這樣的情況？這個情況如何幫助你成長和成熟？你學到了什麼教訓？這個情況帶來了什麼好處？聲明你原諒這個人，把他們從你覺得他們欠你的債務中釋放出來，宣布這個情況已經結束。

你可以把這封信發送出去，也可以把它燒掉或撕毀，作為象徵性的釋放。如果你不確定是否要寄這封信，可以先保留下來，將來再決定是否寄送。你也許想要保留這封信，提醒自己已經放下，釋放你覺得這個人欠你的債務。

Lesson

10

釋放有害的關係

「如果你一直在黑暗中動手術，現在有足夠的光線可以看到了，那躺在手術台上的病人其實是你自己。」

——布倫，《盧恩符文之書》（*The Book of Runes*）

所有的關係都是一種能量交換，各自連結，供給或是吸取（也就是「消耗」）我們的能量，如果從這個角度來看我們所有的關係，就會發現「有害的關係」是導致我們失去個人力量的附屬品。

我們所建構的關係都有能力培育和啟發我們的成長，讓我們發揮最大的潛能。但這也會有相反的情況。有時候，我們依附的情感可能會、也的確會阻止我們生活中愛的體驗和表達。最明顯的例子是，我們對於無論出於何種原因，都不願或不能愛我們的人付出情感。

保羅來向我求教，因為他與合作四年的事業夥伴蘇珊產生感情糾葛，深陷在痛苦的關係中。保羅和蘇珊兩人都是作曲家兼音樂製作人，他們在共同成立小型唱片錄音室之前墜入愛河，但戀情只維持了幾週就告吹。在他們的合夥關係中，他一直努力想和她復合，也不好意思地承認這是他與她共同成立事業的首要原因。

保羅和蘇珊時常互通電話，每天可能通話十次。他們花了許多時間一起製作她的歌曲，並設法讓她拿到錄製唱片的合約。蘇珊因為童年所受的感情創傷未癒合，因此有很深的不安全感，對感情非常恐懼。保羅每天都花很多時間和她談她自己的問題，並鼓勵她要相信自己，無暇顧到他自己的歌唱事業。保羅告訴我，蘇珊說她愛他「如朋友」，但對於把他當成情侶則毫無興趣。她現在已經與另一名男子交往，讓他氣憤難當，一心一意想「與她復合」。

「當愛染上病害時，我們只能讓它立即死亡。我不能忍受拖延而消耗激情的折磨。」

——喬治・埃斯里奇（George Etherege，英國劇作家）

雖然保羅只有三十五歲，但他最近去看醫生時，醫生認為他隨時可能心臟病發，並且立即開藥要他服用。他大約超重三十磅，他解釋說這是因為他感到憤怒和挫折而暴飲暴食。他承認自己已經破產，因為在他與蘇珊開創她的事業時，雙方都欠了一大筆債，而且這筆共同債務實際上用的是他的名字，因為她的信用有問題。

我對保羅的開導大半是在幫助他接受蘇珊對愛情不感興趣的事實，讓他不再責備她無法愛他，並且認清他藉著過度的「幫助」來操縱她的事實，要他負起責任。我鼓勵保羅檢視自己與蘇珊的關係如何反映出他與自己的關係。他承認她對他缺乏興趣，反映出他對自己身體的厭惡，因為他對自己「太胖」而惱怒。即使有心臟病發的威脅，他依舊不願照顧自己，清楚地反映出他試圖讓蘇珊愛他，但他堅決地拒絕愛自己。其實保羅可以看出，蘇珊拒絕他的方式，就和拒絕自己完全相同。

即使是我們之中最精明的人，也可能會表現出破壞性的行為，以避免愛得不到回報的失望。但不論我們怎麼嘗試，事實卻是：當對方已決定對我們關閉心房，我們絕對沒能力去改變他。人生的一大矛盾是，我們可以塑造自己的經驗，卻沒有能力把我們的意志施加到別人身上。如果不願意接受這個事實，將是極大的痛苦之源，因為即使我們成功地讓自己成為對方的「重要他人」（significant-other，在心理學中，指的是對一個人的生活或福祉十分重要的人物），這個關係本身的特色依然可能是怨恨、過度依賴、失望，和權力鬥爭，因而使重要他人成為「有害關係」。

「對無法結束不滿意關係的人，最好的建議可能是，不要再等待對方會給你東西。也許它永遠不會到來。」

——湯瑪斯・摩爾

也許你的情況正好相反：別人使出渾身解數吸引你，要你為種種錯誤的原因愛他們，而你也屈從了。我們很多人都是憑著自己的需求與依賴而做出決定，結果卻陷入根本不可能有未來的男女關係之中難以自拔，因而感到痛苦。

我曾有一個相當漂亮的客戶，只是她相當沒安全感和自我厭惡。她就像希臘神話中的美男子納西瑟斯（Narcissus）一樣，總花許多時間顧影自憐，忙著整理打扮她的衣服、頭髮和化妝。她愛穿性感誘人的衣服，吸引了很多男性，也花過多的時間和金錢努力讓自己更加美麗。她向我吐露自己陷入一段情感糾葛，她其實並不喜歡對方，遑論愛他。我們探討為什麼會發生這種情況，結果發現，他不斷讚美她的美貌，讓她心花怒放，因此和他來往，但現在她覺得自己陷入困境，而且因他日益增長的占有欲而感到憂心。她在一開始並沒有見到警訊，是因為他對她的著迷反映了她對自己的迷戀。她的過度需求吸引了一個憑直覺就發現她弱點並加以利用的男人。

《情緒勒索》（*Emotional Blackmail*）的作者蘇珊・佛沃（Susan Forward），談到「致盲的迷霧（FOG）──恐懼（Fear）、義務（Obligation）和內疚（Guilt）」最能表達「有害關係」的特點。擔心我們不值得愛，恐懼找不到愛我們的人，害怕我們會遭到我們迫切需要的人拋棄，因此一敗塗地，名列焦慮原因的榜首，讓我們放棄越來越多的個人力量。常常，由於我們未能設定健康的情緒界限，因此總會覺得應該對別人的感情負責，讓不適當的義務感主宰我們對一段關係所做的抉擇。或許我們會滿心內疚和羞愧，彷彿因為我們過去曾經做過什麼對不起他人的事，而虧欠對方。

「自由總是有風險，而束縛唯一的風險是掙脫。」

──貝琳

當有人利用你的這些弱點，就是以犧牲你為代價，運用操控的力量，來得到他們想要的事物。真正的愛情永遠不會用恐懼、義務，或內疚來影響你。除非你能清除人生中這些「不真實」的愛，否則「真愛」就無法找到你。在你的內心深處，你永遠知道，總有一天要解決這樣的問題。

這些類型的關係消耗我們生命的力量，耗盡我們的創造力和個人力量，進而降低我們的潛力。不幸的是，當我們置身在這種類型的關係中時，很多人都會以種種藉口來解釋自己表現不佳的原因，認為對方會隨著時間改變，藉以說服自己接納這樣不合適的關係。然而，人不是專案計畫，就算我們想「改善」他們，他們通常也不會有良好的回應。而且事實是，我們總是藉著回應人們行為的方式，來訓練他們如何與我們相處，因此你所容忍的事將再次發生……一再重複。

如果你發現自己置身「有害關係」，這並非對方的錯。如果你讓人利用你、操縱你，以不當的方式對待你，那麼你必須問自己，這個關係反映出你與自己處於什麼樣的關係。

有害關係會破壞和削弱我們對人生的願景。我們延續這樣的關係，是因為以為有人愛我們，就算只有一點點，也總比冒著沒人愛的風險好。或者我們陷入的關係是對方很愛我們，只是他們有很大的破壞性，對我們造成傷害。事實是，我們堅持這些不健全的關係，是因為我們擔心自己最多只能做到這樣，因為我們不相信自己值得真正的愛情。放下這些不健全的關係需要勇氣，而這樣的勇氣唯有在對愛的承諾大於對獨處的恐懼時才會出現。

如果你還抱持幻覺，認為自己能夠繼續依附在你明知對你無益的人們身上，依舊能創造充滿了愛和承諾的精彩人生，那麼你就是在愚弄自己。有害的關係會讓我們付出代價，浪費許多時間。如果你覺得自己的人生舉步維艱，就該看看阻礙你的是誰，或者是什麼。

「關係不是體育賽事，停止控制權的角力。除了離婚律師之外，從來沒人在這場比賽中獲勝。」

——巴斯卡力

練習：修正有害關係

拿出你的日記本，回答下列問題（注意：答案不限於你愛戀的人身上。任何出現在腦海的人、朋友、家人、同事等等，都可納入）：

- 什麼樣的關係可以稱為「有害關係」？

今天請你選擇一段這樣的關係，並完成下列問題。等你有時間後，再回頭看這個表，針對你所列出的每個人，回答以下幾個問題：

- 在這個關係中，支配我的是什麼樣的恐懼？
- 我覺得自己該完成什麼樣的義務？
- 我讓自己以什麼樣的方式遭罪惡或羞恥感操縱？
- 這種關係反映出我與自己是什麼樣的關係？
- 我可以放棄什麼來恢復我個人的力量感（例如，避免讓對方生我的氣，為對方做他不會為自己做的事等等）？
- 我可以在這樣的關係中設定什麼樣的界限，讓關係更健全美好？

加分題：實際行動

對你自己做出承諾，先改正你對自己的關係，放棄所有「有害關係」的活動。採取至少一個改正你對自己關係的行動（比如，如果你發現自己一直容忍對方的侮辱反映出你一向虐待自己，那麼採取一個不再傷害或不尊重自己的行動）。此外，今天採取至少一個行動，和「有害關係」的對象設定健全關係的界限。

Lesson 11 重新談判舊約定

「我們必須願意擺脫已經計畫好的生活，才能接納等著我們的生活。」

——坎貝爾

我第一次談戀愛是在十五歲時。當時的男友法蘭克善良體貼，總是盡力逗我開心。和他在一起，讓我覺得自己受到保護和愛。在我十七歲時，他向我求婚，我的母親氣壞了，她堅持要我去上大學，過有意義的生活，而不是只在高二就和人訂下終身。這成了我們母女之間的戰爭，她越努力要分開我們，我就越努力要保住他。曾有一度，她甚至威脅說，如果他敢駐足在我家的車道上，她就要報警。

可以想像在這種面對激烈反對的關係中，有多麼強烈的戲劇感。但我母親的擔心果然成真，我和法蘭克在一起的最後一年，在我十八歲時，我們開始因為我要面對的選擇起爭執。我想上大學，法蘭克卻決定不上大學，而要投身家族企業。他堅決反對在他沒上大學的情況下，我竟然去上大學的決定。我們之間沒做任何討論，一切就這麼成為定局，而且更可悲的是，我們的關係也結束了。

分手讓我傷透了心，讓我陷入痛苦的深淵，而我處理鋪天蓋地悲傷的方法是做出承諾。我無法忍受永遠不會再見到法蘭克的想法，因此我告訴他，等我六十歲時會再度找到他。我想，到那時我已經過完我的人生，做完了所有選擇。也許在年歲增長之後，可以和他在一起，全心愛他。

二十多年過後，我已經完全忘記了這個承諾。一天晚上，大約在我展開追尋「真命天子」一個月之後。我突然恍然大悟，原來這個約定一直在我的人生背景當中。那麼久以前在完全絕望和悲傷的時刻所講的這些話，仍然停駐在某些地方等待我們去完成。

「舊皮必須蛻去，新皮才能生長。」

——坎貝爾

雖然我二十幾年沒和法蘭克說過話，但我決定，我要和法蘭克直接聯繫，取消這個承諾。我想找他的電話號碼，可是徒勞無功，接著我上網查詢，也沒有結果。最後我決定以象徵的方式和他接觸，召喚他進入我的冥想練習。我靜靜地坐了很長時間，然後在我的腦海裡呼喚幾次他的名字，想像他坐在我面前。當我從心眼中看到他的臉時，我告訴他我很抱歉，當年可能傷害了他。我讓他知道自己有多想念他，我很感激他在我需要的時候給予我的愛。然後我告訴他我無法信守我向他做的承諾及為什麼。因為這個承諾阻撓我尋覓與我相知相守的人，阻止我創造在我到六十歲時可能不自由的人生。如果他一直在等待這個承諾實現，那麼我請他讓我走，並請他原諒我不能夠遵守它。然後我讓他離開，讓自己從這麼多年前的約定中獲釋。

所有的關係都有屬於它們自己的協定，其實「關係」的定義，就是接受與對方的約定。因此，關係是由一系列的協定和承諾所決定，有時會大聲說出來，就如我當年一樣，但有時不會。沒有以言語表達的約定——往往是忠實和期望，雖然隱而不宣，但在做決定和行動之時，卻有莫大的影響力。祕密的協定甚至可能會讓我們違背自己的價值觀和信仰，藉著我們歸屬部落社會的需求，發揮它的力量。

我的客戶泰拉很想接受高等教育，但是，她的家人中沒人曾經上過大學，而且他們覺得她這種願望與他們格格不入，因此嘲笑她，要她放棄這種心願，並且威脅如果她「讓自己超過他們」，他們就要收回對她的愛和支持。

「生活充斥而且滿溢新的事物，但我們必須騰出舊事物的空間，才能讓新的進入。」

——艾琳・凱迪（Eileen Caddy，心靈導師）

泰拉的情況雖然很極端，但其實我們之中有許多人都與父母達成不會比他們更成功的祕密約定。因此，如果你的家人之中，沒一個能夠建立充滿愛的幸福伴侶關係，而你卻能，恐怕就會讓你產生對家人不忠實的感覺。犧牲自己，以免我們的成功會導致父母痛苦，或加劇他們的不滿和遺憾，這類的情況並不罕見。

年近四十的唐娜美麗慧黠，她參加了最近「召喚真命天子」的研討會。她和許多來參加研討的女性一樣，表面上看來，要尋覓良伴應該沒問題才對，但她卻在這裡抱怨年近四十還沒有丈夫，連合適的對象也沒有。她談起自己的單身狀態，感到很困惑。

在研討會中，唐娜說她崇拜父親，他們之間的關係「非常親近」。事實上，她的父親在她的生活中扮演的角色非常積極，居於主導地位，因為他就住在附近，他們幾乎每天都通電話。她承認有父親在讓她覺得很安全，尤其她是單身女性，但她單身就是因為他的「過度保護」。研討會全體都發現，她的父親會趕走太接近她的男人，但她自己渾然不覺，認為這是他在保護她，表達的是他對她的愛。但是隨著她說出更多的事實，越來越明顯的是，唐娜總是選擇有點危險的對象，她的父親就會插手來拯救她，因而證明他對她的愛，並加強他們之間的關係。

唐娜承認，在這個舉動的背後，是她與父親未明言的約定。她小時候見證了父母情感惡化，婚姻破裂。她的母親似乎處理得不錯，但隨著歲月流逝，她的父親卻越來越鬱悶和沮喪。她回憶起自己為他感到難過，這感覺很強烈，也持續很久，所以她做了一個決定。雖然她的母親似乎並不愛父親，但她一定要讓父親知道她愛他，他是她生命中最重要的人。而事實上她也成了「爸爸的生命之光」。

「找出你讓困境持續的執著，並且放手。蛻變、釋放，清除舊的東西。這將能使你解凍。」

——布倫

唐娜明知這種未言明的共識可能會影響她與其他男人的關係，但她抗拒不願去想它的影響力。在她離開研討會時，依然辯稱對父親的愛不是什麼大不了的事，她根本不準備要放棄它，而且後來也確實如此。但說實話，除非她與父親重新協商這個心照不宣的約定，否則恐怕無法愛任何一個人，無論是她的對象，或者她的自我。

我們需要歸屬比自己更大的團體，這是我們最原始的本能，我們會努力保持我們的部落歸屬感，瑪歌就是這樣的例子，她是家族中的第三代長女，和她母親與祖母一樣強壯、聰明、有力，她也非常認同她們。她們三人長得很像，都雄心勃勃，受過良好教育，表現傑出。她們三人在生活中也都難以和男性相處，難怪她們發展出一種「幽默」的玩笑方式，表現她們對周遭男性的失望——翻白眼、竊笑和瞥視，微微搖頭。她們形成了自己的小型母系俱樂部，蔑視任何太接近的男人。因此瑪歌來參加研討會時，不由得感到矛盾和荒謬，因為她在試圖愛人與被愛的同時，卻又和母親和祖母保守著不屑任何男人的祕密約定。

最近我聽到一名女性的故事，在她才十一、二歲時，繼父亂倫追求她，這女孩對他的舉止十分煩惱，因此做了不得已的承諾。她向他保證：「如果你現在不騷擾我，等我到二十五歲時，如果你還對我有興趣，我就嫁給你。」這話發生了效果，他停止追求她。後來他和她母親離了婚，但依舊與她保持聯絡。她壓抑了這一段不愉快的回憶，完全忘了對他的承諾。在她二十四歲時，一個她並不愛的人向她求婚，她立即答應，並且就在她二十五歲生日之前嫁給他。數年之後她離婚了，回想起來，她不明白自己為什麼會嫁給一個她不愛的人。經過長時間的自我檢討之後，她終於想起了自己年幼時可怕的承諾，這才明白她嫁給前夫，是為了避免遵守對繼父承諾的方式。

「我們從失敗中學得的智慧遠超過從成功所學：我們經常會因為知道什麼沒效，而發現什麼才會有效：也許從來沒有犯過錯的人，不會明白這一點。」

——塞繆爾．史邁爾斯（Samuel Smiles，英國社會改革家）

還有另一種約定必須一提：是當我們遭受情緒傷害之後，在嘗試處理的過程中與自己的約定。五十多歲的南西是我的朋友，在她還不到兩歲時，喉嚨出了問題，必須做救命的手術。當年許多醫生都認為，這麼稚齡的孩子分不出母親和其他照顧者之間的差異。南西所住的醫院不許父母探望重症加護病房的子女，因為院方認為如果護士的工作不被打斷，而且沒有家長質疑，會做得比較好。

因此，小南西在陌生人手中進行了可怕的手術。雖然這些陌生人很可能工作稱職、態度親切，但他們和南西沒有連結，因此他們無法以她父母的方式來安慰她。南西在醫院住了整整一週，沒有看到任何家人。

雖然南西當時只是個孩子，但直到今天，她都記得母親在她最需要的時候離開她，讓她多麼沮喪。她記得最深刻的印象是，她當時做了一個決定，不再相信任何人。多年以後，她的母親證實了南西的說法，因為自從那週之後，她們的關係就完全不同了。她說從那個時候起，南西和她與其他家人的關係變得遙遠生疏，不願信任和依賴他們，和手術之前大相逕庭。南西已經和自己達成了約定，永遠不會再信任任何人。可以想見，這個決定讓她的成年生活面臨很大的困難，這個決定迫切需要重新協商。

我們在自覺和不自覺的情況下所做的約定，對我們的人生有深遠的影響，因為它們成為我們所設定的計畫，在宇宙中舉足輕重，影響我們的遭遇。切勿低估約定的力量，而讓它影響你的生活。

「凡事都有定期，天下萬事都有定時。」

——〈傳道書〉第三章第一節

練習：重新檢視過去的約定

今天，我們將檢查你與他人或是與自己說出和未說出的約定。我們也會驗證你之所以單身，是否為了想保護任何人。

拿出你的日記本，並完成下列句子，每個句子都可以回答無數次。腦海中想到的任何想法都可以寫下來，即使它乍看之下毫無道理也沒關係，不要自行刪節。

- 我和母親說出和未說出的約定是：
- 我和父親說出和未說出的約定是：

- 我與＿＿＿＿（任何其他在你的人生中有意義的人，如繼母、繼父、前男友、兄弟姊妹）所說出和未說出的約定是：
- 我現在所處的情況是為了保持與＿＿＿＿的約定：
- 我與自己所做親密和愛的約定是：
- 我現在所處的情況是為了保護：
- 這些約定影響我是因為：
- 為了重新談判這些約定，我必須放下：
- 我可以做的新約定是：

加分題：實際行動

完成或重新談判至少一項不再適用於你的約定。你可以透過寫信、打電話、發送電子郵件，或冥想進行假想的談話。但是，不管你用什麼方式進行，都要告訴對方，你希望重新談判什麼約定以及原因，讓這個人知道究竟要如何重新約定才能對你有效。

如果你決定寫信，可以把信當作提醒你解除約定的承諾，或者你也可以真的把它寄給對方。你可以在信上貼郵票，只寫這個人的名字（而沒有姓），並且隨便寫個地址，把信丟進郵箱，但實際上卻不會寄給對方。或者你也可以把它燒掉、撕掉或丟掉。

Lesson 12

神聖的創傷

「傷心的人有什麼共同點？他們都為過去建立神龕，經常去那裡做古怪的哀號和參拜。幸福的開始是什麼？就是不要再如此虔誠。」

——哈菲茲（Hafiz，波斯抒情詩人），丹尼爾・拉丁斯基（Daniel Ladinsky）譯

我們未癒合的創傷是看不見的牢籠——以它們的鐵條禁錮我們，確定我們被鎖在冰冷灰暗的混凝土牆裡面。有時候，我們感覺無論多麼努力想要逃跑，都永遠會是自己悲慘故事的囚犯，注定要一遍又一遍地重複這樣的痛苦，儘管我們抱持的願望恰好相反。

伊麗莎白垂頭喪氣地坐著來回搖擺，低頭盯著面前的地板。其他的「真命天子」研討會女性學員聚在一起，靜靜地圍成圓圈坐著，等她說話。「我不能放下自己很齷齪的想法！」她的聲音緊張又沮喪。「我一刻都不能忘記自己是瑕疵品，我曾經交往過的每一段關係最後都無疾而終。什麼時候我才能擺脫醜陋的自我？什麼時候我才能自由？什麼時候我才能在人生中得到愛？」她回憶起自己四歲時遭父親性騷擾，淚水不禁潸然而下。

「伊麗莎白，你真的覺得自己齷齪，認為這是你的核心本質嗎？」我輕聲問。「是的！」她不假思索脫口而出。「無論是什麼問題總會歸結到這個事實：我是個齷齪的人。」

「人們希望你快樂，不要一直把你的痛苦拿給他們！」

——魯米

我請現年已經四十一歲的伊麗莎白，想像她正在看著當時四歲的自己。我要她想像一個成年男子——她的父親，一個原本應該保護她、愛她，而非試圖與她發生關係的男人。「你對這個小女孩有什麼想法？」我問。「你會說，『這麼齷齪的小女孩，難怪那個男人要性侵她』嗎？」

伊麗莎白放聲大哭，因為她終於明白自己無可指摘。她終於看清自認為齷齪的愚昧，她終於感受到對自己深深的同情，她的無辜，才是真正的真相。

「我對於自己受到傷害非常厭惡，」她嘆了口氣，「為什麼我要承受這個負擔？我什麼時候可以擺脫它？」她以全然信任和單純的態度問我。我謹慎地回答說，「我不知道我們是否可以『擺脫』創傷，受傷的經驗是我們歷史的一部分。但是我們可以不要以過去發生在我們身上的事定義自己，我們可以不要再以我們遭受的痛苦識別自己。這並非拒絕我們過去的經歷，而是認清我們的本質遠遠超過經歷。」

伊麗莎白思索我的話。我繼續說，「我們的創傷實際上是一種啟蒙的機會，除了終生受害，別無其他選擇。我總覺得生在惡劣環境的人就像戰國時代的武士——全心全意地承諾並追求性靈的發展，因為許多創傷讓我們不得不如此，這些創傷不亞於你剛剛所提到的。這些痛苦的創傷就像催化劑一般使我們全力發揮潛能，讓我們明白自己必須提供他人什麼。這樣一來，我們所受的傷害就會轉變成所謂的『神聖的創傷』——

因為受傷最重的地方，正是你最可能做出最大貢獻之處。」

一語驚醒夢中人。伊麗莎白一直認為自己的治療目標是擺脫性侵的陰霾——忘記它，讓自己遠離它對她人生的影響。伊麗莎白露出微笑，因為她瞭解到，這個創傷已經成為巨大的支柱，讓她成為一個鬥士，為自己也為他人致力於個人和精神的成長。其實伊麗莎白的一生一直都期望慷慨施予，為他人做出奉獻，她在那個週末坦誠和真實的分享，讓我們全都達到更深層次的感動，如果沒有她，我們是無法做到的。

「我已經由痛苦中學會：凡受到愛的痛苦創傷的人，除非能接受傷害她的愛，否則永遠不會完整。」

——馬格德堡的梅希蒂爾德（Mechtilde of Magdeburg，神祕主義者）

雖然大家總說自己痛恨破碎，但卻又經常畫地自限，以我們過去的悲慘經歷建立我們的身分。卡若琳．密思（Caroline Myss）在《為什麼人們不癒合》（*Why People Don't Heal and How They Can*）一書中寫道，「分享創傷成為拉近關係的新語言，是一種發展信任和理解的捷徑。」想想我們有哪些友誼是建立在密思博士所謂「共享創傷」（woundology），以抱怨自己受害和生活的悲傷狀態，與其他人建立連結。如果其中一人為了求癒合，突然決定放棄受害人的地位，會發生什麼情況？因共享創傷而結合的友誼面對這類的「背叛」，往往無法持續下去，因為在友誼中未明言的協定是互相加強彼此的壓抑。

許多人甚至在選擇自己人生中的「重要他人」時，也是根據他們瞭解我們創傷的能力，和他們面對這些創傷而對我們不致期望太高的意願，這通常能夠有一段時間的效果。但如果「受傷的」團體決定要追求更美好的人生，又會發生什麼情況？以「共享創傷」為基礎的關係不會有讓人茁壯成長的空間，不會讓人們發揮潛力成為最好的自我，因為他們祕密的約定在於——只要其中一人「受傷」，其他人就要努力支持他們的自尊，方法是（一）照顧他們，或（二）比他們更高明。

很多人很難建立充滿愛的關係，因為他們仍然太關注於自己所受的傷害，以至於很難讓他們的悲劇轉化成更美好的事物。這些人吸引的伴侶往往也非常重視受到創傷的情感，他們不夠健全，無法成為合適的人生伴侶。

我們必須要問自己對痛苦的依附達到什麼樣的程度？是什麼驅使我們牢牢地抱持著悲哀？有時，我們女性因為「落難少女」的集體神話，而不肯放下受害的事實。然而如果我們抱著過去的痛苦不放，它就會繼續存在，繼續傷害我們。而我們這樣做，意味著過去比現在更有力量，更加卓越。事實上，發生在我們身上的事，永遠不如我們對它採取了什麼樣的行動來得重要。過去傷害你的人無權決定你是否會過上充滿愛的充實人生。你才是唯一擁有這種權力的人。

「我用……愛索牽引他們。」

——何西阿書（Hosea）第十一章第四節

最好的解決方式就是勇於面對。我們不能「擺脫」我們的創傷，但我們必須找到使它們有意義的方法。經歷奧斯威辛（Auschwitz）集中營和達豪（Dachau）集中營的痛苦經歷而倖存的傑出猶太精神病醫師維克多·弗蘭克在《活出意義來》（*Man's Search for Meaning*）一書中，寫到一個老人在愛妻去世兩年後來看他，這位老人因為無法克服他的失落感而嚴重憂鬱。弗蘭克醫師看到他這樣的痛苦，非常明智地問他：「如果先死的是你，而你的妻子不得不獨自生存，會發生什麼樣的情況？」「哦，」那位老人回答，「這對她而言會很可怕；她將會承受莫大的痛苦！」弗蘭克回答說：「你看，她已經免除了這樣的痛苦，而是你讓她免受這樣的痛苦——當然，代價是現在你要活下去，因為失去她而哀悼。」這位老人深受弗蘭克醫師的話感動，他站了起來，握手離去。弗蘭克寫道，「在某種程度上，一旦苦難找到了意義就不再是苦難。」

精神導師艾克哈特．托勒（Eckhart Tolle）在《當下的力量》（*The Power of Now*）一書中寫道，「如果你被困在噩夢中，可能就會比只陷在普通的夢中起伏的人有更強烈的動機醒來。」

對於不得不忍受難以置信的失落和悲傷的人，人生需要比其他人有更深刻的覺醒，我們必須找出這些痛苦經歷給我們的教訓，並且為我們不得不承受的痛苦編織意義。對於面臨心碎挑戰的人，我們的任務是尋找穿過廢墟的道路，就如禪宗所說的，使我們可以「敞開胸懷」。這時我們不只能夠再愛一次，而且能夠以療癒全世界的方式去愛。

練習：寫一遍「創傷」傳記

寫一個簡短的「創傷」傳記，不是由受害的角度來寫，而是要說明你克服逆境的力量，和面對困難的勇氣。確定這些創傷已經成為你的「神聖創傷」——如今它成為最大的優勢，也是你的貢獻。寫下你的神聖創傷。

加分題：實際行動

今天致電一個值得信賴的知己，從你的力量和堅毅的角度，共享你的「創傷」傳記。分享你面對挑戰時的英勇，對深刻失望的勇敢回應。與你的知己共享你的「神聖創傷」——因為你所承受的創傷，而必須提供給他人的貢獻。

請你從現在開始，以這個角度來闡述你的人生故事。這會協助你建立關係，鼓勵你要堅強，支持你自己健康和快樂的成長。

Lesson

13

魔鏡，魔鏡

「一個凡人就像一隻狗，如果狗走進滿是鏡子的大廳，只會對所有其他的狗吠叫不停，但賢人走入鏡子大廳，看到的只有自己。」

——古魯納坦（Gurunathan）

人們聽到我和丈夫締結良緣的故事之後，免不了會問我，他們該怎麼展現自己內心最深處的願望。我總是說：「其實你已經知道該如何展現這樣的心願。看看你的人生，你擁有的一切就展現出你相信可以擁有些什麼。你的人際關係是反映你與自己關係的完美鏡子。不是只有達到精神顛峰的人才能展現他們的心願，這是人生自然的秩序——如呼吸一般平常和神奇。我們一直在這麼做，甚至不假思索。」

愛會吸引愛，如果你的內心充滿了愛，往往就會吸引充滿了愛和滋養的經驗和關係。這是因為我們想得最多，並在情感上產生最多共鳴的事物，就會來到我們的生命之中。我們不一定得到我們在人生中想要的，但是我們會得到我們所關注的。我們會得到我們相信、可以，並且應該擁有的事物，不是我們認為我們相信，或我們希望相信的事物，而是我們真正相信的事物。

三十六歲的瑪格麗特最近開始接受心理治療。她小時候住在鄉下小鎮上，在那裡狗可以在街上自由奔跑。瑪格麗特個子嬌小，精力旺盛，鄰居的幾隻狗特別愛追逐她。這些狗很凶，好幾次追得太厲害，差點把瑪格麗特咬傷，她拚命踩自行車踏板，好不容易才擺脫牠們。有一次她甚至被一隻凶猛的杜賓狗繞著汽車追逐好幾圈，到今天瑪格麗特依舊看到狗就怕。

「我不再試圖改變外在的事物，它們只是單純的反射。我改變自己內心的感悟，外在就揭開被我自己的態度長期掩蓋的美。我專注在內心的願景上，結果發現外在的觀點也隨之改變。」

——**《常用字》（*Daily Word*）雜誌**

瑪格麗特的故事讓我非常感興趣的是她如今的現況。儘管她現在住的城市規定狗一定要緊緊拴住，而且大半都很小隻，但瑪格麗特依舊會被牠們追趕。只要她一看到狗，不論大小，她就會心生恐懼，四肢無力。狗一定感覺到她的恐懼，而因此非常感興奮，牠們竭盡全力在後追趕她——突然掙脫主人、跳過圍欄，或由汽車窗戶跳出來追她，而她死命地在熙來攘往的都市大街上狂奔。瑪格麗特對狗的強烈能量也「展現」在牠們對她強烈的興趣上。

我的另一個學員愛倫是一個四十幾歲的醫生，她在十多年前與前夫離異。雖然愛倫很想再婚，但她抱怨說她遇到的男人都覺得她缺乏吸引力，而且總說這句可怕的話：他們只想和她「做朋友」。她體重略微超重，因此她認為這些贅肉是男人覺得她欠缺魅力的唯一原因。但是我認識幾個比愛倫胖很多的女人，她們依舊能找到理想對象，墜入愛河，而且婚姻美滿；所以我很懷疑愛倫的說法。我問愛倫她對自己的性吸引力有什麼看法，她以尖酸的語氣回答說，她非常討厭自己的身體，認為身體是她的敵人，因為她的體質胖得快，瘦得慢。我告訴她說：「如果連你都對自己的身體沒興趣，為什麼別人會對它有興趣？」愛倫的自我厭惡由她約會的對象反映回來。我告訴她，除非她完全接受和欣賞她的身體，認為它很神奇，否則她很有可能永遠找不到滿意的伴侶。

三十出頭的瑞秋身材嬌小，模樣動人。過去兩年來她一直來找我，表示非常希望能找到良伴，建立親密的關係。她看起來有很多機會，因為男人覺得她很有吸引力，但是她對所有的追求者都不滿意，顯然她不願意「屈就」於這些對象。這聽起來雖然理由充足，但好像「遺漏」了什麼，於是我請她說明她「真命天子」的標準。瑞秋列出有魅力、有創意、有靈感，並且要願意追隨他的「夢想」，不管這夢想究竟是什麼。其實多年來瑞秋自己就被「套牢」在她並不真正喜歡的職業生涯裡，她知道自己想要做的是什麼，但我每次要她冒險去追求自己的夢想，她都有層出不窮的藉口。最後我向瑞秋指出，出現在她人生中的對象之所以都是她不得不「屈就」的男人，是因為她自己就屈就於無法啟發她的人生。如今瑞秋願意探索實現夢想、充實生活的希望，也期待能因此吸引她所尋覓的伴侶。

「物以類聚。不管有意識的頭腦思考並且相信什麼，潛意識都會創造相同的事物。」

——亞當斯

在我們還未理解甚至還不知道有萬有引力（Law of Gravity）定律之前，它就已經是我們經驗中普遍的現象，同樣地，雖然科學還沒證明，但「吸引力的定律」也早就全面並持續地運行。吸引力的定律是：你對某件事物的感受越強烈，它就越容易來到。這就是為什麼在我們的生活中，說和想我們所希望擁有的遠比我們不要的更重要。換句話說，如果你全神貫注於得不到的恐懼，那麼就很可能真的得不到它，不論你怎麼努力回應這樣的恐懼。這也意味著，如果你一心一意興奮期待你想要的事物，並心懷感激，你就會吸引它更快地來到。

我們往往對於主動出擊，比吸引力的定律更有信心——我們相信自己應該努力嘗試讓某事發生，而非散發思想，讓它們自然受我們吸引而來，並容許它們發生。主動出擊的做法可以稱為創造過程的陽性層面；積極爭取它想要的，這部分是我們心中的獵人——不論男女皆然。西方文化抱持的就是這種陽性的創造原則，是我們最熟悉、最相信的原則。

另一方面，陰性的創造原則則吸引由內心積極創造的事物，我們常常誤以為這種寂靜是被動和靜態的。這種靜態的角色常以女性「坐等電話」為例，但其實這誤解了陰性的創造過程，它其實是藉著培養內在的強力憧憬，然後努力讓它深入內心。陰性的創造力就像是紅白螺旋條紋相間的理髮店招牌，紅白之間的交替沒有開始也沒有結束。內在的憧憬是外在條件的磁鐵，彼此和諧不斷地流暢舞動。光是「陽性」或「陰性」的稱呼，並不表示男性需要一種類型，女性需要另一種。為了要得到平衡和滿足的生活，我們都需要藉著積極採取行動的力量，和吸引我們真正想要的事物迎向我們，創造出有意義的結果。

「有愛心的人生活在充滿愛的世界，充滿敵意的人生活在充滿敵意的世界。你遇到的每一個人都是你的鏡子。」

——肯・凱耶斯（Ken Keyes, Jr.，美國作家）

許多人都亟於尋覓愛情，但這種急迫的感受是因為你內心唯恐自己永遠得不到想要的事物，而產生的恐慌反應。這種想法接著會導致焦慮的野心，想要設法改變它，讓它「不致如此」，因此我們嘗試以推動、操縱，和哄騙我們生活中的反應。然而你絕對不可能從外在的行為證明自己內心的信念是錯誤的，因為它既非對，亦非錯，它單純只是你的信念。因此，內心的信念有宛如磁鐵般的吸力，吸引進入你人生中的事物。

我想起了亨利．福特（Henry Ford）的名言：「如果你認為自己做不到，就會做不到。」如果你認為自己是不可愛的，就會不可愛，因為沒有人會愛你，就算他們嘗試要愛你，你會說服他們放棄，或者你會完全擺脫他們。如果你認為自己沒價值，那麼你就會沒價值，你會發現別人會對你不好。如果你相信自己注定要孤獨一生，猜猜會有什麼結果？你會孤獨一生，不管你多渴望愛情和親情。正如《聖經》〈箴言〉的作者所羅門王在幾千年前所說的：「因為他心怎樣思量，他為人就是怎樣。」

如果你發現別人對你不敬，不是抱怨他們錯了，你該問自己用了什麼樣的方式不尊重自己；如果你吸引不適合的對象，要有勇氣問自己用了什麼樣不合適的方式對待自己。如果你最後與無法承諾的人扯在一起，看看自己是否承諾自己。我曾與一位才華洋溢的性靈老師喬治娜．林賽（Georgina Lindsey）一起工作，她總不斷提醒我們佛教的哲學，「無他」。

「在這個全像的世界裡，每個人都是你，你總是在對自己說話。」

——黛比．福特（Debbie Ford）

不能通過你心的所想事物就不會來到你身邊。如果你想吸引能夠展現你生命中的愛的人、事，和環境，你就必須感受到愛，相信它有可能發生在你身上，認定它屬於你。我們會吸引自己心裡最渴望的事物，因此以你的全心全意相信你可以也必然會擁有愛，是你讓這個任務圓滿必須要做的第一要務。如果你在這門課程中只學到這一點，我還是會說你做得不錯。

耶穌說：「凡你們禱告祈求的，無論是什麼，只要信是得著的，就必得著。」你越能夠做到這一點，支持愛的實踐事物就越能夠——也會越迅速——來到你身邊。

練習：加強和鞏固信念

拿出日記本，寫下下列問題的答案：

◆ 列出由〇到十的等級，〇代表你認為自己的人生絕對不可能有愛，未來也不會有，十則意味著你內心肯定知道自己一定會有愛，你在哪個級別？（註：如果您的答案是〇，**我建議你盡快找一位有智慧和愛心的顧問，談談你無法相信自己能擁有想要事物的問題。**）

現在，完成下列句子，你可以按照自己所希望的次數回答每一個句子：

◆ 我相信我能夠而且將會找到愛情，因為：
◆ 我看到這些信念反映在我身上的時候是：
◆ 我擔心我不能也不會找到愛情，因為：
◆ 我看到這些信念反映在我身上的時候是：
◆ 其他人以我對待自己的方式同樣待我的時候是：
◆ 不再適合我，我也願意放下的信念是：

◆ 適合我，而我也願意加強和鞏固的信念是：

在你的日記上寫十次以上你想要加強和鞏固的信念。一邊寫，一邊感覺它存在你的心中。

加分題：實際行動

在一整天之內，默默地對自己重複你希望鞏固和加強的信念。在你這麼做之時，注意其他人是否對你有不同的反應，從而反映出你以更有力更尊重的方式對待自己。

在今天之內，找一段時間做以下的冥想：靜靜地坐著，把注意力集中在自己的呼吸上，釋放你所發現的任何緊張，保持身體靜止。準備接納很快就會來找你的「真命天子」，感覺他坐在你面前給你愛。讓你的心敞開，接受他注入的愛。讓自己深深陷入這樣的體驗，慶祝這個結合的喜悅，彷彿它已經發生。感謝宇宙賜你這樣美麗的愛情。在接下來的課程中，經常重複這樣的體驗。

Lesson

14

放棄下意識的模式

「那些未被我們帶入意識的，在我們的生活中以命運的身分出現。」

——卡爾．榮格（Carl Jung，瑞士心理學家）

模式是不自覺的。它們以重複和自動的方式出現在思想、感覺，和行為上——無意識，受到其他同樣無意識的人制約，也受它們不明白的勢力所影響。人在表現這個印記時，無法自行選擇，只是重新創造我們所知道的事實。模式為我們提供了連續、凝聚，和控制的感覺。

雖然我們往往責備自己「一而再、再而三地對自己這麼做」，但我們必須瞭解，模式有它們自己的生命，就像能量的漩渦。它們就像力場一樣有自己的拉力。抵抗它們磁力的唯一方法，就是憑著完全的知覺，因此激發選擇的力量。

多年來，我受輕微的憂鬱症所苦，我把它比喻為輕度發燒。雖然如今我很少會再感到憂鬱，但偶爾輕微的憂鬱還是會復發。最近又發生這種情況，在發作幾天後，我在開車時與自己進行交談。「凱薩琳，」我對自己說，「你真的不必受這樣的折磨。如果你想要，現在就可以改變這種感覺，你知道該怎麼做才對。」接下來的情況讓我瞭解這些模式能夠在我們身上發揮的力量大小。即使我知道我可以改變自己當時的感覺，即使我完全不喜歡當時的感受，但我發現我並不想擺脫憂鬱。

我身陷斯文加利（Svengali，英國小說家喬治．杜．莫利耶〔George du Maurier〕的小說《爵士帽》〔*Trilby*〕中，以催眠術控制女主角的邪惡音樂家）式的恍惚，徹底被憂鬱的感覺迷住。當然，光憑觀察到我對痛苦執著的過程，就已經改變了我和它的關係，讓我在幾分鐘內能放下憂鬱。當然，並不是所有的憂鬱或焦慮都可以這麼輕易就放下。但這確實意味著很多時候，我們實際上已經依附並投資在這些負面的感覺上，使憂鬱更難以克服，甚至不可能克服。

「先毀滅，再創造。」

——坎貝爾

許多治療自己的方法，就是找出我們正在進行什麼樣的能量模式，然後找出方法來做出不同的選擇。通常我在「召喚真命天子」研討會一開始時，會讓全體學員輪流分享他們是誰，他們在男女關係中是什麼樣的模式。這有助於讓大家互相熟悉，因為通常我們都會在彼此身上看到部分的自己。大家在談自己在情感關係中的模式時總會感到心煩意亂，因為他們似乎無法改變自己的模式，因此常有挫折和逃避的感覺，有時又因自己所做的荒唐舉止而忍俊不禁。到一天的研討會結束時，所有的學員通常都更能瞭解他們自己怎麼導致發生在他們身上的一切。

魅力十足的莉娜在專業上有傑出的成就，她最近來參與我的研討會。輪到她發言時，她傷心地緩緩訴說：「不知道為什麼，每一個與我交往的男人，到頭來總是這麼告訴我：『我喜歡你，也尊重你，我喜歡與你在一起，但我不愛你。』他們全都因為這個原因離開我。」莉娜似乎百思不得其解。她不明白她的每一段關係為什麼都以完全相同的方式結束。但後來當我們開始探討：我們自己正是造成我們經驗的來源時，莉娜恍然大悟。「在男人面前，我從來不會露出脆弱的一面，」她告訴大家說，「自從我母親在我童年時去世後，父親就清楚地告訴我，必須要堅強，不要哭。此後我就一直不願意讓男人看到我真實的感受。」「莉娜，」我問她，「你瞭解你不願意表現出脆弱，和男人不愛的模式之間有關聯嗎？」她好奇地看著我。我繼續說：「人通常喜歡我們美好的一面，在我們做事條理分明時，他們會欽佩和尊重我們，但只有當我們讓他們看到脆弱和缺陷的一面時，他們才會愛我們。」她很驚訝。多年來為了被愛，她一直試圖隱藏她的情感和缺點，而現在我卻告訴她應該採取完全相反的做法。

「花點時間想想你認真考慮想作為伴侶者的人格特質。如果你把他們主要的人格特質列個表，就會發現他們有很多相似之處，包括他們的負面特質，這點讓人非常驚訝。」

——哈維爾・漢瑞克斯（Harville Hendrix，美國作家）

莉娜回應所有的男人，彷彿他們是她的父親，她相信唯有在她能夠控制情感和「堅強」的情況下，父親才會喜歡她。儘管她未能在母親去世後公開表現她的悲傷，她卻也因壓抑自己而感到自在。她甚至以壓抑情緒的能力，作為母親去世後保護孤單自己的完美方式，以免自己受到傷害。一旦莉娜明白她自己才是她與他人模式的源頭，就恢復了抉擇的力量。她可以放下「所有的男人都像她的父親一樣」的想法，她可以放棄保護自己，心知她敞開心房接納的其他人也有死亡的可能。要接受第一個新的可能——和她交往的男人可能與她的父親截然不同——並不困難。但是第二個可能卻帶來了更大的挑戰，而且她可能還必須為此努力一段時間。但至少現在她不再是不自覺模式的受害者，並開始面對接納愛的矛盾。

另一個學員是三十六歲的約蘭達，她是自雇工作者，擁有自己的房子。對於人生，她也採取在個人和專業方面都很有用的實事求是方式。她雖與男友史蒂夫共同生活了三年，卻不確定他是否是她的「真命天子」，因此來找我求助。史蒂夫是一個善良的人，喜歡靈修，也愛與朋友出去玩。但是他卻對如管理時間或賺錢謀生等日常俗務不太在意。雖然他的財務「尚可」，但他就是胸無大志。曾有一段時間，約蘭達覺得這就夠了，她很感激能有一個對靈修有興趣的男友。在男女關係上，她習慣於扮演「男性能量」（male energy）的角色。她向我吐露，在每一段親密關係中，她都發現自己扮演這樣的角色。朋友需要金錢，或需要對如何管理業務提供建議時，就會來找她。但問題是，她有時也希望能表現陰柔的一面，也希望有人能照顧她。她既想成為給予者，也希望能做接受者。正因為如此，約蘭達覺得她不能給史蒂夫一生的承諾，最後他們友好地分道揚鑣。

「我們喜歡對象的類型，揭示了我們內心的輪廓。」

——何塞·奧特加·加塞特（José Ortega y Gasset，西班牙哲學家）

幾週之內，長期與約蘭達有生意往來的朋友亞倫表達了對她的興趣。亞倫住在遠方的城市，他開始追求她後，兩人頻繁地互通電子郵件。他們安排在下一週趁出差時，在另一個城市見面。亞倫開始計畫兩人的約會，他隨手發送電郵給約蘭達，問她對約會細節有沒有什麼特定的喜好。約蘭達非常詳細地回應。她說自己喜歡某個餐廳，因為該餐廳做的魚很有名，而且她喜歡吃魚。她說她喜歡某個酒店，因為他們親切的服務名聞遐邇，等等。在她發出電郵前，想到讓我先過目一下會比較妥當。我聽完她的電郵內容之後嘲笑她。「我的天啊，你不能暫時丟下你的男性能量嗎？」我教導她如何以女性能量應對。「如果你想體驗被照顧的滋味，就必須讓自己放棄控制。丟掉這封電子郵件，寫一些簡單的回應，比如『我相信你一定能安排得很好，我很期待見到你』。」

兩週後，她致電感謝我。她過了一段美好時光。她很驚訝地發現，自己完全聽任亞倫擺布，讓她覺得非常脆弱，卻也很高興地發現，接受他的關懷有多美好，讓她和亞倫願意更進一步探索更大、更實質承諾的可能性。

後來，約蘭達與我分享她放手男性地位所面對的挑戰。在她家裡掌控大權的是父親。她的母親是個傳統女人，非常不快樂和沮喪，但她別無選擇，因為她的財務完全依賴丈夫。約蘭達的父親則支配和控制整個家庭。而約蘭達早就決定他才是她應該認同的對象，她不自覺地接受執行他的能力模式。

我們會依附我們所熟悉的一切，也經常會和我們成長時父母中的一方或雙方所表現的模式產生強力的連結。因此，如果我們父母中的一方或雙方酗酒，我們就很有可能也會沉迷於某些東西，或顯示互相依賴的行為模式。如果我們父母中的一方或雙方是長期擔憂的人，我們自己可能也會掙扎與焦慮。如果他們是害羞的人，為人生感到擔憂，我們也可能會為不安全感所苦。

「落入舊習慣比花時間來建立新習慣更加容易。然而新習慣一旦建立，就會固定下來，然後它們會取代舊習慣，並且和它們一樣持久不變。」

——潔寧・羅斯（Geneen Roth，美國作家）

人是習慣性動物，如果我們或家人有憂鬱症病史，我們就會與憂鬱症的頻率產生能量關係——與憂鬱症相關的念頭、舉止和感受都會發出誘惑與邀請。雖然我們恨憂鬱症，但它也可能像穿上舊毛衣一樣舒服，或像拜訪一起長大的老朋友一樣自在。

打破模式就像是打破任何上癮症——雖然困難，但絕非不可能。只是對於你正在做的和你得到的結果之間的關聯，你需要有相當的自我意識。另一個選項是：繼續保持同樣不自覺的做法，創造令人同樣失望的結果，這是絕對不能接受的。齊克果（Kierkegaard）寫道，「欺騙自己失去愛，是最可怕的欺騙；這是無法賠償的永恆損失，無論是在現在還是永恆。」讓我們檢視自己是否就是發生在我們人生中一切的原因，恢復愛的可能性，讓我們無所畏懼。

練習：想想關係中的模式

拿出你的日記本來，並針對下列每個問題，各花幾分鐘寫下答案：

- 什麼是我在戀愛關係中一再體驗到的模式？
- 我究竟做了些什麼，才創造出我所得到的結果？
- 如果有的話，哪些是我的父母中的一方或雙方表現出來的模式？
- 如果有的話，哪些是我想由我的生命放下的模式？
- 為了做到這一點，我必須具體放棄的是什麼？

加分題：實際行動

今天至少做一件事，打破你的「正常」模式，至少做一個完全背離你平時處事方式的行為。例如你平時是安靜和被動的，那麼以大膽和張揚的方式在會議中發言；如果你通常穿米色，那麼改穿鮮豔的顏色如橙或紅色；如果你平常動作緩慢、經常久坐，那麼去跑步，或者快走。

小組討論建議研究指南

一、你一直在迴避什麼損失？這怎麼影響你的愛？
二、你這一週原諒了誰？為了做到這一點，你怎麼承擔責任？
三、在哪一段關係中，是由恐懼、義務，和內疚決定你的行動？你做了什麼以求改變？
四、你在這一週結束了哪些過時的約定？你用什麼新的協議來取代它們？
五、分享你的「神聖創傷」。你的人生有什麼經歷可以提供給別人參考？
六、你與自己的關係如何反映在你與他人的關係上？
七、你希望從生活中釋放什麼樣的模式？為了做到這一點，你會放棄什麼？

第　三　週

治療核心創傷

「這世界會傷害每個人，
但在這之後，
許多人受傷之處會更堅強。」
——恩斯特・海明威（Ernest Hemingway，美國作家）

這一週我們要展開內在工作，其實即使不用花上幾年，也要花上幾個月來做。雖然不可能有祕笈寶典讓我們抄捷徑治療自己的核心創傷，但重要的是，要記住治療工作的目的不是要追求完美，而是要恢復我們的生活選擇的力量。

接下來這幾天將會是最具挑戰性，最需要我們主動積極的時候。這表示部分的歷程需要極大的耐力、勇氣，和毅力，才能讓我們安全和順利地通過這段歷程，來到下一個階段。

在這一週：

- 我們將探究你童年的經歷對你如今的親密關係有什麼樣的影響。
- 我們將辨識並探索你對自己所抱持的核心信念是如何影響你創造和維持親愛關係的能力。
- 我們將探討你在哪些方面有所欠缺，並尋找替代的方法回應這顆飢渴的心。
- 我們將重拾先前喪失的自我層面，以重新接納我們的整體性，以及堅強自主的自我。
- 我們將以一個釋放的儀式，清除所有實現愛的障礙，作為這一段認真自省的結束。

Lesson

15

童年的創傷

「我學到……能夠治癒一切傷痛的是愛，而不是時間。」

——安迪．魯尼（Andy Rooney，美國傳媒作家）

想像一下自己是新生兒的情況。你無法自己吃食、換上乾衣服、解渴、換個更舒適的位置，或逃避可怕的情況，你完全任人擺布。這些人對這個責任抱著什麼樣的看法，以及他們做得好壞，是你對人際關係這個領域的啟蒙。對於你表達自己有什麼需要的有限能力，他們回應的能力，就決定這個世界對你而言是安全親切的地方，或者是不可預知和危險的所在。由心理上來說，生命的第一年只有一個重要的任務：我們必須學會信任。

鮑勃生在一個酗酒而暴虐的家庭。他的父母經常在客廳喝酒，一連幾個小時，不時還會發生激烈的爭吵和爆發的脾氣，完全不理會他的哭聲。即使鮑勃現在已經四十二歲，依舊感到恐慌「一直跟著他」，讓他得不到他所需要的一切。他不相信自己的人生之路上會有好事出現。他感到非常絕望，因此儘管他自認為本性善良，卻也不時會犯一些白領階級所犯的經濟罪行。鮑勃渴望戀愛，但只要他遇見了喜歡的人，就會變得焦躁和苛刻，因此他認為自己沒辦法處理愛情，迄今一直獨身。

山繆在年近五十時開始找我治療。他的外表英俊，身材勻稱，頭腦聰明，是才華洋溢的喜劇演員和作家。但是他無法信任他人，情況嚴重到可以稱得上是古怪的隱士。原來在山繆嬰兒時期，他母親以奇特和傷害性的方式來養育他，甚至幫他自慰，「好讓他平靜下來」。他的整個童年歷經多種情緒和心理虐待，他母親不斷地以一方面誘惑，一方面又殘暴的行為對待他。

「機會被大多數人錯過了，因為它穿著工作服，而且看起來像工作。」

——湯瑪斯・愛迪生（Thomas Edison，美國科學家）

要讓山繆建立信任並非易事，但隨著時間過去，我們的關係在他的生活中舉足輕重。原本他認定只要他接納任何人，對方一定會虐待他，如今他慢慢放下了這種想法。我們建立的關係以尊重、穩定、關懷，和健全為特性，讓山繆有機會瞭解這個世界也許並非危險和充滿敵意的地方。透過這個經驗，最近山繆終於頭一次在他的人生中，允許自己敞開心胸接納愛的經驗。而且儘管多年來他一直堅定地抱持獨身主義，但最近卻已經和他心愛的蓮娜結婚了。

大多數人雖然並沒有經歷如此嚴重虐待的負擔，然而，幾乎所有的人或多或少確實存留著來自童年的疤痕和傷害，削弱我們愛與被愛的能力。在本章中，我們要面對這些傷害，對某些人，這就像要經歷可怕的黑暗通道，迫使你面對迄今不知名且尚未抑制的惡魔和力量；對於其他人，這將是一種讓人寬慰的解脫；對於極少數的幸運兒，這是簡單的回顧。無論你歸入上述哪一類，我向你保證，隨著一遍又一遍承受破壞行為的痛苦終於減輕，你會覺得這個治療核心創傷的工作價值連城。

藉著認清這些驅使我們摧毀人生中愛的種子的事物，我們才能得到克服它們的機會。山繆能夠找到蓮娜，因為他有能力列出這些年來讓他一直孤單寂寞的恐懼和錯誤信念，讓他終於可以選擇冒愛的風險。而另一方面，鮑勃仍然在回應他所遭受的創傷。雖然他渴望愛，但在本書寫作之時，他還沒選擇愛的能力。這個問題其實就是，是你擁有創傷，抑或創傷擁有你？

最近，我有幸聽到治療師和暢銷書作家湯瑪斯．摩爾的演講。他提醒我們，直到最近一百年來，人們才以童年的經驗為他們自己下完全的定義。身為治療師，這樣的角度提醒我，儘管我們童年有悲慘的遭遇和未滿足的需求，但人生十分宏大遼闊，遠遠超越我們所遭受的傷害。我們的創傷並不等於我們是誰或是什麼。在我們深入探究自己的創傷時務必要記住這一點，因為很少有人如此幸運，能生在深諳演化之道的父母手中，保護我們度過布滿荊棘的險惡環境，順利地發展我們的個性。

「孩子之所以能堅持去做一件事，是因為他們還沒學會投機取巧。」

——瑪雅．安傑盧（Maya Angelou，美國作家）

根據發展心理學家艾瑞克．艾瑞克森（Erik Erikson）的說法，我們必須在童年時期經歷幾個心理階段，才能做好成年的準備，順利地發展為成人。這些任務包括：

一、學習信任他人，以及信任人生整體的善；
二、學習成為獨立的，自主的人；
三、學習冒適當的風險，表現主動性和創造力；
四、對於基本生活的挑戰，有可以掌握操控的感受；
五、發展一貫的個人身分認同。

只要在這些任務中有任何一個沒完成，就無法發展一致而堅定的自我。

心理治療師詹姆斯・馬斯特森（James Masterson）在《尋找真實自我》（*Search for the Real Self*）一書中描述了人人渴望的「堅實的自我意識」，這包括：

一、體驗各式各樣感情的能力，以及以積極的方式撫慰痛苦感情的能力；

二、對他人真實表達自己的想法和感受的能力，而沒有遭到對方吞噬或拋棄的恐懼；

三、容忍自己孤獨的能力；

四、有健全的權益感，認為人生中有美好的事物，而且你有資格擁有；

五、認定自己在世界上的獨特與真實性；

六、自我的穩定性，意味著不論你和誰在一起，在做什麼，或者你人生目前的情況（不論好壞），你都知道自己是同一個人。

「你墜入愛河，是因為你的舊腦袋混淆了你的父母與你的伴侶！你的舊腦袋誤以為，它終於找到了理想的解藥，來彌補你在童年經歷的心理和情緒上的傷害。」

——哈維爾・韓瑞克斯

簡單地說，核心創傷就是干擾我們建立實在自我的事物。而且由於堅實穩固的關係需要堅實的自我，因此除非我們回頭，完成在自己發展過程中不完整的事物，我們才可能在最親密的關係上，冒著經歷長期痛苦問題的風險。

很多時候人們做心理治療，卻在頭幾次的治療中承認：他們縱容自己以這樣奢侈的「自我沉溺」作為治療，實在心存愧疚。但除了在自己身上投資，和追求人生中快樂和諧的關係之外，還有什麼值得你花時間和精力？賺更多的錢（卻沒人分享）？購買更多的土地（卻沒人和你共同生活）？獲得另一個學位（卻沒人參加你的畢業典禮，為你的努力鼓掌）？創造更有意義的工作（每天晚上回到空蕩蕩的公寓）？除非你有孩子，否則再沒有比投資在自己身上，讓你能夠親近別人，愛與被愛，更重要的事了。

這個旅程的重點是要找到愛的道路。我們不去做，是因為我們沉迷在自己的痛苦之中。密思在《神聖契約》（*Sacred Contracts*）一書中寫道：「我永遠要提醒大家的是，精神生活應該不只是努力瞭解為什麼不好的事情會發生在他們身上，並找到正確的祈禱來擺脫黑夜。太多人的生活重點放在治療，而未能享受人生。」

因此，我們這麼做，是為了承諾並實踐喜悅和滿足的人生。我們要尋求我們過去的經歷和當今的自己之間的連結，作為開放和恢復我們人生選擇能力的手段。因為正如凱耶斯所說的：「看清楚你的戲劇情節，是為了要擺脫它。」

練習：回想嬰兒時期的照顧者

拿出你的日記本，並完成下列句子。每個句子都盡可能回答多次，不要自行刪節內容。運用你的想像力，寫下你腦海中的想法，即使這個想法乍看之下並沒有道理。

- 當我還是嬰兒時，我得到的照料是：
- 我的母親對做母親的感覺是：
- 我的父親對做父親的感覺是：

◆對此，我覺得：

◆今天，這些情緒影響我的方式是：

◆我能夠信任別人的時候是：

◆我無法信任別人的時候是：

◆我上一個伴侶在哪些方面像在我人生之初照顧我的人：

◆我上一個伴侶在哪些方面和在我人生之初照顧我的人不同：

◆我在幼時得到的關心，和我今天與人的關係之間，有什麼相似之處：

注意：如果你與兄姊、養父母、繼父母，或特定長輩有特別的關係，也請與那個人一起做這個練習。如果你是養子養女，你也許希望與親生父母一起做這個練習，即使你從未見過他們，甚至不知道他們是誰。只要運用你的想像力以及你的直覺，想像當時他們的景況。這個特別練習的目的，是要瞭解你如何形成內心的經驗，而不必真正揭露事實。

加分題：實際行動

今天冒險做出一反平常的信任姿態（例如，對同事承認自己的一個弱點；對熟人吐露自己真實的感受；請朋友幫一個比平常更大的忙）。

不要擔心你是否得到你所期望的回應，重點是冒險相信別人，超過你覺得自在的程度。冒險就意味著它可能無法成功，所以不要過於重視結果。但是注意，藉著冒險，你擴大了自己與他人關係的可能。

注意：如果你認為自己像山繆一樣，可能在情感和基本信任上有過嚴重的創傷，那麼我建議你尋求治療師的支持和指導，因為在有人能夠持續關照你的時候，才能讓創傷癒合。

Lesson 16 核心信仰與現實的其他扭曲

「你怎麼對待你的創傷、你的背叛、你的『缺陷』，使自己超脫其上而非一蹶不振？這個過程涉及重編你自己和你的生活的戲劇神話……並得到截然不同的觀點。」

——琴・休斯頓（Jean Houston）《找尋最愛》（*The Search for the Beloved*）

我最近參加了一次會議，作家兼心理學家泰・科爾伯特（Ty Colbert）博士講述了一個故事，有一名精神分裂的男子前後搖晃身體，連續數個小時。醫生問他為什麼鞠躬。

「我並沒有鞠躬。」「但是你的動作是這樣。」

「這不是鞠躬。」「那這是什麼？」

「這是平衡。」「你在平衡什麼？」

「情緒。」「什麼樣的情緒？」

「恐懼和孤獨。」

我們或多或少都在平衡恐懼和孤獨。我們在恐懼之間來回移動，怕與他人靠得太近——太糾結，太脆弱，太依賴對方（即「遭到對方吞噬」和／或「被對方所困」），和恐懼孤單——這種孤獨可能是因我們遭到拋棄，或者因為我們拒斥別人，企圖「保護」自己，以免未來遭到拋棄的結果。以通俗的語言來說，這就是「推—拉」關係。我們很多人發現自己擺盪於這兩個極端之間，一遍又一遍，永遠在平衡這兩極的立場。這是某些人生活的戲劇中心，尤其是情感生活。

「事物的本質就是要落入經驗中，破壞我們的天真，改變我們的生活，並給予我們必要的複雜性與深度。」

——湯瑪斯・摩爾

亨利和阿曼達已經交往五年了。阿曼達一直不確定亨利是否她的良伴，雖然亨利「就是知道」他們是天作之合。阿曼達卻一直不肯做出承諾，對他們的關係也一直抱著模稜兩可的態度，他們倆反覆分分合合，往往在激情過後會發生爆炸性的爭吵，接著通常是歷時一天到一週的冷靜期。亨利一直在希望與絕望之間來回擺盪，次數多得連他自己都不敢承認，但是當阿曼達終於告訴他，她準備和他安定下來時，亨利反而變得態度曖昧，更出人意料的是，他在工作上遇到了另一個女人，並開始與她約會，但同時他也和阿曼達交往，因此繼續這段不穩定的推拉動態。

如果未能完成童年的首要任務——發展強力的信任能力，就會導致成年信任能力的困難，難以與他人建立安全穩定的關係。不願讓自己依賴一小群「他人」，可能意味著此人的世界觀遭到扭曲，認為這樣做並不安全。許多研究證明，早在子宮內，我們就已經決定了我們是誰，我們周遭世界的本質是什麼。如「這世界很危險」、「我不可愛」，或者「我不重要」這類的結論往往是孩童的假設，他們年紀太小，不能明白這是因為照顧他們的人有某些不足，或缺乏能力，而非他們自己的問題。

譚美的父親是墨西哥人，母親是義大利人。她的父親是個酒鬼，經常毆打她的母親，譚美四歲時，母女倆終於逃跑。不久後，她們搬進了外婆家。據譚美說，外公外婆「基本上都是好人」，但是譚美記得他們經常對她的墨西哥血統表示輕蔑，甚至公然對她表示種族歧視的態度。五歲的譚美還不懂什麼是歧視，她不知道外祖父母觀念狹隘，也不明白世上有許多好人會相信破壞性和愚蠢的事情。她只知道不知為什麼她是個「爛種」。在成長的過程中，她一直都覺得自己和其他孩子不同，比他們都低等。多年來她一直對自己的身分抱著自卑和羞愧之情。

這些決定早在我們生命之初就已經做了，有時甚至在我們還沒學會說話之前，因此對於我們是誰，我們可以由人生中期望得到什麼，它們的影響無所不在。然而這並不表示這些決定是真實的，因為我們從言語、思想、感情，和行動，依舊在不斷地創造我們的人生。它們之所以真實，是因為我們相信它們如此。例如，在我兩歲時，如果我的主要照顧者長期對我漠不關心，那麼兩歲的我就會認定「我沒價值」，結果我會有兩種選擇：要不就是我以確實的經驗證實我的確沒價值（比如：總是沒有錢、與視我如敝屣的人交往、駕駛破舊的老爺車等等），要不就是反向而行，證明這種想法的錯誤，比如拚命賺錢、買最昂貴的物品，或去結交最富有的情人。但因為第二種做法是為了企圖彌補不足感，因此不論我累積多少的物質財富，或是得到多少榮譽吹捧我的價值，它依舊不足以說服我相信自己真正的價值。我依舊會不斷渴求，努力爭取更多而難以自拔。

可以想像，我們所抱持的信念，尤其當它們是不自覺、未經辨識之時，往往會對我們的愛情生活造成絕對的破壞。因為我們不僅在生活中反映這些信念（例如，暗自相信自己是毫無價值的女人，明明不愛一個男人，卻為了他的財富而嫁給他），而且也不顧我們自己的本質，不斷地尋找方法來驗證和確認我們所抱持的信念。

安從小在美國最富有的地區，也可以說是最自命不凡的地方——比佛利山長大。她的母親是單親媽媽，以微薄的薪水撫養兩個女兒。自安讀小學起開始，她對自家的經濟狀況就很敏感，因為自己「廉價」的衣服，她家「寒酸」的小公寓，和她母親的「爛」車而感到難為情。小學二年級，她就不再請朋友來家裡玩，每當她的母親來學校接她，她就感到非常尷尬。才不過七歲的安就認定，不管再怎麼隱藏，自己就是不如其他女孩。整個童年期她都因為這個「事實」，而感到羞恥和屈辱。

「我討厭所有不愛我的人，並怠慢所有愛我的人。」

——喬治・法夸爾（George Farquhar）

如今，安在比佛利山也有她自己的「寒酸」小公寓。她絕對不把和她交往的男人帶回家，因為她覺得寒酸小公寓並非她「應該」住的地方。雖然她長得漂亮，但她認為自己的長相只是「普通」而已。她的尺碼是纖細的六號身材，但卻經常抱怨自己多麼肥胖，肌肉多麼鬆弛。雖然她的收入接近六位數，但她卻認定這樣的薪水不足以購買讓她對自己和人生可以產生良好感覺的事物。三十四歲的安還保持單身，她覺得自己是「剩女」，內心備受折磨。她經常參加派對，但卻往往是其中唯一的單身女子，讓她深感屈辱和羞恥，並盡可能隱藏這些情緒。最糟糕的是，每當安和她喜歡的男人交往，到頭來他總會拒絕她，因為他不知怎麼就是覺得她並不適合。可以想見的是，喜歡她、想和她在一起的男人，她又總看不上。在安的世界裡，總有一方低人一等。

我們據以行動的信念是我們的人生觀和我們在世上身分的基石，信念成為我們的身分認同。我們不只覺得自己或許有時候表現不好，不，我們相信自己根本就是壞的（因此不得不「惡劣地」對待別人，或者去選擇會因為我們很「壞」，而適度懲罰我們的人）。雖然辨識我們一直隱匿在心中最可怕的情境，會讓我們覺得消沉鬱悶，但終於能把它大聲說出來，也是一種解脫。這就像參與戒酒團體「匿名戒酒會」，採取戒酒的第一步一樣：「嗨，我是珍，我認為自己在人生中是醜陋和孤獨的。」

我之所以難以在生命的前四十年中找到持續的愛，其中一個原因是：我相信自己毫無價值、不如別人。而我會創造關於自己的這兩個「真理」，是基於在我童年時，父親棄我而去的經驗（所以我一定是沒價值），而我母親又是如此美麗、精明能幹，我不相信自己能做到像她一樣的程度（所以我必定不如人）。這些僅是我童年時因年幼無知，無法瞭解自己周遭究竟發生什麼事而產生的想法。然而這兩個信念卻對我的每一段關係都產生莫大的影響。如果有人被我吸引，我一總冷淡對待他（或她），彷彿他們的熱情只供我玩弄而已，可以隨手丟棄（哦，上帝，我祈求他們都原諒我）。但當我被其他人吸引時，對方又往往對我報以冷漠，無視於我的存在，好像我沒價值，根本不用理會。這樣的情況一回又一回地發生。

兒童總由其他人身上來發現自己是誰以及他們是什麼。整個世界是他們的鏡子；對年齡不到四、五歲的兒童而言，這個世界基本上是由他們的父母、兄弟姊妹，和其他主要照顧者所組成。由於兒童總是以自我為中心（即發生在我周遭的一切絕對和我有關），因此我們經常誤解，得到許多錯誤的結論，例如：媽媽病倒是因為我讓她生病（「我有罪」），父母離婚是因為我不守規矩（「我是壞孩子」），我被別人收養，是因為我不夠重要，父母不要把我留在身邊（「我微不足道，可以拋棄」）。

我們的工作是要檢討我們孩童時代解讀自己的經驗，把經驗塑造成觀念的方式。一旦我們看出自己從己身經驗歸納出來的意義，就能夠自覺地「重新編造我們人生的故事」，正如作家休斯頓所建議的那樣，以更合適、更健康的方式詮釋這些事件。否則，我們終其一生，都會受制於自己二、三或四歲時對我們是誰、是什麼的解釋。雖然童年的神奇和魔力值得捍衛，但充滿破壞力和扭曲的幻想，卻不值得我們理會。

練習：區分信念與身分

今天我們要區分你從小就形成並培養的信念與身分。拿出你的日記本，回答以下的問題：

- 我在童年承受過什麼樣的顯著失望？
- 我讓這種失望在我和我的人生中產生什麼樣的意義？

注意：請以下表作為指導方針：

我孤單一人，我很不好，我是小頑童，我令人失望，我毫無價值，有沒有我都沒差，我無關緊要，我是失敗者，我又胖又醜，我很粗俗，我很無能，我很自卑，我微不足道，我是輸家，我是爛攤子，我有所不足，我不可愛，我不重要，我很傷心，我是會犯錯的人，我很自私，我鬼鬼祟祟，我很臭，我很笨，我缺乏創造力，我不配，我很醜，我不討人喜歡，我沒人要，我沒價值……

- 我讓這種失望對世界和其他人產生什麼樣的意義？

注意：請以下表作為指導方針：

世界很危險，沒人可以信任，每個人都自私自利只為自己，無法滿足需求，沒有什麼關係是安全的，你只能依靠自己，這一切都沒完沒了，「天塌下來了」，我老是被人扯後腿，沒人在乎，不好的事情總是發生，日子不好過，然後生命就結束了，我只是在等待最後的結局……

◆ 這種經驗可以有什麼不同的解釋？

注意：請以下表作為指導方針：

我的父母工作辛苦，累得筋疲力盡，沒辦法注意我。我的母親很傷心，因此沒辦法打開她的心房接納我。我的父親怕母親，因此沒辦法保護我。我的老師學生太多，因此經常出錯……

◆ 在我的童年時，從別人（即父母、兄弟姊妹、其他照顧者、教師、同伴等）那裡得到哪些關於我自己的訊息（口頭和非口頭的）？

◆ 我母親對她自己和世界的信念，有哪些被我採用？

◆ 我父親對他自己和世界的信念，有哪些被我採用？

◆ 這些信念怎麼影響我，讓我迄今保持單身？

對下列的句子，盡可能提出最多的回答，不要自我刪節。寫出任何進入你腦海的想法，不管它最初有沒有道理。

◆ 我是：

◆ 人生是：

◆ 世界是：

◆ 男人是：

◆ 女人是：

◆ 你能找出什麼證據，證明你對於自己的負面想法可能不正確？
◆ 你能找出什麼證據，證明你對於世界和其他人的負面想法可能不正確？

加分題：實際行動

今天針對你的核心信念，準備增加自我意識。在度過這一天的任何時刻，問問自己此時心裡出現什麼樣的信念。

上床睡覺前，在日記本上把你今天的核心信念，以及你如何實行它的方式，寫下你的見解。寫下你希望在人生中培養的替代信念。在日記本中把更有力的新信念寫十次以上，一邊寫，一邊也在心中體會。

Lesson 17 轉型與認同

「轉型的意思不是要修復或驅走你從童年帶著的任何創傷和疤痕；而是要對你的困難慢慢培養一個新的關係，使得它不再是你生活中的一個控制因素。」

——菲利普．莫菲特（Phillip Moffitt）《瑜伽雜誌》（*Yoga Journal*）

二十多歲的譚雅來找我，協助她改善由少女時代就一直困擾她的飲食失調，我們努力了幾個月卻無濟於事。一週又一週，譚雅重複深夜暴飲暴食之後又餓上幾天的故事，直到譚雅做了下列的夢，情況才開始改善：「我沿著一條長廊走，最後進入一個房間，房間的中央放了一張很大的長方桌。這房間像是會議室，有幾個看似權威的人圍坐在桌邊說話。我從外套底下拿出手槍開始射擊，我槍殺了我母親的女兒，然後滿意地離開了。」

譚雅的夢代表正在她身上發生的深刻轉變。在這個夢之前，譚雅的自我意識和她母親對她的看法息息相關（即她是她「母親的女兒」）。她的母親對她有種種不可能達到的要求，要她「完美」、「才華洋溢」，「是整間房間裡最美麗的女孩」，要譚雅在她生活的各個領域都表現完美，但是她無法辦到，這使她暗自認為自己是失敗者，是對要求她在各方面都表現完美的母親徹底的羞辱。

譚雅暗地感覺到的壓力和恥辱以飲食失調的行為表現出來，從她八歲起，她就開始第一次節食。多年來譚雅盡她所能「完美」地吃，以便擁有「完美」的身材。只要開始吃了一個不該吃的「壞」東西，她就會完全失控，把眼前的一切全都吃光。接著她又擔心自己做錯了食物的選擇，這種恐懼導致她挨餓幾天，因為她發現乾脆別吃比較簡單。譚雅這種暴飲暴食的模式持續了多年，直到她開始破壞（即她在夢中射殺她母親的女兒）自己的信念，不再相信自己必須是最完美的女孩——最苗條、最美麗、最有才華（她母親的女兒），她的飲食失調才開始改善。

「身為女兒，是我住在母親的房子裡，但女主人是住在自己的房子裡。」

——魯德亞德・吉卜林（Rudyard Kipling，英國作家）

譚雅無法只憑著創造相反的信念，克服她是失敗者的想法。光是一遍又一遍地對自己說，「我是贏家，我是贏家」，而不向她是失敗者的信念挑戰，只是治標不治本。雖然自我肯定能有很大的幫助，但只要我們誤解自己是誰、是什麼，認為自己可恥，那麼我們就永遠會遭到奴役。我們不能修復從未被破壞的東西。我們必須瞭解這些錯誤的信念是孩子被迫發揮想像力的結果。雖然它們成為我們建立整個身分的基礎，但它們實際上只是兒童藉著想像力，試圖讓毫無意義的世界變得有意義的想法。身為兒童的我們不能理解「我們的照顧者面對的是與我們毫無關聯的問題」，結果變成從「我們的經驗中創造了錯誤的含義」。

很多時候我們以為，僅僅因為我們這麼想，或者因為有些人如父母、兄弟姊妹，或師長說了什麼，它就一定是對的。我們甚至不懷疑這些有毒的思想，只是試著彌補它，或是試圖隱瞞，以為唯有這樣，別人才會喜歡我們。我們的人生就變成忙著證明我們不是那樣——就像一個小時候遭姊姊欺負、被罵是傻瓜的博士，為了證明自己不是傻瓜，而不停地攻讀更多的學位；或是因為求學時代被同學認為「其貌不揚」，而遭到所有男孩忽視的美麗女人，如今花費過多的時間和金錢來妝扮她的外表。這些人認為自己有缺陷，因此試圖彌補。然而，或許一切的「錯」，都是來自於最先的假設。

譚雅無法抗拒她是失敗者的信念，因此做出反應，試圖證明這樣的信念是錯的。如果她能夠抗拒這種信念，那麼贏得選美比賽和獲邀加入世界知名的舞蹈公司，就足以一勞永逸駁倒她的錯誤信念。可是結果並非如此。相反地，她做到這兩件事反而使情況更糟。現在，她覺得別人也抱持著和她母親相同的期望。最後，她發現自己不論處於什麼情況下，都可能驗證自己最差的看法，因為不論她怎麼努力嘗試，都無法成為她所到之處最完美、最美麗，和最有才華的女孩。

「注意聽一個人對自己說『我已經失敗了三次』，和當他說『我是失敗者』之間的區別。」

——早川一會（S. I. Hayakawa，日裔美國語言學家）

譚雅在回應自己是失敗者的信念時，對於愛情並沒冒太多的風險。她很少對任何與她交往的人說出自己真實的感覺，而且她非常小心檢視自己的每個動作。她不想讓任何人接近到能看見自己的真面目，因為她擔心真正的自己會讓人難以接受。直到她發現自己可以搞砸一切、穿著隨便、達不到目標、慘敗、剪掉所有的頭髮，甚至於讓媽媽失望，情況才開始發生變化。當她終於瞭解自己感覺成功與否，是由她自己來決定，她才能讓自己愛上如她一般甜蜜卻不完美的男人。

我們許多人都不容許自己有美滿幸福的結合，因為我們不相信別人會真正喜愛和重視我們。我們整個的自我意識可能已經因為某個創傷或某個事件而成形，所以認定我們不可愛、不值得愛，或者根本在人生中就是孤獨的。為了迎接更多的愛進入我們的生活，就必須認清這些自我意識只是我們自己的想法，並非我們的真實樣貌。我們必須記住，「我們是誰」通常比我們自以為自己是誰的想法更為寬廣。一言以蔽之，為了讓愛進入我們的生活，就得擺脫我們定義自己是誰的舊方式。

像這樣把我們的身分認同拋諸腦後，就像頭一次離家。我們的身分認同，是在我們最初的環境背景下建立的。因此要摧毀它們，就像挑戰諸神。可是你得明白，只是因為你的繼父一遍又一遍說你永遠不會有出息，並不代表這種說法就是真的。在擺脫這種舊定義時，我們會發現原來自己的父母也只是凡人，我們甚至可能會發現自己心中對他們充滿憐憫和同情，因為在他們自己如此嚴重匱乏之時，試圖給我們所需要的一切，對他們而言一定相當困難。

「當蘇斯亞（Zusya）——一位哈西德派猶太教教士——遭批評說他的行為不夠正統時，他回答說，『在死後的世界裡，人們不會問我為什麼這輩子不是摩西，只會問我為什麼不是蘇斯亞。』」

——哈西德猶太教故事

我可以平和地告訴你，你的父母、兄弟姊妹、師長、鄰居，和同儕對你的評估，往往並不確實，他們可能低估了你，對你施加過度的壓力、忽視你的優點、忽略了你獨特的能力，無法理解它是你與眾不同之處，他們可能狠狠地批評了你，因為他們暗自擔心錯誤的是自己。然而沒有任何理由因為他們的缺陷和不足，而讓你繼續背負十字架。你必須停止這種因他們塑造出來的錯誤的核心信念，而造成你對自己日復一日、年復一年的虐待，因為你所做的，正和你抱怨照顧者對待你的一樣，以同樣傷害破壞的方式對待自己。我們可能因為父親忽略我們而難過很多年，但除非我們不再忽略自己，否則這樣的情況不會有任何改變。

等譚雅終於拒絕再遵照母親的意旨表現自己，並拒絕完美（她的母親一次又一次地測試她，但她不肯再按照她的想法去做），她的母親也開始成長。自譚雅有記憶以來，她母親頭一次上舞蹈課，當初她之所以逼迫譚雅追求完美，似乎是起源於自己內心的無奈，因為她一直想成為舞者，希望自己舞姿美妙，在室內優雅地翩翩起舞。那時她母親年近六十歲，卻開始參加在拉斯維加斯舉行的舞蹈比賽，並且出人意料地贏得了賽事。雖然譚雅起先因為自己讓母親失望而感到痛苦，但她們倆最後都能走出這段經歷，而且變得更美好。

今天，譚雅提高警覺，注意自己內心「我是失敗者」的想法。通常這種想法是在她緊張、對自己沒信心，或嘗試新事物的時候。她學會不顧這種內心的欺凌，照樣冒險，她甚至也開始反駁這種想法。

「每個人的底線都是『我不夠好』。這只是一種想法，但想法是可以改變的。」

——露易絲．賀（Louise L. Hay，美國作家）

「你是失敗者，」這聲音會說。

「不，大家有時候都會失敗，失敗並不是那麼糟糕。」

「不，這是可怕的失敗。」

「哦，你只是恐懼。失敗並沒有關係。我很佩服自己即使很害怕，依舊能承擔風險。」

這時這聲音通常就會消失，就像小孩子鬧鬧脾氣就好了一樣。

我們的目標並不是要擺脫關於自己的錯誤信念，而是要轉變我們與它們的關係。它們可能永遠不會完全消失，但我們必須學會不再視它們為正確的觀念。我們不該讓這些信念以不斷的嘮叨來霸凌我們，蠶食我們的信心，吞噬我們的人生，我們只需要看著它們、聆聽它們，甚至放棄對它們不斷嘮叨的抵抗。我們可以說：「這是『我不夠好』的老調重彈，好吧，我是不夠好，你還有什麼要說？」

我們必須卸下這些內心的聲音，就像聽孩子告訴我們有怪人趴在床底下，要向他保證這些恐怖嚇人的「怪物」根本不是真實的。因為當我們認定自己的核心信念為真時，我們的言行舉止往往就會符合這些信念，要不然，我們就會覺得必須去尋找愛，證明並非如此。結果我們會讓所愛的人承擔起責任，保證我們是可愛的、有價值的、重要的、性感的，以及有人要的，但同時卻又暗中竭盡所能，證明相反的事實。我們不希望我們的親密關係得承擔這個不可能完成的任務，因為沒人可以修復從一開始就沒破的東西。

練習：塑造真實自我

拿出你的美術用品。你可以使用圖畫紙和彩色筆，或用雙手來捏造型黏土。

我想請你創造兩個塑像。第一個包含和代表一直困擾你人生的錯誤信念，繪製或塑造真實的信念本身。這當然不可能是這個信念的字面意思，而只是這個信念試圖支配和控制你的生活時，給你什麼樣的感覺。當你完成後，請你為你的塑像命名。

你要創造的第二個塑像代表你的真實自我——比你剛創造的錯誤信念更強大的塑像。創造一個能夠奪取前一個塑像力量的塑像，把這當成你的真實自我能夠控制管理你信念的象徵，而非正好相反。再一次為你的新塑像命名。

做這些塑像時，不用去管自己藝術才華或者設計才能，只要用感情來製作這兩個塑像，讓你的感情來帶路。

加分題：實際行動

在一天當中，注意你心中與你談話中的錯誤信念。注意這些信念如何以削弱自己或讓自己挫敗的方式誘惑你，看你能不能讓自己反駁這些信念，提供矯正和平衡的角度，就像對受到驚嚇的孩子說話一樣。針對你的錯誤信念改變你的行動方針。

Lesson 18

治療飢渴的心

「我昨晚夢見一個奇妙的錯誤，有蜜蜂在我的心田，從我過去的失敗汲取蜂蜜。」

——安東尼奧．馬查多（Antonio Machado，西班牙詩人）

三十多歲的男同性戀者大衛是自由作家，每當他開始與他喜歡的人交往，就會不由自主地表現出占有欲和過度依賴。儘管他盡了最大努力想要改變這樣的行為，但只要他認為可以和他交往的人一出現，他就變得神經質、黏人，充滿不安全感，他不明白為什麼。我們許多人都和大衛一樣，在平常的生活中表現良好，有不錯的工作和要好的朋友，但只要一有可能發生戀情的對象出現，我們就突然表現得好像飢渴而迫切。

「墜入」愛河是一種退化的狀態，直接把我們帶進飢渴的核心——我們對於意義、對於舒適、對於滿意、對於安全的渴望。我們渴望的兩性結合——所有的界限和邊界都消失，連結幸福的完整狀態——類似嬰兒與母親理想的連結。做愛的行為就是一種結合，兩個人融為一體，不再孤單。我們卸下防禦，顯現出超越我們明確自主自我的一面。我們融合，再次回歸我們的故鄉——那個我們不知道獨立、身分，和自主概念的時候和地方。如果我們在人生中的創傷只有調整，而非治癒——只有應付，而非治療，那麼當我們墜入愛河之際，飢渴就會顯示出來，甚至有時候在我們才開始約會之時，它就會顯現。即使還沒有發展到親熱纏綿的地步，我們也可能會發現自己已經處於退化狀態，光是預期結合或是體驗到對方的魅力，都可能會使你變得黏人，一心一意只想要占有。

「不成熟的愛說：『我愛你，因為我需要你。』成熟的愛說：『我需要你，因為我愛你。』」

——埃里希・佛洛姆（Erich Fromm，心理學家）

這種飢渴貧乏的狀態，是基於你童年早期的依賴需求未獲滿足之故。當我們有需要時，正是試圖從別人那裡取得過去我們遭到拒絕的事物。只可惜許多這種童年的需求，在現在並不能獲得充分的滿足，尤其是不能從我們幾乎不認識的人那裡獲得滿足。沒人能夠彌補這樣的事實，許多人的父母不能以我們需要的方式愛我們。沒人可以擔負他們造成我們失望的重擔。

因此奇特的是，不論我們怎麼努力，似乎總會吸引如當年照顧我們的人一樣缺乏能力來愛我們的對象。雖然這種破壞和傷害的行為造成我們的痛苦悲哀，但我們總是一再重複相同的行為，這是多麼奇怪的現象。

三十多歲的安琪拉生得嬌小玲瓏，由未經治療的抑鬱症母親撫養長大。雖然安琪拉認為母親愛她，但她從未體會到母親的愛。相反地，在安琪拉年幼時，總覺得自己像母親的負擔和義務，因此她學會少提出要求。安琪拉一生都在等待白馬王子拜倒石榴裙下，以熱情和奉獻讓她幸福快樂。多年來，她一直渴望有人能給她童年時所欠缺的愛。

最近，安琪拉認識了一個她很喜歡的男人，希望能與他交往。但是他的母親很專制獨斷，由於家裡沒父親，因此他很小就被母親訓練要做「一家之主」。在他的觀念裡，如果做安琪拉的男朋友，就等於得再次為一個女人負起全責，負擔她的過度需索和要求。安琪拉鼓起莫大的勇氣告訴這個男人她的需求，然而他的回應卻彷彿她的需求是一種負擔和義務。這就像她幼時母親對待她的方式一樣，讓她的噩夢再度成真。

有需求並沒有錯。問題是我們試圖用錯誤的方式滿足它們。即使對方希望能提供我們在童年所欠缺的愛，但除非原來的創傷已經充分處理，否則就會白費力氣，只是竹籃打水一場空。除非我們自己的創傷先行癒合，否則不管有多少人愛我們都無濟於事。我們的心房很快就會再次空虛，因為極度的飢渴要求不斷地餵食。如果人的情感沉溺在過去，那麼即使是源源不絕的熱情，依舊無法改變內心的欠缺。如果你「黏人」，這是你沉湎於舊創傷的跡象，你無法讓自己活在當下。

「爸爸的死留給我一種空洞……我與男人交往都是試圖接觸我父親，試圖填補童年的空白，我相信這樣的男人存在，而且因這些可憐無辜的男人不像他而越來越憤怒。」

——麗芙．烏曼（Liv Ullmann，挪威女演員）

這是孩子未獲適當照顧的創傷嗎？是因為幼時未能得到穩定、親切，和關懷的照顧嗎？當然是。這種因創傷而造成的貪婪痛苦能真正治癒嗎？當然可以。但你首先必須願意把當年未能從照顧者所獲得的事物給你自己。你必須不再要求其他人給你。他們不能。你不能從另一個人得到你童年所缺少的事物，除非盡你所能，先把它給你自己。我們稱之為「重新養育」（re-parenting）你自己。

我們未能從最初的照顧者獲得的一切——關注、支持、保護和愛，已成過眼雲煙，這種永遠無法回頭彌補損失的理解讓人悲傷。而就像任何損失一樣，我們必須要藉著哀悼，達到最後接受它的目標。正是因為我們不肯接受損失，使我們執著於幻想，認定未來總會有人來為我們彌補這一切。堅持這樣的幻想，會讓我們的愛情生活產生混亂。我們不是以成年人的身分接納戀情，而是像在成年人身體中裝腔作勢的兒童。這就像讓四歲的孩子開車：你可以預料這輛車必然會被撞爛成破銅爛鐵。放棄幻想白馬王子會把我們從苦難中拯救出來，這是真正的開始，也是成為願意給予和接受愛的成年人必須走的道路。

現在該是確定我們缺乏什麼的時候，讓我們可以把這些提供給自己。我們必須把注意力放在給予我們過去所缺少的事物，以治療我們內心的貧窮和匱乏。這樣我們才不會再受到以原先照顧者相同方式傷害我們的人所吸引。接著我們才能開始吸引潛在的伴侶以我們想要的健全和完整的方式來愛我們。只有在我們決定自己值得被愛，並且主動這麼做時，我們才能允許真愛在我們的人生當中扎根。

「在我們身後和在我們之前的事物，與在我們內心的事物相比，都微不足道。」

——愛默生

在理想的情況下，我們的父親會提供保護、平穩的財務，並指導我們如何面對外在的世界，而我們的母親提供無條件的愛、照顧、關懷，和支持鼓勵，協助我們在世界上立足。由於父母親的愛一次又一次地重複出現，因此它們在我們的內心中成形，成為我們內心的風景——稱之為「內在資源」。缺乏內在資源會傷害我們的心，導致我們的人生混亂失意。這並不是因為沒人「在那裡」提供這些內在資源，而是因為我們疏於提供它們給自己。但是身為成年人的我們可以藉著學習接納逃避我們許久的缺失，開始「重新養育」自己。

我經常看到一些女性雖然希望找到理想伴侶，卻無法遠離壞男孩——始亂終棄、利用她們，或一直要她們付出，自己卻不肯付出的人。我稱這些男孩為「愛情騙子」而非男人，因為男人會承擔保護和提供的角色，而這些騙子卻只取走愛，不提供回報。如果我詢問這些女性有什麼樣的父親，通常都會發現她們在成長期間父親缺席、疏忽或冷漠對待她們。這些女性缺少的是受到男性的保護和珍惜。一般說來，受到父親珍惜和保護的女性不會捲入這種情況。因此陷入這種困境的女性該做的任務是要學會珍惜和保護自己，激發自己內在的男性能量，彷彿她們是自己的父親。

另一種情況是這名女性的母親不會撫慰和照顧別人，因此當這位女兒哀傷或害怕時，就無法撫慰自己，甚至可能發展出成癮行為的問題，因為儀式行為往往是自我撫慰能力的替代品。因此，這種女性的任務就是學習關懷和撫慰自己。

「我們大家在面對我們的關係時都像飢餓的乞丐，如果不大聲說出來，就是無意識的低語說：『你要為我做什麼？』」

——金瑪

最近我和一位曾離過兩次婚的朋友談話，她現在的婚姻幸福美滿。她說：「我的第一次婚姻就像嫁給了我的父親，第二次婚姻則像嫁給了我的繼父。然而這一回，我終於找到適合我的男人，而不是只重新創造當初兩度傷害我的關係。」接著她補充說：「但是你似乎已經跳過了整個過程，找到合適的伴侶，雖然你確實花了相當長的時間去尋覓他。」（基於我在四十二歲時結婚的事實。）「就我的情況而言，」我回答說，「我不結婚其實相當於你的第一次婚姻。由於我成長期間生父缺席，繼父疏忽我、排斥我，因此我在人生中重創缺乏愛和支持的情境。」

然而現在該是擺脫我們損失的時候了，該把你一直在等待別人給你的東西給你自己。那些父母不能或不願提供給你的事物，成了練習以仁慈和寬厚對待自己以及對待他們的機會。能夠在沒有愛的情況下決定去愛，是對我們人生價值的肯定。也許你的父母已經盡其所能，也許他們沒有盡力，然而重要的是，你能不能找到回歸完整自我的方式。

練習：填補童年缺乏的事物

拿出你的日記本，並花幾分鐘寫下以下敘述：

- 描述你的父親最好的、最具支持性和受人喜愛的本質。
- 你什麼時候感到和他在一起是安全的？
- 他對你和其他人有多常保持他的承諾？
- 他在哪些方面讓你失望？
- 描述你的母親最好的、最支持和受人喜愛的本質。
- 你覺得與她有什麼程度的連結？
- 你認為她什麼時候是公平和善良的？
- 你什麼時候不認為如此？
- 她在哪些方面讓你失望？

現在寫下你童年時缺乏的事物。以下表為指引，幫助你瞭解自己缺少的是什麼：

- ◆關懷照顧（當你失望的時候安慰你，經常與你親密的肢體接觸，沒特別理由的慈愛）
- ◆基本衛生保健（清洗身體，洗衣服，照顧你的牙齒）
- ◆基本生活技能（管理支票簿，支付帳單，保養你的車和家）
- ◆一致性和可靠性（說話算數，你知道你可以依靠什麼，生活有可以預見的節奏，能夠維生）
- ◆注意（願意花時間與你在一起沒特別的原因，注意和回應你的情緒，聽你的，從你的角度理解事情）
- ◆鼓勵你的才能（認識你的才能，驗證它們，培養支持它們）
- ◆保護（避免你受到敵對行為的攻擊，比如兄長的虐待，外在世界的敵意，彼此的傷害）
- ◆被珍惜（為你高興，欣賞你，對你存在世界上感到喜悅）
- ◆尊重你的界限（尊重你的隱私，保護你說「不」的權利）
- ◆無條件的愛（愛你而不需要你的回報，愛你而不讓你承擔他們未實現的需求）

寫完你的列表之後，針對你所欠缺的本質，寫下或大聲說出下面這段話。

我釋放並原諒________未能________。

我不再________自己。我承諾從今以後，盡一己之力，提供________給我自己。我完全和徹底承認是我的責任。

「餵飽飢餓的人，原諒侮辱我的人，愛我的敵人——這些都是偉大的美德。但如果我發現最貧窮的乞丐、最無恥的罪犯全都在我的內在，而我需要自己所有的仁慈施捨；我自己就是需要被愛的敵人——又該如何？」

——榮格

加分題：實際行動

今天至少採取一項行動，把你童年所欠缺的一件事物提供給自己（比如，如果你母親疏於照顧你，那麼你今晚不妨為自己準備最愛的餐點；如果從來沒人教你如何理財，不妨請一位善於此道的朋友過來教你；如果對別人的需求你總是說「是」，嘗試對一個請求說「不」）。

Lesson

19

重新恢復「被否認的自我」

「愛自己並不容易，因為這意味著愛自己的一切，包括不如人之處，不見容於社會的陰影。而關照這樣的屈辱，正是它的解藥。」

——詹姆斯．希爾曼（James Hillman，心理學家）

蘇菲派哲人納斯魯丁（Nasrudin）曾說過一個有關兩名男子的故事。其中一人問對方，為什麼他從沒結婚。對方深深嘆了一口氣承認說，他多年來一直在尋找完美的女人。「那一定是你從來沒找到她了？」第一個男人問。「哦不，」第二個男人傷心地回答說，「我確實找到她了，但她正在尋找完美的男人。」

我們必須先找到完美的人，才能敞開心扉去愛，這種想法未免太浮誇。童年神話的殘留，再加上青春期的理想主義，使得我們追求完美的自我和他人——拒絕我們的人性弱點和缺陷，認為它們低下，不值得愛。但追求完美其實卻和愛對立。愛情之所以發生，顧名思義，就是因為在對方面前能夠安全地暴露你的缺陷。想想你在人生中所遇見似乎完美的人，雖然我們可能會羨慕甚至嫉妒這些人，但卻很少會愛他們。我們可愛，並不是因為我們完美無缺，而是因為我們的缺點和不完美的瑕疵。你現在的自我，包含你所有的缺陷和弱點，都足以讓真愛在你的人生中扎根。你可能有阻撓愛情的習慣和模式，但愛永遠不會因為我們不夠好而逃避我們。愛其實正是靠不完美而成長茁壯。它逃避我們，是因為我們把它推開，或破壞它生長的種子。

「一個人應該成為什麼？我的簡答就是：『他自己』。」

——亨利克．易卜生（Henrik Ibsen，挪威詩人）

親密關係需要我們提供並接受真相和事實。因此，能夠完全接納自己各個面向的能力——我們的「好」和「壞」，我們的吸引力和不吸引人的素質，我們的光明以及黑暗，對愛來說是絕對必要的。在創造愛的時候，成為完整的自己的能力是必要的。

「這個黑暗的東西，我承認是我的。」莎士比亞寫道。但是我們大多數人，在童年時卻被教導要拒絕和不承認我們是誰或是什麼。我們被教導不接受我們本性的黑暗面——我們小小的自私、主宰的欲望和嫉妒，或對報復的激情。沒人協助我們接受自己的憤怒，也不鼓勵我們表達和探索性欲。因此，我們一路走來，逐漸擺脫我們的感覺，拆散我們的整體，將其切得零零碎碎，以回應我們所接收到的微妙或不那麼微妙的提示。這種指責我們真實面貌的提示甚至會藏在教養子女的幌子下。「親愛的，你哭的時候不漂亮。」「兒子，你不能真的對你的妹妹生氣。」「你不可能想打籃球。女孩該做的是參加啦啦隊，不是打籃球！」

我們不只放棄自己的陰暗本質，也掩飾並削弱我們的光明面和天分。我們放棄了我們的才能（「我哥哥有音樂才能，所以我不要和他一樣，而要在課業上發展」）、我們的活力熱忱（「我母親老是憂鬱消沉，我不想因為自己太快樂而讓她難過」）、我們的傑出才智（「老師以為我只是想引起別人的注意，所以我在課堂上不再舉手回答」），和我們熱情的事物（「參加話劇社不怎麼酷，所以我不去了」）。為了各種原因，我們一一封閉了自己的整體，以說服自己和他人：我們可愛，而且我們有所歸屬。

「我們最深的恐懼不是我們的不足。我們最深的恐懼是我們的力量無可限量。使我們最感害怕的，不是我們的黑暗，而是我們的光明。」

——威廉森

二十多歲的潘妮是深受人們喜愛的女演員，她抱怨自己老是擔心別人會不喜歡她。雖然她非常美麗，才華洋溢，有許多忠實的朋友，但她卻經常叨念自己多麼神經質、多麼愚蠢，或者如何讓大家都受不了。我們談過幾次之後，潘妮告訴我，她青春期時一直遭到班上其他女生的排斥。她母親告訴她，這是因為這些女同學嫉妒她。於是潘妮開始壓抑自己，希望其他女孩不會再覺得受到她亮眼表現的威脅，接受她進入她們的圈子裡。這招果然有效，漸漸地，女同學接受了潘妮。但是，過去有效的做法現在失靈了，潘妮依舊為了別人會不喜歡她而焦慮，儘管有許多相反的證據（但其實她創造的這些「友誼」都是建立在她的虛假性格上），而且她也感覺自己很糟糕。她不斷壓抑自己終於到了難以忍受的地步，她不得不冒著放棄這種做法的風險。她必須承認自己美麗，才華洋溢。她必須接納自己有這一切才能、魅力、美貌，和個人力量的事實。這是相當重大的一步。

「每個人都帶著一個陰影，如果越少出現在個人的意識人生之中，就會越黑越密。它會在各方面形成一種無意識的障礙，阻礙我們最善良的意圖。」

——榮格

潘妮的抱怨之一是，她在人生中沒遇到任何「堅強有力」的男人，我認為這點相當有趣。我不得不提醒她，她才是放下自己力量的人。天底下並非「沒堅強有力的男人」，而是她吸引的對象往往反映她自己對力量的不對等關係。我建議她糾正自己對力量的關係，就會遇到其他同樣這麼做的對象。最近我遇到潘妮時，她告訴我，在決定接納她自己的本來面貌時，她就邂逅了一個英俊、有才華，而且堅強有力的男人。他們交往的一年，彼此深愛對方，並且認真考慮是否要結婚。

當我們否認自己的本質時，往往會受到表現出這些本質的人所吸引。潔莉一直與音樂家、詞曲作者交往，最後她終於承認自己的祕密夢想是有朝一日能躋身音樂界，後來她重拾多年未彈的鋼琴。凱西不斷受很會賺錢的男人吸引，最後她終於想通，她想要的是錢而不是男人，因此她及時改變了自己的職業生涯，讓自己能掙更多的錢。有時，我們並不是這麼想要某個對象，而是想要「成為」那個對象。

「自我改進想法的另一個問題是，這意味著我們自己有些問題。每個人都希望成為別人，但瞭解和愛自己意味著接受你是誰，包括你的不足和不理性。」

——湯瑪斯．摩爾

在最近的一次研討會上，三十出頭的單身女子詹承認她私心對男人懷著很深的敵意。「在我成長期間，我的父親從沒陪伴我，我為此很憤怒。我對與我交往的每個對象都徹底失望，因為他們最後都和我父親一樣不能陪伴我，或者疏忽我。」為了因應這種不斷的拒絕，詹學會了堅強和自立。她保護自己的方式讓別人說她有許多「男性能量」。

詹告訴大家說，她知道自己必須「原諒男人」，並讓自己軟化，變得更女性化，更容易被人接受的方式，吸引合適可靠的好男人。在一次冥想中，她接受指導：除了接受她女性化的一面，也必須接受她的「男性面」，讓她大感驚訝。她發現自己不但不該因為「男性化」而慚愧，還必須要愛並接受自己的這一面——甚至「感謝它」幫助她應付所有的失望。她需要感激自己對自己做了多麼偉大的「父親」。詹做到這一點之後，她對男人的敵意消失了。幾個月後，詹打電話告訴我，她深深愛上一個充滿愛心的善良男人，準備和他結婚。

「如果你欣賞另一個人的偉大，那麼你所看到的是你自己的偉大。」

——福特

詹告訴我她的觀察心得：我們的文化看重男性能量，卻懲罰擁有太多這種男性能量的女性。我補充說，我們也很重視女性能量（雖然不像重視男性能量那麼多），也懲罰有太多女性能量的男人。這樣一來，女人拒絕自己的男性能量，男人拒絕自己的女性能量。我們因為不能重視和欣賞自己的整體，而朝兩極發展。

我們的歸屬感是最原始的需求之一。但是，大部分的人都為了保持與其他人的連結——為了歸屬某個特定的族群，而否認了我們是誰和是什麼的整體。我們迫切需要重新掌握這些被自己遺棄的部分。這些是我們給予他人、我們的才華，和我們獨特天賦的禮物。當我們邂逅所愛的人時，它們是協助對方認出我們的本質，因為只有我們完全是我們自己，對方才能看出我們在這段關係裡能提供什麼。在《多馬福音》（*Gospel of Thomas*）中，耶穌說：「如果你將心裡的東西帶出來，你所帶出來的東西會拯救你。若你不將心裡的東西帶出來，你沒帶出來的東西會摧毀你。」

「我們必須小心，在驅逐惡魔時，不要把自己最好的部分也驅逐出去。」

——弗里德里希．尼采（Friedrich Wilhelm Nietzsche，德國哲學家）

練習：表達自己隱藏的一面

拿出你的美術用品。

繪製一張簡單的圖片，或者在紙的中央畫出你的象徵。它未必要真的很像你。任由自己像孩子一樣為了樂趣而畫，而不是為了要畫「對」。

逐個添加以下本質：

- 我的力量：
- 我的美麗：
- 我的天賦：
- 我的偉大之處：
- 我的醜陋之處：
- 我的激情：
- 我的光明：
- 我的性欲：

- 我的憤怒：
- 我的愛：

當你完成後，拿出你的日記本，回答下列問題：

- 關於我自己，我完全隱藏了什麼？
- 我一直不願意充分表達什麼？
- 我擁有，並且積極充分地表達自己的哪些部分？
- 我想擁有，並且更充分地表達自己的哪些部分？
- 我想繼續隱瞞自己的哪些部分，為什麼？

加分題：實際行動

今天至少做一件事，表示你願意冒險表達更真實的自己（例如，平常保持安靜的你，今天鼓起勇氣分享意見；買一件大膽的衣服，表達自己以前隱藏的一面；報名參加舞蹈課，重溫自己孩提時代的夢想等等）。

Lesson

20

個性化和牽絆束縛

「把你的生命放在你自己的手中，結果會發生什麼情況？太悲慘了：再也沒有可以責怪的人。」

——埃麗卡・容（Erica Jong，美國作家）

泰琳與湯姆來往的整整六個月期間，她一直抱怨他與其他女人眉來眼去。她說她沒有安全感，非得隨時隨地都保持提防不可。她深深地嘆了口氣，悲傷地搖搖頭，她知道自己的舉止就像當年她母親在她父親欺騙她時一樣。「我覺得她就在我心裡。我按照她的想法思考、感覺她的感受，並採取她的行動。就像我為她而活似的。」

多麼神奇！我們在複製我們父母生活中不完整和掙扎的情境和行動上，似乎都是專家，彷彿我們被迫要重複他們所犯的錯誤和糟糕的選擇一樣。也許我們暗自認為，接近父母親的唯一辦法，就是反映他們的苦難，也許我們正在努力解決我們認為他們不能或者不願解決的問題，也或許，我們只是參與這樣的儀式，以便加強我們出生所屬族群的歸屬感。基於各種原因，我們經常創造類似當初父母所面對的限制和困擾的關係。我們的愛情榜樣——父母，成了我們模擬的對象，無論他們的愛情版本多麼扭曲，或者多麼空洞。

梅根的母親一結婚，就對夫家感到氣憤。他們從一開始就排擠她、侮辱她、說她的閒話，讓她知道他們對她的不屑。但她母親的抱怨並不是針對他們多麼可怕，她覺得最讓她傷心的是她的丈夫，梅根的父親從來沒為她說一句公道話。梅根自幼就知道她母親私底下對她父親的不屑和憤怒。

梅根和她的母親經常談心。當梅根長大出嫁之後，她的夫家討厭梅根，正如梅根父親的家人討厭梅根的母親一樣。她們母女倆經常在電話上一聊數小時，彼此安慰，批評雙方的夫家，更痛罵讓她們失望的丈夫。梅根對於自己能夠以這樣的方式安慰母親，有一種隱隱的驕傲，母親對男人的不屑果然證明有其道理。雖然她的母親偶爾會感嘆，認為梅根不應該如此像她，但她很快就會又開始與女兒一起批評她們倆遭到如此惡劣的待遇，實在遇人不淑。

「在孩子的心理上，再沒比父母親未實現的人生來得更強大的影響。」精神分析師榮格說。梅根的母親無法解決她與夫家的問題，強烈地影響了梅根和她在人生中的決定。我們父母人生的不完整，會對我們自己的人生造成重擔，因為很多時候，我們覺得透過他們已經傳遞給我們的隱形接力棒，和他們緊密相連。我們像枷鎖一樣，拖著他們生活中的失望、排斥，和沒有實現的目標。他們從來沒冒過的險、他們從來沒達成的溝通、他們從來沒原諒的怨恨，都會在我們的人生造成沉重的負擔。結果我們放棄了自己的夢想和目標，試圖實現根本不屬於我們的任務。

在各地的風俗中，經常可以看到在青春期進行的各種儀式，象徵由童年到成年的過程。這些「成年禮」公開地象徵人放下他與父母的關係。雖然今天有些文化依然有一些這類的儀式（比如猶太教男子和女子的成年禮、高中畢業儀式等等），但在大多數的情況下，這些儀式並沒有真正啟發孩子進入成年的能力。

我們知道，青春期是相當新的社會建構。以往（以及當今世界的一些偏遠地區），年輕人往往在十三、四歲就透過加入勞動和結婚生子，開始成人生活。然而如今我們的童年期已經延長到十八歲（及其後），因此在青春期和成年初期之間，創造了一段暫停的時間。雖然這種暫停對我們所處的社會是合適的，但在大多數情況下，我們卻放棄了從依賴者轉為為獨立者的過渡儀式。從被照顧者到照顧者；從父母定義的身分到完全由自己的個性、功勞，和成就定義的身分，我們沒有習俗慶祝這樣的轉變。

「幸福的家庭都是相似的，但不幸的家庭各有各的不幸。」

——李奧．托爾斯泰（Leo Tolstoy，俄國作家）

數千年來，這些在青春期舉行的成年儀式能夠提供力量給進入成年期的人。缺少這樣的儀式，使青春期成了叛逆和反抗的時期。我們脫離父母，開拓我們自己在世界上的道路這種自然本能，就成了對長輩的叛變。然而在脫離形同叛亂，而不再是父母啟蒙支持的行為之後，我們恐怕就難以順利度過這樣的過渡期。我們試圖形成新的家庭（即尋覓伴侶，並承諾結合），卻常會受到我們與父母（或父母的替代者）之間的關係不完整而阻礙。

三十多歲的專業人士艾倫說，他正在積極物色結婚對象，不過他承認，他似乎很難找到理想伴侶。他說他的母親「專橫、苛求、占有欲強」，因為在他的成長過程中，他的父親長時間都在工作，因此他母親非常依賴獨子艾倫的陪伴和慰藉。她不讓他參加他們家之外的任何事，或者參與她無法參加的任何活動。因此當艾倫好不容易為了上大學而離家時，一方面感到慶幸終能擺脫她的負擔，一方面卻又因為「拋棄她」，而感到非常內疚。他的母親變得沮喪消沉，只是進一步證實了他的想法，因為他離家而讓她失望。

單身的艾倫有時會覺得孤獨。因此他上了交友網站，尋找準備安定下來的「好女人」。然而，只要任何關係的進展超出了最初的交往期，艾倫就開始感到恐慌。因此，他對交往的對象常常有搖擺不定的態度，不是過於殷勤，就是完全不理會，希望讓這種恐慌感消失。而對方因為這種缺乏穩定性的情況，也開始對他提出要求。她要求他不要再給她混雜的訊息，希望他表白對她的感情，說明他是否願意與她在一起。對這些請求，艾倫就好像再次面對他母親的無理要求一樣，讓他不知所措，因此冷凍自己的情感，想出各種辦法來逃避這個情況。最後他不得不結束這種關係，而且心安理得。

「在生命中，『改變』就像是一艘在海上的船：你必須由你所搭的舊船取材建立新船；而不能先上岸破壞舊船，再建立新船——你必須一邊重新建造，一邊航行。」

——奧圖．紐拉特（Otto Neurath，奧地利社會學家）

在我們未能順利脫離童年家庭，轉變成獨立的個人時，會產生兩種陷阱。第一種是我們可能會變得沉溺於叛逆的青少年立場，無法全心投入自己，建構新的家庭。第二種是我們可能會繼續過分依賴父母中的一人或兩人，因而讓我們難以充分建構我們的自我認同。

大衛的父母是納粹大屠殺的倖存者，他們多年前移民到美國時身無分文，也沒任何家族成員能提供協助。他們夫妻倆一起打造了價值數百萬美元的房地產帝國，讓獨子大衛替他們管理。為了感謝他的努力，父母每年都贈與大衛一部分財產，直到三十歲的他成為富有的男人為止。大衛準備結婚時，選擇了一個他母親不贊同的女人。他的母親拚命說服他簽署一份她和大衛的父親所準備的婚前協議，上面明訂他的新娘無法擁有大衛所擁有的任何財產，儘管他們是夫妻。大衛的未婚妻並不是為了錢才嫁給他，因此她同意簽字。但從那天開始，他們的關係起了變化。乍看之下彷彿是婚前協議造成他們之間的隔閡。但如果更進一步思考就會發現，問題在於大衛把母親的需要和欲望置於未婚妻的需求和欲望之前。雖然他認為沒婚前協議的必要，但他卻壓抑自己的感覺以安撫母親。大衛和他的新娘開始陷入權力的鬥爭，這和大衛不惜一切代價滿足母親的要求息息相關。大衛一遍又一遍地敘述母親年輕時生活多麼可怕，藉此證明他取悅母親的正當性。因為她悲慘地失去了其他親戚，因此他不能也不會「離開」她。

「當你成為自己人生中的權威，你就成熟了。」

——坎貝爾

對於藉著切斷溝通（比如切斷和家人所有的連結、離家出走，或搬到天涯海角，避免和父母接觸）以替代真正獨立的人而言，他們和原本家庭的臍帶關係可能更為強烈。如今五十出頭的貝西在三十五歲時遠離故鄉，擺脫脾氣暴躁會酗酒的母親。這些年來她每年探望母親一次，期間少有接觸。然而，貝西卻深受和母親不斷謾罵相似的內在聲音所折磨。這聲音告訴她，她太胖了、她的錢快要用光了、她早該結婚了、她會落得無家可歸孤獨終老，等等。當她去看母親時，貝西總是拚命地不惹她注意，盡可能少和她接觸，以避免她的批評和憤怒。然而日復一日，儘管她盡了最大努力擺脫母親的存在，依舊擺脫不了內心中母親的批評和憤怒。

我們和父母親（或替代者）的聯繫，在理想的情況下應該是我們展開人生的發射平台。但是在很多情況下，這種發射會遭到破壞，讓我們面對殘缺，就像試圖駕駛只有一個機翼或載重過重的飛機。在這種情況發生時，就好像我們拖著父母靈魂的殘骸，在我們搭載如配偶或子女等新乘客之前，必須先把它們釋放才行。

只要我們繼續以父母的需要與期待定義我們自己，我們的判斷就會遭到染色。很多人的第一或第二次婚姻都是為了要取悅父母，這是父母期待或希望的結合，是證明父母的犧牲值得的行為。但是，這樣的結合有其缺陷，當伴侶一方或雙方都開始成長，如此的婚姻就會太過膚淺而難以維持。

即使是在最良好的養育情況下，子女與家庭的關係都需要經歷由孩童轉變到成人的轉換期，才能做好面對愛情的準備。那些有多重養育關係（養父母、寄養家庭、繼父母等）的人，除了自己的親生父母之外，還需要由與其他代理家長的關係中解放自己。尚未結婚的人，尤其是單身女性，往往在這樣的轉型上歷經更大的困難，因為傳統上公認，婚姻是從童年獲得最終解放的儀式。這對同性戀團體的成員大為不利，因為同性的結合往往不被允許舉行這個轉變為成年人的重要儀式。

「孩子最初愛他們的父母，一段時間後，他們批判父母；就算有，他們也很少會原諒父母。」

——奧斯卡．王爾德（Oscar Wilde，愛爾蘭作家）

既然缺乏適當的儀式，因此我們不妨創造自己的儀式。我們的成年禮包括尊重我們連結的根，但也接受我們的自主權，並欣賞引導我們來到現在的過去，因為它包括釋放不再屬於我們的負擔，放下我們不再需要履行的不當目標。這包括接納人們不完美的信念，瞭解他們犯的錯誤遠比他們願意承認的多，並釐清我們只會延續自己和他人最惡劣關係的想法。

羅傑尼希說過：「不要試圖強迫任何事情，放手人生。看看上帝每天都讓數百萬朵花開放，卻從沒強迫花蕾綻開。」個人化就是放開手，放下我們孩提時代的自我，慶祝我們成熟、自主，和不斷發展的自我蛻變。

練習：釋放與生、養父母的關係

拿出你的日記本。針對你的一位父母或替代父母（比如你由一對夫婦領養，這意味著你的生父母和養父母；如果你的父母離婚，父母一方重新結婚，而你仍受撫養，這意味著你的父母親和你的繼父母等）回答下面的問題。針對每一位父母，回答下列八個問題，必要時請使用你的想像力。

◆ 誰有尚未完全被原諒的＿＿＿＿，為什麼？

◆ 我不肯原諒＿＿＿＿的是什麼？

◆ ＿＿＿＿總是想要他（或她）沒有得到的什麼？

◆ ＿＿＿＿相信他（或她）的什麼錯誤信念不能更改？

◆ ＿＿＿＿以什麼方式公開或暗地向我施壓，要我糾正他（或她）覺得自己生活中的錯誤？

◆ ＿＿＿＿覺得浪漫的愛情像什麼？

◆ 我在哪些方面一直都背負著＿＿＿＿未竟事業的負擔？

◆ 我現在可以首先放棄什麼不屬於我的負擔？

「要發現自己，你得先為自己思考。」

——蘇格拉底

加分題：實際行動

比起切斷與父母的關係來，我們更需要做的是，在更成人之處的位置重新創造它們。

今天找個時間，留半個小時安靜地做下列的冥想儀式。請帶著你今天上午所完成的日記本。

以下改編自菲力斯・克里斯多（Phyllis Krystal）的書《切斷束縛》（*Cutting the Ties That Bind*）。請先讀一、兩次，然後盡你的能力憑記憶冥想。如果需要，你可以在冥想時睜開眼睛，參考你今早所寫的日記頁面。你也許會想點燃蠟燭，在冥想時創造一個神聖的空間。

徹底放鬆你的身體，只專注在你的呼吸上，把呼吸深入到腹部幾分鐘再繼續。在你冥想時，在心裡一次邀請一位父母坐在你面前。用你的腳畫一個阿拉伯數字8的形狀，讓充滿活力的藍光顯現在其中，讓你和父母各自站在一個圈內。一旦你感覺到藍光在你們之間以8字形移動，就讓它向上延伸，圍繞在你們的身體周圍，由腳直到頭頂。請注意這個光總在不停地運動，一邊連結你們，一邊也讓你們各自坐在分開的空間。

要求每位坐在你面前的父母：

一、為他們認為你有的弱點或失敗原諒你；

二、為你無法修復他們自認為生活中的缺陷原諒你；

三、讓你不再盡到進一步的義務，或不再能滿足他們一直抱著的期望釋放你。

告訴每一個父母，你：

一、為你認為他們作為父母的弱點或失敗原諒他們；

二、為他們不能修復你認為自己生活中的缺陷原諒他們；

三、讓他們不再盡到進一步的義務，或不再能滿足你一直抱著的期望釋放他們。

你們之中的一些人會覺得你的父母試圖進入屬於你私人的圓圈，尤其如果他先前曾干預你的歷史，不要讓這樣的事情發生。相反地，輕輕將他們推回他們自己的獨立空間。告訴他們這是你自己的空間。對於你們中的另外一些人，父母可能會是有害或危險的，這時最好想像人的影像或某種形式的象徵，而不是父母本人。如果在冥想時，你發現自己擔負著某些你希望釋放，但不一定要還給父母的事物（例如憂鬱、誤入歧途的信念，或未解決的憤怒），你可以用禱告將它們交給上帝，為你自己和家人得到釋放和自由。

當你完成時，感謝他們每個人的到來，並以祝福釋放他們回到各自的地方。

Lesson 21 釋放儀式

「成熟是減法而非加法的過程。」

——查德玻恩（M. Chadbourne）

像我們這樣善於治療的文化，其中的一個陷阱是，我們常常能看出我們的問題從何而來，但隨後卻利用這種知識為藉口，避免在人生中前進，例如：「我無法做出婚姻的承諾，是因為在我四歲時父親離開了我。」雖然自覺是轉型的重要部分，但光是自覺的見解並不能保證你做出改變。你認識多少人明明理解他們問題的本質，卻沒採取任何行動來改變它？任何真正的變革，都需要先放下。

萬物皆有定時，我們所有的挑戰並不會只因為我們希望它們消失，或者認為它們應該消失，就會消失。有些問題必須承受，有些則必須經歷。然而，很多問題已經持續過久，早過了該放下的時候，我們卻繼續留住它們，因為我們發現，這些問題其實帶給我們一些好處，因此儘管我們表面上抗議，但實際上卻繼續許多戲碼，因為我們發現它們能讓我們獲得同情，讓我們避免為人生承擔責任，給我們避免生活中風險的藉口，而不致受到太多挑戰。因此，我們反而依附在我們最常抱怨的事物上，甚至認同它們。我們已經被深埋在環繞著我們的錯誤信念、艱巨的期望，和未能解決的怨恨之下，不但不認為自己天生能夠給予和接受愛，反而因為種種阻撓愛的表達的生活負擔而受到挫折。因此為了體驗愛，我們必須從人生中釋出所有不是愛的事物，讓我們與生俱來的自然權利——建立深入連結的可能性，得以在我們的人生中流暢而毫不費力地自我顯現。

「精神生活是放下而不是理解。每當你心中有一部分想要弄明白，或想知道為什麼，或者想知道為何發生——就把這些想法踢出去。」

——斯瓦米·切坦納南達（Swami Chetananda，印度作家）

「找到愛情對你們來說有多麼重要？」我問參與研討會的一群女性。「非常重要！」是她們共同的回答，她們一一附和，並且都點頭同意。「那麼，妳願意放棄什麼來擁有愛情？」我問道，並且慢慢掃視房間裡的每一張臉龐。「妳是否願意放棄妳認為另一半應是什麼樣的嚴苛標準？或者妳自認為正確的堅持？妳可以放下妳對男人的悲觀態度和信念嗎？因為唯有徹底放下橫在妳和愛情之間的一切，才能為愛創造空間。」

我們對於自己要怎麼做以尋找愛情，都抱著崇高理想。許多人表示願意放棄一切——放棄我們的社會地位，放棄我們的家人和朋友，搬到天涯海角。然而，如果要求我們放棄防禦，放棄我們習慣性的思考模式，或我們對自己和他人的看法，我們就突然有各種各樣的藉口和原因，說明為什麼我們必須維持原狀。

其實，如果我們繼續把精力投注在我們的神經衰弱、我們的人生戲碼、我們的怨恨，和我們的恐懼上，就不可能有愛的空間，我們不會在愛情之中。我們的杯子若不是滿，就是空。在同一時間，水和空氣不可能置於相同的空間。要為愛保留空間，我們首先就必須放棄在生活中阻撓它的一切。而正是在此，我們碰到了執著於自己最常抱怨的事物這個問題。

我們正站在十字路口，必須做出選擇。我們可以堅持走在舊的道路上，也可以放下那些熟悉的事物，跳下懸崖。我們須放棄內心裡不是愛情的事物——並不是為求回報，而是僅僅因為它是更好的選擇。正因為它是更好的選擇，所以會帶來更美好的人生，這人生未必會比較輕鬆，也未必會提供我們所需求的事物。

在我們有證據顯示我們採取的行動可以得到我們想要的結果之前，必須先放棄阻撓愛情的事物。我們一邊放棄某個事物，一邊要求獲得特定的結果。宇宙不會和我們討價還價，做這樣的交易。相反地，我們的放棄必須是絕對而且無條件的；我必須放棄不再適合我的關係，即使這樣做會讓我冒孤獨一生的危險。我必須放棄破壞性的上癮，即使現在我還不知道自己會怎麼面對這樣做可能會釋放的感覺。我必須放棄操縱他人，即使這樣做會讓我冒險失去我得到想要事物的槓桿作用。我必須放棄懲罰自己，即使我的情況沒有改變，而且可能永遠不會改變。

「成長是一個排毒的過程，因為我們最脆弱、最黑暗的部分被吸到表面，以求釋放……通常，它不是源自更換伴侶，而是觀念的改變，把我們送到我們所尋求的愛情。」

——威廉森

有人告訴我，他們寧死也不願繼續過沒愛的生活。然而，讓他們試試改變他們習慣的路徑，原諒冤枉他們的人，或者放下關於自己是誰，和他們人生中可能會發生什麼的守舊想法，這—好—像—在—拔—牙！

放下的意願，絕對是改變我們人生的重要關鍵。因此才會有「置之死地而後生」這種說法，這意味著大多數人都不願意放棄自己的做事方式，直到讓自己遭到徹底的破壞為止。問問你自己：我是不是這麼固執，非得要失去一切，失去人生中每一個舉足輕重的人，才會願意改變？我是不是這麼一成不變地堅持，寧願讓缺乏愛的每一天，變成缺乏愛的每一週，變成缺乏愛的每一個月，變成缺乏愛的每一年，才願意有所彈性地去嘗試新的事物？

你必須挑戰自己，問自己：我有多大的意願接納因改變而造成的不便、不自在和錯誤？我有多願意放棄控制，接受新的指引？在我可能真正失敗之處冒真正的風險？在你以響亮的聲音否定回答之處，或甚至只是略微猶豫之處，都可能是你為了擴大愛的機會而需要改變的確切所在。

「人除非鼓起勇氣告別海岸，否則不能發現新的海洋。」

——無名氏

我們談「放下」挑戰，而非「擺脫」它們。因為試圖擺脫一個問題，就像是強迫性的暴食者以急速節食來面對問題，卻沒面對造成強迫症背後的悲傷和恐懼。這種方法只是治標不治本，我們必須反其道而行，找出我們錯誤的信念，以及造成我們錯誤行為的恐懼。所以，雖然能夠痛下決心說「我要放棄酗酒」很好，但最好能更深入地說：「我要放棄摧毀自己，嘗試控制我一直害怕去感受的感覺。我現在願意去感受它，而且相信這樣做不會有問題。」與其說「我要和蓋瑞分手」，不如更深入地探索原因，然後說「我一直被恐懼控制，認為如果我和蓋瑞分手，就會一輩子孤單寂寞。現在我要放下這種恐懼。我願意相信我會找到更好的、更滿意的關係。即使找不到，只要我實實在在地活著，我也會過得很好。」如果你渴望愛的實現，記得放下所有擋在它路上的障礙，這是疏散你渴望的方法。釋放因恐懼而生的所有限制、所有可測的以及所有「安全」的事物。接納徹底投入所需要的勇氣，記住，成長不是累積的過程，而是釋放的過程。

練習：釋放阻撓你的事物

你在過去兩週所做的工作，在今天達到頂點，我們準備要做一個釋放的儀式，幫助你放下阻撓你在人生中得到愛的一切事物。今天早上，我們要為稍晚將舉行的儀式做一些準備工作。你會需要你的日記本、紙張、筆，和螢光筆。

檢視你的日記本，查看你的作業。用螢光筆畫出橫阻在你和愛之間的一切。其中有些事物你已經做好準備，可以在今天釋放。其他事物你會覺得還需要做更多的努力和探索，因為它們範圍更加普遍，也更根深柢固。在你覺得已經做好準備，可以在今天徹底放下的事物旁畫個星號（★），在你還需要努力的事物旁畫個白星號（☆）。

接下來，拿一些白紙（不是日記本，因為等一下在實際儀式中，你要把它撕碎）。在紙的頂部左方寫「我釋放：」，在右方寫「我接納：」。

在「我釋放」的標題下方，寫下你願意在今天完全放棄的事物列表（對舊情人的怨恨、你母親對你在某個年齡前結婚生子的期望、你對自己一事無成的想法等等）。這些都是你畫了（★）的事情。現在做這個列表。

接下來，以你畫（☆）的那些事物繼續列表。這一部分的列表代表你要積極開始進一步探索的事物，或許借助治療師或你所信任的精神導師協助（比如所有親密關係中的角力模式、任何自我破壞的行為、嚴重和慢性的脾氣爆發等等）。

如果你家有祭壇，或者任何可供作神聖活動的空間，請把你的表單放在那裡，準備稍晚進行你的儀式。為這個儀式騰出一段不受干擾的時間，最好半小時以上。

「已經滿的必須清空；已經增加的必須減少。這是天地之道。放下就是展示勇氣和智慧。」

——布倫

加分題：實際行動

注意：如果你與別人共同做這個課程，也許會希望一起進行這個儀式。如果你獨自做這個課程，你也許會希望邀請一個信任的朋友作為你的見證人。你需要準備你的日記本、你列的表、筆、剪刀、打火機或火柴，和一個可以燒紙的安全地方（金屬碗、浴缸、大水槽、海邊的火堆等等）。

執行釋放的儀式有許多種不同的方法。如果因為某種理由，下列的儀式不適合你（你對火感到不安，或你沒地方可以安全地放火等），請隨意更改儀式，因應你的特殊狀況。例如你可以把紙撕成碎片丟入垃圾桶，或將紙一張張放在地上踐踏，宣告你的自由。隨意表現你的創意。

儀式

建立適合執行儀式的神聖氣氛（比如點蠟燭、燒香，或播放你喜歡的音樂當背景）。

拿出你想要釋放東西的列表。現在在紙的下方，在「我接納」的標題旁，寫下你需要接納，才能釋放上方表列的事物，寫下和你想釋放的東西相反的想法。

例如：

我釋放：　　　　　　　　　　我接納：

◆為我的問題責怪我的父母。　◆我原諒我的父母。

◆性的羞恥。　　　　　　　　◆歌頌我的性感之美。

◆對前男友的復仇欲望。　　　◆發生在我們之間，造成我們分手，我在這方面該負全部責任，並感謝我因此而學到的一切。

在進入儀式的下一部分之前，拿出日記本，寫下你所接納的事物，藉此記錄你的療癒。

現在，用剪刀剪開你的表列，讓剪下來的每塊紙片上都只有一個問題（「我釋放」和「我接納」）。把你的文件拿到一個安全的地方燒掉。念出你放下和接納的每件事物，然後把紙燒掉（例如，「我釋放我母親的人生悲哀，我接納做快樂的自己的自由」）。

對於你將要進一步探索的（☆）事物，你可以說出你的意願，幫助你克服這些困難（例如，「我要求充分釋放我害怕親密關係的意願，我願意鼓起勇氣以脆弱的一面去面對他人」）。

當你完成後，再次拿出日記本。列表寫下你要採取的行動以及時間，來支持你剛才釋放的事物（例如，我要在週日之前寫信給母親，讓她知道我已經原諒她了；我要給自己一個美麗的家，在週末去為自己購買一套床組，我要努力克服強迫性的暴食，在下週二晚上去我家附近的匿名暴食者聚會，等等）。

小組討論建議研究指南

一、你注意到在自己幼時所接受的照顧，和現在你信任（或不信任）別人的能力之間，有什麼關聯？

二、你對自己及世界一直抱持什麼樣的信念？這些信念以何種方式以及在何種程度上，影響你的愛情生活？

三、你的童年欠缺什麼，你現在又如何（或沒有）致力於把它給予自己？

四、你一直隱藏什麼？為什麼？你這週做了些什麼，表現出被否認的這部分自我？

五、分享你釋放父母或替代者的能力。你有能力原諒誰，又沒能力原諒誰？誰可以原諒你，誰又不能原諒你？

六、分享你舉行釋放儀式的經驗。或者計畫一個你們可以一起做的儀式。

第 四 週

設定你的方向

「生活是一種創造，而不是一種發現。
你每天生活，
並不是去發現它有什麼，而是去創造它。」

——沃許《與神對話（一）》

恭喜。你已經釋放了人生中阻礙你實現愛情的事物，如今我們可以創造可能，讓愛實現。

在這一週：

- 我們要開始讓自己立足在實現愛情的豐富願景中。
- 接著我們要創造強而有力的意圖，以表現在我們生活中的愛情。
- 我們要分辨我們追求的是伴侶的什麼特色，方法是先澄清我們自己的人生目的。
- 我們要學習運用直覺，讓我們能夠創造健全的關係，做出明智的好決定。
- 在我們準備迎向愛之時，必須仔細思索為什麼個人的真誠是最基本的事物。

Lesson

22

規畫願景

「願景的過程總是自我檢視，它從來不是『上帝，我想要這個。請祢讓它發生』，而是『我要如何實現這個願景？如何表現它，揭露它？』因此，規畫願景的過程，就是個人轉變的過程。」

——麥可・貝奎斯（Michael Beckwith，牧師）

最近我在翻閱舊日記時，湊巧翻到日期為一九九九年二月二十二日那天的紀錄。上面寫著：

上帝早安：

多麼美好的金色早晨——我在凌晨五點因狂風而醒來。謝謝你，親愛的上帝，為了洛杉磯的天氣。今天早上我要寫下夢想和願景，以澄清並支持它們。我的夢想是要成為舉足輕重的作家——用寫作來提升和教化人類的性靈。我看到一本書……在全國各地的書店……有它自己的生命。此外，在我的生日之前，我要看到我的手指上有一枚美麗的訂婚戒指。它反映了我未來的丈夫和我之間根深柢固的愛情。他是我的完美伴侶。當我和他在一起時，我會喜愛自己。我們的關係支持和滋養我。他對生兒育女抱著開放的態度。我感覺自己受到他的保護、寵愛、尊重和支持，我深深並完全地愛和被愛，我看到這點。我也看到懷了我丈夫的孩子，我們很高興。我的胸部和腹部隆起，我蹣跚地走進廚房。他在床上親吻我裸露的肚子，我們很高興地迎接這個嬰兒來到人世。謝謝祢，上帝——謝謝祢，上帝——謝謝祢，上帝。

「希望是覺醒的夢想。」

——亞里斯多德（Aristotle，古希臘哲學家）

讀到這裡，我感到很驚訝。我反覆檢視這則日記的日期至少三次，最後終於相信寫這則日記的時間是在我鬼使神差第三次遇見馬克之前整整六週。這則日記未免太符合我的現實生活，因此讓我大吃一驚。在我寫這段文字時，並沒指望會找到另一半，當時我四十一歲，並無子女，而且從來沒有出過書，甚至連一點可能都沒有。然而到頭來這一切都實現，這是站在願景裡的力量。

幾年前，《心想事成：創造性視覺法》（*Creative Visualization*）的作者高文介紹視覺化（visualization）的過程，這是一種運用想像的力量，幫助我們表現出生活中所想要事物的方法。在進行視覺化的過程中，我們創造自己所希望擁有的精神景象，然後讓我們的心去體會因為擁有它而隨之產生的感受。這既是精神也是情感的過程。這個過程有一種稱為「願景規畫」（visioning）的變化，是我們今天要討論的主題。

基督教神祕主義者佛羅倫斯．希恩（Florence Scovel Shinn）在一九二五年出版的書《健康、財富與愛的人生祕密》（*The Game of Life and How to Play It*）區分了視覺化和願景兩者。她寫道，「視覺化是由推理或心理意識所支配的心理過程；願景規畫則是一種精神的過程，由直覺或超意識的心理所支配。」視覺化會受限於個人的能力，有些事物（比如對自己信心不足，或者缺乏可以模仿的角色）會阻止你看到理想中的目標，而願景規畫則是可以讓我們更輕鬆地繞過「問題」的過程，直接進入我們生活全新的可能性。因為當我們進行願景規畫時，我們得到的印象和啟示往往會超出我們目前對自己的想法。

「唯一成功的表現就是造成意識的變化或成長；也就是說，它表現了上帝，或更充分地顯露了祂，並且表現了一個形體。」

——大衛・史賓勒（David Spangler，美國作家）

那個二月早晨我所寫下的日記，是為了加強和支持我先前在冥想打坐時產生的願景。多年來，我一直認為自己是掙扎奮鬥的藝術家（沒錢，憂鬱，有創造力，反文化），在人生中獨來獨往（單身，堅強得不需要男人），其實我繃得很緊。我想像中的場景與我當時的生活或甚至是合於邏輯的生活都無關。我並沒嘗試和上帝搏鬥，要祂給我我以為自己想要的，而是改變我的意識，接受之前我偶然瞥見的可能性。在感情上，我想試試這個「可能」的人生。

為了實現這個願景，我瞭解到必須改變我所知道的自己。透過重複的書寫，我試圖以溫和的方式把這件事告訴自己。成功和被愛對我而言是莫大的轉變，馬克和我頭一次去逛街，準備購買我們的訂婚戒指時，我站在店外哭了起來，沒辦法走進去。因為這麼多年來，我一直是個窮藝術家和入不敷出的學生，如今這名男子打算一擲千金，為我買個幾千美元的戒指，這讓我不能承受。那一天我們沒走進店裡，而且到頭來，我們花了四個多月，才終於買下了訂婚戒指（為了避免你可憐我，我得承認，如今我花老公或自己的錢，已經沒任何問題）。

抱持願景，總需要我們用某種方式調整自己，以適應這個願景。在願景中生活是需要練習的訓練。我們總習慣按照我們過去的經驗和現在發生的事情來定義我們是誰，然而若你在人生中沒有清楚有力的願景，就會被擺布驅策，而當你受到擺布驅策時，你就會陷入自己永遠無法得到所想要事物的信念。要根據我們所創造的未來建立我們的人生，是嶄新的做法，需要一些時間來適應。但是當我們能夠做到這一點時，就會發現我們人生中的折磨大大減少。我經常引用一句不知是誰最先說過的話：「痛苦鞭策著你，直到願景拉你一把。」一旦我們能掌握在願景中的生活，我們就不再局限以痛苦作為我們個人成長的主要工具。我們不需要痛苦鞭策我們，我們成長是因為受到一種可能性的啟發——一種我們能夠變成什麼樣的人的可能性，只要我們能釋放這個阻礙，並接受那個本質。這是我們積極參與的持續過程，因為我們看到自己的潛力，並相信它實現的可能。

「告訴我你渴望什麼，我就會告訴你你是誰。我們是我們所追尋的理想，那形象驅使我們徘徊。」

——希爾曼

寫這本書讓我再度轉變。不久以前，我為羞怯的個性所苦，總不敢說出自己的意見。但在最近的一個除夕夜，我坐在一群朋友之間，大家圍成一個圓圈，說出我們要放下的事物。雖然我還沒有出版經紀人，更甭提出書計畫，但這本書的願景促使我說：我要放棄羞怯。我知道如果要實現我的願景，我就不能再壓抑自己的聲音。在接下來的幾個月，每次我要表達意見的時候，總必須對自己承認：我感到羞怯，並把它放下。如今羞怯對我來說已經不再是問題。而且現在我經常說得太多，產生了與以往相反的問題：太看重自己的看法。現在我面臨的挑戰是要放下我的傲慢。但因為我承諾要過深切聯繫和服務他人的人生，因此我願意做任何該做的事，按照這個願景生活。

當你在生活中奉行你的願景時，你開始會有原本對你而言可能是陌生的言行舉止，這是因為我們通常從我們的過去做出關於我們是誰和我們行為的選擇。換句話說，我們融合過去的經驗，得出現在的自己，我們往往會重複過去的行為，因為那是我們對自己的定義。思考如下的可能性：以我們的未來而非過去，決定我們所做的選擇型態。承諾在不久的將來要建立充滿愛與性靈的伴侶關係的人，與仍在處理一系列的失敗關係，要確認是對方或自己無法建立親密關係的人，做法截然不同。

「成功取決於意圖之所在。」

——貝琳

透過願景規畫的過程，我們會處於看似矛盾的立場，一方面要放下我們對「真命天子」是什麼模樣這種先入為主的觀念，而一方面又要培養有他或她在我們人生中是什麼樣的感覺。但這種培養並非探究他或她將是什麼樣子的細節，而是為你的人生窺見一種可能性，在情感上打開你的心房來接受它。它的重點是放下與實現願景不一致的地方，接受我們為實現它而要轉變成什麼樣的人。

最後，與其說我們有願景，不如說願景有我們。有個願景就在我們的意識之外——我們只需要聆聽足夠長久的時間，讓它自行顯露。一旦我們見到了這個可能性，我們只要簡單地說「是」就好，而不必強迫把我們的意志加諸於宇宙。我們開放自己，透過我們來孕育它。我們完全接納，並讓願景來管理我們。

練習：規畫愛的願景

我們今天上午將做個願景規畫。找一個你不會受到干擾安靜而舒適的地方。準備你的日記本和筆。請你先讀一、兩次指示，然後盡你所能憑記憶進行。如果需要，可以翻看。

閉上你的眼睛，放鬆，並做幾次深呼吸，讓你集中和專注。當你感到心思集中並且平靜時，大聲或默默地問這樣的問題：「愛情在我生活中實現，會是什麼樣子？」

思索這個問題，靜靜地坐著。如果禱告是與上帝對話，那麼靜坐就是聆聽上帝。坐著聆聽答案。只要等待聆聽這個問題的回應。你可能會由一首歌、一首你記得的詩，或緩緩經過你腦海中的譬喻得到啟發。你可以透過你的心，感到平和的情緒。你可能會看到一個圖像或符號。單純地聽那來到你心中的一切，不要判斷或評估。

幾分鐘後，睜開眼睛，在日記本寫下你見到的影像、感受，和想法。當你完成後，再做第二個問題：「我必須放棄或釋放什麼，才能實現這個願景？」

同樣地，思索這個問題，靜靜地坐著，重複前面的說明。幾分鐘後，寫下因這個問題而產生的影像、感受，和想法。當你完成後，再做第三個和最後一個問題：「為了實現這個願景，我必須包容或變成什麼？」

再次，重複前面的說明。

加分題：實際行動

今天早上，你瞭解了為了體現愛的願景，你必須在生活中放棄或體現什麼。

針對你所問的第二個問題，「我必須放棄或釋放什麼，才能實現這個願景？」今天至少做一件事情（例如「我必須戒酒，開始恢復健康」，意味著你可能決定參加匿名戒酒會的聚會；或「我必須原諒童年時虐待我的人」，意味著你可能要預約治療師，幫助你從那次的經歷復原）。

針對你今天早上所問的第三個問題，「為了實現這個願景，我必須包容或變成什麼？」今天至少做一件事情（例如，「對於別人對我的愛，我必須開放」，意味著你可以讓別人幫你的忙，而不立即回報；或「我必須放下防禦」，意味著你可以嘗試更加開放，讓他人在情感上更容易接近你）。

Lesson 23 設定意圖

「經由自我反省，我發現失望的根本原因：在任何努力的開始時，沒非常清楚地說出你的真實意圖。如果你無法做到這一點，無法讓每個參與的人都確切知道你想要的是什麼，你可能就會失望。」

——伊雅娜．范贊特（Iyanla Vanzant）《生命在愛中成長》（*In the Meantime: Finding Yourself and the Love You Want*）

要設定意圖，總共有四個步驟。我們先談前三個步驟。

第一步：思考一個特定的可能性，並且要有信念。以我們的目標而言，你必須在心中確切知道並相信你將會找到愛。愛因斯坦說「意識先於一切物質」，就是這個意思。在特定意圖到來之前，我們必須先相信它的可能性。

第二步：要大聲說出你的意圖。「神說：『要有光，就有了光。』」（〈創世記〉第一章第三節）因為我們是「依神的形象和樣式所造」，所以我們也透過我們說話的力量來創造。大多數人使用語言的方式，彷彿它單純只是描述而非創造的工具。但其實語言有強大的創造力量，我們應該好好利用。

第三步：採取行動，支持你的意圖實現，並禁絕破壞它的行動。單純的理解無法改變任何事物，因為「信心沒有行為是死的」(〈雅各書〉第二章第二十節)。其實，如果沒有行動，信心就不是信心，不過是信心的想法，沒力量造成影響和改變。我們必須採取行動支持我們所承諾的事物，根據我們的見解和瞭解，進入實際的世界。

「若你要進步，所有改變的點子都要執行。」

——坎貝爾

要實現我們心裡的欲望，最大的成功機會就在於這三個步驟——相信可能性，說出我們承諾創造的事物，並採取能配合這個未來的行動。換句話說，我相信找到愛是可能的。我也把這個信念告訴每個看出這個可能性的人(甚至是正在與我交往的對象)：我在努力尋找「真命天子」。然後，我做出與這個意圖一致的行為，並且抑制不能配合這個意圖的舉止。這就創造出讓愛情「奇蹟般實現」的環境。

四十歲出頭的藝術家安潔雅在兩個朋友相繼訂婚之後，告訴我她的感覺。她一直在做願景規畫，希望自己能找到「真命天子」，而且她真心相信愛情有很大的可能會發生在她身上。正因為如此，她為朋友的喜事感到非常開心，視她們的成功為自己也很快會找到愛的證據。她吐露心聲說，如果是在過去，她會暗自對她們的幸福感到羨慕和威脅。在短短數個月之後，安潔雅遇見了最後與她步入禮堂的對象，對此我一點也不驚訝。

信心是這個旅程中極其重要的部分。最近我在辦公室裡見到單身的羅瑟兒。三十歲出頭的她認為自己找到「真命天子」的時機已經過去，她很懊惱在自己二十多歲「顛峰期」沒把握機會，認為從此以後會一路走下坡。而同時，她又和一個有酗酒問題而且不願接納情感的男人交往，她明知雙方不合適，卻不肯結束這段情感，背地裡又和其他男人約會。她急著結婚，好讓自己的人生「真正開始」，並認為如果沒意外，她可能會嫁給酗酒的這名男子。我要她在結婚與尋覓愛情這兩個目標之間做選擇，但她認為這兩者是同一件事。我向她保證事實絕非如此。我評估她的問題在於，因為她心裡不相信自己可能得到愛情，因此她捲入的關係根本與愛情無關，而是關於操縱和自私。我斷言雖然她不相信自己能結婚，但我相當肯定她一定會，問題是她選擇的婚姻是建立在恐懼和絕望的基礎上，還是建立在愛的本質上。後者會要求她挺身而出，與她目前交往的男人培養愛的特質，如此她才能夠確實創造充滿愛的結合。

「我們通常會得到我們所預期的。」

——克勞德．布里斯托（Claude M. Bristol，美國作家）

設定意圖，比如培養愛的特質的意圖，是積極主動而非被動的過程。四十歲的卡拉是充滿活力和吸引力的企業培訓師，她在最近的一次研討會上，公開宣布了她要清除生活中的任何障礙，以追求愛的意圖。她承認其中一個主要的障礙，是她認為想像中的「真命天子」應該看起來如何。她放下了毫無彈性的嚴苛標準，宣布對愛開放自己，無論它可能是什麼模樣。

許多個月之後，卡拉來電感謝我。在研討會後幾個星期，她遇到了生命中的真愛，他們正計畫不久後結婚。她笑著說，在研討會之前，她絕對不可能對他開放自己，因為他根本不是她自認為一直在尋找的對象。鮑勃的年齡比她大十歲，有兩個成年子女，住在離她洛杉磯的家數百英里遠的城市。她以諷刺的口氣說，彷彿這樣還不夠似的，她還很快地發現，他最近才與結褵二十多年的妻子分居。「你認為我會把『已婚男人』

放在我的結婚名單上嗎？」她疑惑地問道。然而他們倆卻是天作之合——不僅是她和鮑勃，也包括其他相關的人，包括鮑勃的成年子女和他如今境況也轉好的前妻。「這很有趣，」卡拉說，「關於尋找『真命天子』，一直有很多傳統智慧，在最後當你只是設定意圖之後，許多事就自然地發生，實在奧妙。」

我們說的話有創造現實的力量，這是古老的性靈原理。米勒博士在《靈魂伴侶》一書中，講了一個關於女星蘇菲亞．羅蘭（Sophia Loren）的故事。蘇菲亞幼時，遭到無情的嘲笑，說她是私生女，又醜又瘦又貧窮。雖然蘇菲亞的人生一開頭居於如此的劣勢，但她後來在影藝界大放異彩，她把自己的成功歸因於外婆。她童年時，外婆為她作了一首歌，其中說等她長大，她會快樂、富有、美麗、受人崇拜，她所有的夢想和願望都會神奇地應驗。蘇菲亞的外婆一遍又一遍把這首歌唱給她聽。儘管她的人生開端困難貧窮，但等到她二十多歲，這首歌的每個字都應驗了。

我們說的話其實是對宇宙的一種指導手冊。最近一位客座牧師在我們的教會說：「整個宇宙不斷在向你屈膝：是的，主人，不管你說什麼，我都會照辦。要清楚地下指示。」如果你抱怨說：「所有的好對象都給別人捷足先登了」，那麼你很可能就只會吸引已婚或已訂婚的對象。如果你相信自己永遠找不到真愛，那麼你就可能會找不到。威廉森寫道：「我以為你永遠不會來這裡」，她說。「我知道，這就是為什麼我花了這麼長的時間才來到……」當我們為自己說出新的可能性，如「我承諾要有一段美好的關係」，那麼各種驚人的巧合、不可預見的機會，和不可預測的同步性都會開始運作。這就是為什麼言出必行如此重要。它「訓練」宇宙要嚴肅對待我們。如果一個人言行不一，就像一個謊言不斷的孩子，你不會再把他當回事。他告訴你這個房子發生火災了，你還會不慌不忙慢慢地走出去。但如果一向只說真話的人告訴你同樣的事情，你就會有完全不同的反應。

我在十二月打電話給朋友娜歐米，告訴她我將會在八月生日前訂婚。我這樣做是為了要在生活中的其他領域也設定意圖。就像運動員練習越多就會越強壯一樣，我也從我的言語所創造的能力而獲得力量。我對這種做法越來越熟練，因為我對自己所說的話更負責。在我說的話和我所採取的行動之間，已經有相當的一致性。這就像鍛鍊肌肉，越練習就會越有力，而且最好是緩慢但穩定地鍛鍊自己。對於跑慣馬拉松的人，慢跑個十英里並不是什麼大不了的事，但如果是很少跑步的我，恐怕跑三、四英里就得把我抬走。大部分的能力都必須每天培養和發展才行。

在我對娜歐米說出我的意圖時，因為我一向言行一致，因此她相信我，而透過與她分享我的意圖，我也請她在這方面支持我。只要我與不適合的對象或是與無意結婚的人來往，娜歐米就會問我是否言行一致。我承認有時我因她這樣做而憤怒，但其他時候我卻非常感謝她。我敢肯定她在這幾個月出於同理心而支持我，絕對有資格在我的婚禮上擔任伴娘，我真不知道該怎麼感謝她才好。

大聲的對另一個人說出我的意圖，迫使我必須轉變成為愛留下空間、可以愛人的女人。我知道這點，因此我不只把這個意圖告訴娜歐米，也告訴我生活中大多數的人，包括與我交往的男人：我有結婚的打算。我以不會驚嚇他們的方式表達這一點，並且讓他們知道，雖然我有結婚的打算，但並不表示他們是非與我結婚不可的真命天子。因為我對伴侶並不緊迫盯人，而是以行為表現我要達到的承諾，因此對方可以放輕鬆，甚至探究我成為他們理想伴侶的可能性。雖然多年來我交往了無數的對象，卻自高中的情人之後，再沒人向我求婚，但在我設定意圖之後，就在馬克要求我嫁給他之前，還有另外一人向我求婚。當你準備好了，一切就水到渠成。

在設定意圖的過程中，有一定的矛盾，而這就是第四步，也是同樣重要的一步。若不理解這種現象，我們在人生中創造改變的能力就會減退。對於我們承諾創造的事物，我們必須不在意它的結果。換句話說，我們必須竭力履行我們設定意圖的承諾，卻不堅持得到什麼結果。我們不能迫使生命之河朝特定的方向流動。相反地，設定意圖會讓我們自行癒合和改變。我們並不是要上帝改變意旨，而是願意成為我們該成為的人，以便讓意圖實現。我們說出我們的意圖，然後放下——信任它，盡我們所能按照我們設定的意圖生活，不論結果如何都是完美的。人類學者兼作家布倫說：「練習無為而治的藝術：真正地瞄準目標，然後維持下去，而不操縱結果。」

練習：設定明確意圖

拿出你的日記本。記住設定意圖有四個步驟，思考你希望設定有關這門課程的意圖（例如：「我的意圖是釋放任何會阻礙我人生中圓滿之愛的事物」、「我的意圖是從現在開始只和合適的對象來往」，或「我的意圖是在年底前遇到我的人生伴侶」）。

注意：用特定的日期會產生迫切感，動員我們採取立即的行動。但是如果你覺得這樣做壓力太大，我建議你先設定一個你能夠完全掌控和跟得上的意圖，等你準備好了之後，加上「何時之前」的期限。

完成這個句子：

◆ 我的意圖是：

注意如果你對實現意圖的能力有任何懷疑，請把你擔心的事項列在日記本中，現在做這個：

◆ 這些懷疑中，我願意擱置或完全釋放哪些？

對於我實現意圖的能力，我能做出哪些更平衡和自主的聲明？（例如：「我是個堅強和有能力的人，值得被愛」，或「我知道並相信我的人生伴侶已經快要出現了」）。

在你的日記本中寫下這些聲明，每句十次以上。一邊寫，一邊用心體會它。

加分題：實際行動

今天至少打電話給一個可以支持你達成意圖願景的親朋好友。與這個人分享你今早為自己設定的意圖。讓這人為你提供指導，在你與你所選擇的意圖不一致時，溫和地糾正你。如果你和一群支持你的朋友一起做這個課程，在下一次與他們見面時，分享你的意圖。

今天至少採取一個符合你意圖的行動（例如：擺脫舊情人的束縛；告訴你正在交往的人你在人生中有什麼目標；接受可以結識新朋友的邀請等等）。

Lesson

24

釐清你靈魂的目的

「當愛情成為你人生中的指針，還有哪些細節不能解決？當你知道北方在哪，其他的方向也就自然會清楚。」

——馬克．奧斯汀．湯瑪斯（Mark Austin Thomas）

大多數人都至少認識一對幸福的夫妻，他們似乎擁有一切——金錢、房子、孩子，但卻似乎缺乏某些難以形容的特質，比如慈悲、快樂和魅力。雖然夫妻雙方似乎都對現況相當滿意，然而當我們觀察這樣的結合時，我們內心深處卻知道他們所擁有的並不是我們所尋找的。社會上稱為「成功」的婚姻，並不一定符合許多人心中所渴望的靈魂連結的層面。

通常，我總會告訴來找我諮詢的人，如果他們想要的是結婚，他們大可在半年內達到這個目標。然而如今我們對結合的期望，遠超過經濟的改善和社會的兼容度。我們期待在物質層面的結合，也能反映心理、精神，和靈魂的層面。這是一個艱巨的任務，也是我們父母的婚姻未必實現的目標。

人來到這個世界，是為實現特定的命運。對許多人而言，這個召喚超出了我們的自覺意識，讓我們產生不安和不滿的感覺。在過去，對這個神祕召喚感到好奇和關注的人藏身於修道院，並提出諸如這樣的問題

「我是誰？」「我在這裡做什麼？」和「我人生的意義是什麼？」。但如今，這些問題越來越常以人與人之間的關係作為解答。

感情若能夠順利地由性的吸引與墜入愛河的階段（持續一至三年）發展到情感依附的階段（可以持續一生），往往能深入扎根並以履行命運為架構。最好的長期關係通常是以共同的目的感為基礎。

「適婚的一個重要條件，是成為製造者，成為培養美麗生命、豐富質感，與有創意工作的人。如果我們以為婚姻只是兩個人相互的承諾，那麼就忽視了它的靈魂，但如果我們看到它也與家庭、鄰里，和更大的社群相關，並與我們自己的工作和個人修養有關，那麼我們就能開始一睹婚姻的神祕。」

——湯瑪斯．摩爾

莫妮卡在結婚後不久就來找我。雖然她信仰非常虔誠，但她的另一半卻是個不可知論者。雖然他支持她修行，但自己卻避開這方面的任何牽扯。在兩人交往時她可以接受這樣的行為，但婚後她卻質疑當初嫁給他的決定是否錯誤，尤其因為她正在考慮是否要回學校學習擔任牧師。

莫妮卡面臨了危機。如果她繼續追求她的信仰，就會疏遠不能分享她信仰的丈夫；但如果她不追求她的性靈目標，就會妨礙她認為可能是她真實命運的實現。這個困境讓她很痛苦。

我請莫妮卡去瞭解她的丈夫，不僅要知道他不相信什麼，也要知道他相信什麼，比如以某種有意義的方式去幫助別人。我希望他們能夠在宗教信仰之外，找到共同的目的感。這樣一來，他們才可以針對共同的願景結合在一起。除非他們能在自己之外找到共同的事物，否則就難以塑造茁壯的結合。對許多人來說，找到精神伴侶，可以打開引領我們實踐靈魂命運的閘門。這就是為什麼在缺少伴侶時，讓我們如此痛苦。但是，準備接受這樣的愛，有時曠日持久，我相信這就是許多人都在蹉跎等待的原因。

正如任何旅途一樣，我們必須從我們所在之處開始。就目前對伴侶的追求，我們得先從自我開始。雖然我們渴望找到能激勵我們理解生命更深層價值的「真命天子」，但我們吸引這樣的愛朝我們而來，就已經是積極地尋求和表達我們的至高命運。只是很多人以生活中戲劇化的事件和危機來分散和轉移我們的注意力，而不挑戰自己，做更有意義的追求。因此，我們的愛情生活就反映了對戲劇化事件的這種愛好，而非追求人生真正的目的和意義。

蘇格蘭芬霍恩社區（Findhorn community）的共同創始人之一凱迪曾經說過：「沒有高遠目標的靈魂就像一艘無舵的船。」如同知道你的性傾向能讓你的愛情生活清晰明確一樣，知道你靈魂的目的也是如此，一切都因此而有了焦點。連結這個「高遠目標」，就成為你的參考點——這個主要指令會影響所有其他的決定，尤其是和誰一起創造愛情關係的決定。

「唯有在人把自己的生命當成一種服務，並且在自己和個人的幸福之外有明確的目標時，快樂才能夠成真。」

——托爾斯泰

這並不是說莫妮卡嫁錯了人。但若在決定結婚之前，她能探索她和另一半更大的生活圈，會比較明智。現在，她必須倒退回去，設法找到兩人能夠一起加入的框架，讓她不會覺得自己為了遷就與他連結，而被迫過著委屈和束縛的生活。在過去的婚姻模式中，夫妻往往過著妥協的生活，但在新的婚姻模式裡，我們期待形成有足夠的願景和發展的結合，以協助自己發揮一切的能力。

許多人把我們在人生中的工作和角色與我們的目的相混淆。我們期待以雄心壯志定義我們靈魂存在的原因。然而《找尋人生的目標》（*The Purpose of Your Life*）一書作者凱羅・艾瑞安（Carol Adrienne）告訴我們，「我們的目的……不是事情、地點、職業、職稱或是才能。我們的目的是要做人。我們的目的是我們如何過生活，而不是扮演什麼角色。我們的目的是做出選擇，建立每一個時刻，成為真正的自己。」

我們靈魂的目的總與我們與其他人的關係相關。它的表現是在於我們是誰，而非我們在做什麼。「做」只是單純的工具。在與我的女兒玩幼稚的遊戲，與寫這本書這兩件事上，我靈魂的目的表現是相同的，它們兩者都表現了我對其他人的愛。

發現我們靈魂的目的通常不是一樁事件，儘管頓悟的確會發生。很多時候，這是一個需要耐心和毅力的過程。為了發現它，你得要注意激起你的熱情、讓你領悟，而且自然湧現的是什麼。當你以靈魂的目的生活，你會順其自然，失去時間的軌跡。你不會擔心你賺多少錢，只會覺得自己活著、有用、能服務人群，是整體的一部分。

「愛，無論是剛出生的，或由如死亡一般的沉睡中喚起，都必須創造陽光，讓心中充滿光彩，如此它才能向外面的世界滿溢。」

——納桑尼爾・霍桑（Nathaniel Hawthorne，美國作家）

蕭伯納有一段經常被引述的文字，值得在此重複：

人生中的真實快樂，在致力於達成自我肯定的偉大目標，在作為大自然的力量，而非獨善其身的自私自利，只會怨天尤人、牢騷滿腹，把一切痛苦都歸咎他人，自憐自艾。我認為我的人生屬於整個群體。在我有生之年，能為人群服務，克盡綿薄之力，乃是我最大的榮幸。我要在生命終了之前，善用我的一切，因為工作越努力，生活就越有價值。我為生命的本質而歡欣鼓舞，它不是瞬息即逝的蠟燭，而是光輝燦爛的火炬。我要將火炬高舉，在傳給下一代之前，我要讓它不斷地發光發熱。

我們的靈魂存在的原因通常很單純。我們來到人世，是為了幫助人們。我們在此是為了學習和在智慧中成長。我們來這裡是為了自療療人。我們來這裡是為了幫助世界和平的誕生。我們來這裡愛與被愛。我們來這裡是為了散發善良、希望，或幸福。在你期望吸引一生摯愛來到你身邊之時，記得先深入自己內心，檢視和探討我們稱之為你的人生這個旅程的整體意義。因為一旦你為自己找出方向，就更容易做出所有其他的決定，尤其是你選擇伴侶的任務。

「首先，確保你以正確的原因進入一段關係……我所謂『正確』的意思是與你在人生中所抱持的更大目的相關。」

——沃許

「心靈伴侶關係的決定性特徵，是共同的目的。」

——卡洛琳・米勒

練習：尋找靈魂存在的目的

拿出你的日記本。回答下列問題：

- 我愛做的事是什麼？
- 什麼事情會自然發生在我身上？
- 我對什麼覺得熱情？

現在，以你盡可能想到的答案完成這些句子：

- 我在人生中最幸福的時候是：
- 人們常告訴我，我擅長：
- 當我還小時，我總是想：
- 我的人生目的是：

填空：

- 我在這裡把＿＿＿＿＿＿＿＿給世界。

加分題：實際行動

今天至少做一件事情表達你的靈魂在世界上的目的。把這個行動當成宣告你的意圖，要以這個目的為目標，組織你的生活。通常這包括要尋找有類似目標的其他人（例如，找到一個具有相似價值觀和願望的教會或宗教團體；為感動和激勵你的組織承諾做義工，或者加入一個和你有同樣熱情的俱樂部）。注意：不要擔心「時間不夠」。當你追求對你而言最重要的事物時，生命自然會更有效率而不慌亂，因而讓你有比想像中更多的時間。

Lesson 25 接收內心的指引

「直覺是使你能夠決定兩行推理中哪個正確的判別能力。完美的直覺讓你成為掌握全局的大師。」

——帕拉瑪罕撒．尤伽南達（Paramahansa Yogananda，印度瑜伽士）

對於我們內心的問題，我們可能很習慣向治療師、父母、朋友，或同事諮詢意見，卻沒想到尋求自己內心的指引。這種內在的力量通常稱作「更高的自我」（Higher Self）或「內在的上帝」（God Within），是時時刻刻都存在的智慧根源，隨時都可以請教諮詢。這種內在的提示常常被當成「直覺」或「預感」，在我們的心中悄悄低語，它一直在等待，渴望我們主動請求它的協助。

尋求自己內心的指導使我們能夠得到超越我們自認為擁有的智慧。這種內心的資源連結——較依賴直覺而非邏輯，依賴本能而非具體知識的這部分自我，是一種不依賴外部證據或情況的永恆認知形式。正因為如此，許多人始終無視於它的提示。我們懷疑它的效力和準確度，結果遭受了原本可以預防的痛苦。

查德一見到珍妮絲，立刻愛上她。她漂亮又有魅力，在各方面都是他希望的典型。他們倆很快地開始交往，她即將離婚，正與前夫在辦理漫長而艱苦的離婚手續，而查德對他們的關係感到不自在。雖然珍妮絲堅持說，她與前夫的關係早已結束，並反覆告訴查德說她只愛他，但他發現每當她提及前夫的名字，自己就感到焦慮不安。查德的直覺告訴他該保持謹慎，在他更瞭解珍妮絲之前，不要完全投入這段感情。然而由於查德自認為是一個「有靈性」的人，他覺得自己時時都應該敞開心胸來愛。因此他擺脫不安的感覺，認為自己不該有不信任的感覺，因為畢竟「有靈性」的人都應該相信別人。不久，珍妮絲告訴查德說，她想與前夫去接受婚姻輔導，以便「挽回那段關係」。

「停止用你的頭腦解決一切，那不會有任何結果。以直覺和靈感生活，讓你的整個人生成為上天的啟示。」

——凱迪

我們有多少次不顧自己內心的警告，憑著邏輯和推理奮勇向前？幾乎每一次這麼做，到頭來我都會後悔。當股市行情在二〇〇〇年底重挫時，我和很多人一樣，損失了數千美元。就在科技股的價格暴跌之前，直覺告訴我趕緊賣掉我所有的持股。一連幾天，我內心一直感到不安，嘮叨我趕快賣出股票。但是由於這支股票近期價格已跌了五百美元，因此我否定了這種內心的提示，決定等待。沒想到我心中指示我虧本賣出股票的警告是正確的，如果我聽了，只會損失五百美元，而不是幾千美元。這是一個昂貴的教訓。

在我們不聽從內心指引之時，辨識兩種不同推理思路的能力就受到損害。我們相信自己的能力逐漸轉移為依賴他人的態度和觀點。雖然查德對珍妮絲與前夫的關係感到不安，但當她向查德再三保證時，他轉而向朋友和家人尋求建議和認可，而沒採取任何保護自己的行動，因為他所問的每個人，對於他應該怎麼做，都有不同的意見。有些人認為他對尚未辦妥離婚手續的女人敞開心房未免愚蠢，也有些人認為他該承擔風險，以迎接可能是不平凡的愛情。因為他輕視自己的直覺，以致急切地需要別人告訴他該怎麼做。在這樣的情況下並沒明白的對錯，我們所擁有的只是引導和協助我們做出正確健全決定的直覺。因此查德疏離自己，不能信任自己的能力，就顯得非常不智。

曾有一位來找我求助的女性因為不能相信自己內心的指引，反倒過分依賴報上的每日星座運勢。如果她早上不先看報紙的星座專欄，就不肯出家門。如果她的占星預言說今天運氣很好，她就會充滿希望和樂觀。但如果預言悲觀沮喪，她就會非常焦躁，幾乎無法出門面對新的一天。隨著她越來越依賴這種外在的指引，她與自己內心智慧連結的能力也變得越來越弱。即使她看出自己的沉迷是多麼愚蠢，也沒有力量釋放自己，依舊需要別人來告訴她該做什麼，該如何過生活。

內心的指引很少會像報紙的星座專欄那般，有特定的資訊片段。雖然有人可能會撥打自己的心理熱線，拚命地自問，「他何時會打電話來？」但我們內心的指引卻會引導我們釋放他不來電的恐慌和絕望。它可能會請我們放下對他來電與否的執著，幫助我們更愛和尊重我們自己。這最後也會吸引別人給我們更多的愛和尊重——但不一定是由他而來。而我們也必須接受這種結果。放下執著是智慧的開端。

要求我們內心的指引，就是要求超越知識的智慧。知識通常是來自獨立和零散的資料，智慧卻傾向於以更深層的整體意義解決我們面臨的挑戰。它的目標不一定是讓我們得到自認為想要的事物，而是培養和鼓勵我們性靈的成長。在我們識別哪一條才是「正確的」路徑之時，我們不再試圖控制自然產生的答案、不再強迫事情按照我們以為應該的方式進行，放棄嘗試方枘圓鑿削足適履。相反地，我們讓自己放下，心知即使我們不喜歡我們所聽到的，投入人生的大背景之下依舊安全，我們相信最終一切都會很好，而也因此得到內心的平靜。

在做出對誰打開我們的心房和對誰要小心謹慎的選擇時，智慧有很大的幫助。它協助我們評估自己是否做好進入親密關係的準備，它指導我們需要先發生什麼，才能實現和另一個人的愛，它賦予我們力量，讓我們知道如何處理困難和可能不穩定的局面。

「你必須開始信任自己。如果你不這樣做，就會永遠期待別人向你證明你自己的功勞，永遠不會滿足。你總是會問別人該怎麼做，同時卻又怨恨你去求助的對象。」

——珍．羅伯茲（Jane Roberts，美國作家）

那麼，我們該如何接觸自己的直覺？我們該如何區分想像的聲音和內心的指引？或者更糟糕的是，如何知道它不是挑剔父母內化在我們心中的聲音？我們怎麼知道自己不是在製造內心的對話，想像父母可能會說的話？這些都是尚未養成每天做這個簡單練習的人所常提出的疑問。

以我為例，我剛開始培養用直覺來引導我人生的能力時，每天早上都寫信給上帝。我問上帝關於我的一切，我會寫出我所有的感情，然後詢問具體的問題，不論多麼小或多麼微不足道。我問我所處的關係、我所做的工作、我有或沒有的金錢、我在做的計畫，甚至也問關於我在吃的食物問題。我總會以下面這句話結束我的信：「親愛的上帝，請透過我的筆回信給我。非常感謝祢。」然後我再寫一封「親愛的凱薩琳」回信給我自己。在寫之前，我會調整自己，由內心聆聽我要寫的文字。有時候這些文字會湧現，有時則很慢，但它們總是會出現。往往會有我以前從未考慮的全新面貌出現，透過我的筆毫不費力地流暢書寫。之前在我人生中很少顯現的深度智慧，就這麼浮現出來。也許更重要的是，我真正按照這個新的指引去行動。

在每天寫信給上帝大約一年半之後，我只要在腦海裡問出問題，就可以得到指引。最後我不再每天寫信，因為已經不再有這樣的需要。我可以立即聽到指引，只要在內心提問，就可以聽到答案。對我來說，這已經成為減少人生荒謬和失望的生活方式，大大提升了我生命中的愛和豐富。

沃許在《與神對話（一）》中介紹這個過程。他以上帝說話的口吻寫道：

所以開始吧，問我任何事情，任何事情都可以。我將盡力為你解答。我會動用整個宇宙來做到這一點。所以多多留意……你聽到的下一首歌曲、在你接下來讀到文章中的資訊、你看下一部電影的故事情節、你遇到下一個人的話語，或者下一條河流、下一片海洋、下一句輕撫你耳畔微風的低語——所有這些設計都是我的；所有這些途徑對我都是開放的。我會和你說話，如果你會聆聽；我會來找你，如果你會邀請；我會讓你知道我一直在那裡，在各個方面。

最近，一群女性前來參加週末研討會。我們剛剛完成了一個練習，大家寫信給上帝，然後如上帝一般回信給自己。那是一個美麗的夏日，我們在洛杉磯市中心一棟作為禪宗中心的維多利亞式大房子，大家分散坐在草坪上。突然，兩隻顏色鮮明的黃黑色斑紋蝴蝶降落在草地上一名女子面前。令人驚訝的是，這兩隻蝴蝶相互交纏，就在她的面前交配。這名女子嚇了一跳，她盯著無視於她存在的蝴蝶。其餘的女子圍著兩隻蝴蝶周圍繞了一圈，疑惑地盯著牠們，而牠們繼續糾纏在一起，似乎對周遭的偷窺泰然自若。整整十分鐘，我們圍著蝴蝶靜默地站著，敬畏地看著。最後，我們離開牠們，到屋裡分享這次經驗的意義。其中一名學員提醒我們，在美洲印第安人的說法中，蝴蝶代表轉變。我們全都同意蝴蝶是對她們那個週末聚會的確認和驗證，這個經驗對我們所有的人都是一種安慰和鼓勵——就像上帝為我們所有的努力而賜的親吻。

瑜伽老師埃里希．希夫曼（Erich Schiffman）說：「你知道自己不知道的那一刻，是你向真正的瞭解開放自我的一刻。」尋求指引開始於：承認你可能不知道該採取什麼樣的最佳行動或最明智的決定。然後我們把注意力轉到內心，提出問題，並且聆聽。要注意，指引會以多種形式到來：創造性的想法、見解、預感、直覺想法、徵兆、理解，甚至同時發生的事件。在召喚「真命天子」之時，我鼓勵你依賴就在你自身內在豐富的資訊，只要你提問。

練習：寫信給上帝

今天，不論上帝對你來說是什麼身分，我請你透過寫給上帝的信，得到更高層次的自我意識。你可能希望寫下「親愛的上帝」、「內心上帝」、「更高的力量」或「更高的自我」。如果你願意，你可以簡單的寫信給「親愛的智慧」。

在你的信中，寫下人生對你有困難和挑戰性的情況。首先，整理一下你的感情，然後進入具體的問題。

以下列句子結束你的信：「親愛的上帝，請透過我的筆回信。非常感謝祢。」然後寫一封上帝的回信給自己。

注意：本練習的要點不是要辯論上帝是否存在、你如何稱呼上帝，或你與「更高的力量」的關係。重點是要獲得超出我們日常生活，正常意識的自覺層次。如果寫信給上帝的想法讓你感到為難，嘗試將它當作一個練習，不用賦予太多意義。

加分題：實際行動

整整一天，練習進入你的內心，要求指導。用看似很小的決定，如穿什麼或如何列出工作的優先順序開始。這將讓你對這樣的過程感到自在，如此當你要做出重大的抉擇時，比如該對誰打開你的心房，或與誰開始交往等，你已經熟悉該如何詢問、傾聽內心的鼓勵，和採取行動。如果你經常練習，就會更相信自己的直覺。在這一天，記得打開內心的注意力，並詢問：「在這一刻，我能為自己和所有相關的人做出什麼樣的最佳選擇？」

相信來到你內心的想法，並且據以行動。做你受到引導去做的事，不管是透過有力的內心提示、創造性的想法、突如其來的見解，或外在的實際跡象。

Lesson 26 建立個人誠信

「心懷二意的人，在他一切所行的路上都沒有定見。」

——〈雅各書〉第一章第八節

一提起擁護個人誠信價值的人，我們總會想到道德優越、品格高人一等、擁護特定宗教思想或哲學的人。大多數人都碰到過以指出我們前後不一和錯誤為樂的人，因此不難看出為什麼我們通常不喜歡被人要求去檢視我們的誠信。我們認為那等於是根據其他人的規則和信條，來判斷和評估我們的行為。所以我要先清楚地表明，我們探討這個話題非關道德，而是我們對自己的主觀標準，和你能（或不能）實踐它們到什麼程度。

《羅傑同義詞辭典》（*Roget's Thesaurus*）把誠信（integrity）定義為：「完全整體的狀態」。誠信不是關於絕對的真理（例如，謀殺是錯誤的），而是相對的真理（例如，如果我說自己是有愛心的人，那麼我就得表現出愛心）。缺乏誠信並不意味著那個人是「壞」人，只是說明這個人不一致，而不一致的人的力量就會遭到剝奪。每當自我內在產生矛盾——缺乏整體和一致性時，就會造成分裂，並由此產生焦慮感。而當這種情況發生時，就會出現各種症狀，但乍看之下，可能不會把這些症狀歸因於缺乏個人的誠信。

一位名叫曼紐爾的學員兩年來一直說他準備寫書。他覺得寫這本書是他生命的目的，如果他寫出這本書，就有機會演說教學，如果他不寫，就永遠沒這種機會。在成功的治療課程之後，曼紐爾告訴我他要去旅行，並開始寫書。

「誠信就是做正確的事，即使你知道沒有人會發現。」

——歐普拉．溫芙蕾（Oprah Winfrey，美國主持人）

整整一年，我沒有曼紐爾的消息。有一天他突然打電話給我，告訴我他正面臨可怕的焦慮和憂鬱，非得馬上來和我談談不可。不久我發現，雖然曼紐爾已經做了一些旅行，但他還沒有開始寫他的書。他夜以繼日地想著這本書，但卻讓自己忙於工作，沒辦法「找出時間」坐下寫書。我向曼紐爾指出：他對自己缺乏誠信。我提醒他寫這本書的重要性，我們擬了一個計畫，讓曼紐爾每天撥出兩個小時寫作。三天後，曼紐爾打電話告訴我，從他坐下來寫書的那一刻起，他的焦慮和憂鬱已經消失。過去三天來，他覺得自己十分平靜。

在你覺得該採取行動時不採取行動，或者你的行動與你的價值觀格格不入，那麼你的整體感和幸福感往往就會流失。對很多人來說，吸菸就是很好的例子。即使他們並沒有說自己要戒菸，但當人繼續沉迷在明知道對自己有害的事物時，就會覺得辜負自己，他們的自我不一致，因此他們處於軟弱的狀態。

三十一歲的納蒂雅是企業中階管理人員，她渴望結婚，建立家庭。她明知道每個週末和她尋歡的男子並沒有承諾的打算，她卻告訴我她並不在乎，因為年紀較小的他不是她考慮的婚姻對象。他「太不成熟，太自私，不夠成功」，她說他們的關係「只是找些樂子」。然而，有個週末他沒打電話來，她卻感覺悵然若失。她覺得她依戀的人「不夠好」的屈辱，讓她更加鬱悶。納蒂雅以為自己能區分愛情與欲望，結果她只是對自己說謊。她不得不承認，在內心深處，她一直抱著一種幻想，認為他「有朝一日會長大成她所需要的男人」。只可惜他只是在她一長串失望和失敗名單上的另一個記號。這讓她更加絕望，而願意妥協。

在我們對自己說謊的時候，就切斷了自己與力量的來源——內在的真實。我們變得支離破碎，內心得不到和諧。這就是我們所謂某人「迷失了」的意思。他們已經喪失了自己的一致性。這種自我不和諧的關係是成癮和各種自我破壞行為的滋生地。這就是為什麼在讓愛的關係進入我們生活的待做事項表單中，恢復個人誠信是當務之急。

「別尋求夢想成真；要真誠對待你的夢想。」

——貝奎斯

哲學家威廉·詹姆斯（William James）在《宗教經驗之種種》（*The Varieties of Religious Experience*）一書中寫道：「在精神境界有兩種讓內心統一可能發生的方式，一種是漸進，一種是突發。」傳統「突發」的轉換經驗包括我們及時看到的真理，然後宣稱它屬於我們的生活。在納蒂雅的案例中，她擁有關於自己的真理——她渴望人生中有愛情的體驗。雖然她悲哀地瞭解她無法讓別人愛她，但她明白自己總能提供愛。她擁有愛就如她擁有道德，不是為了得到某些事物，而是因為愛是給予。她把愛給自己，決定要對自己的感情真誠，尊重她的性欲，認定它的神聖，而不輕易施予。她也把自己的愛延伸給她的小情人，完全釋放他，讓他過該過的人生。她在心中祝福他，並放他自由。她又回復完整；恢復了她的誠信。

「個人誠信是心理健康最重要的守護者之一。簡單地說，誠信就是我們所知道的、我們所信奉的，和我們的所作所為沒矛盾。」

——納撒尼爾．布蘭登（Nathaniel Brandon，美國心理學家）

詹姆斯博士所指出的「漸進」經驗，指的是日常練習個人的檢討和自我修正——匡正我們的過錯，說出我們的真理，並把不再合適的事物結束。這種日常發現和加強個人誠信的練習，促使我們檢視自己的日常生活和言行不一之處，比如當我們說想愛，但對自己和他人卻表現出沒愛心的行為，或聲稱已準備接納人生的伴侶，同時卻堅持自我保護和防禦。這就如同用舵來操縱帆船——永遠無法正中目標，而是一直處於修正和調整的常態。我們也不斷地汲汲於找出自己在哪裡失準，讓自己能夠恢復內在的一致。

誠信最基本的衡量標準，就是能否信守承諾，這是因為語言是強大的創造力量。如果我們說一套做一套，說出並非我們真正意思的事物，或持續打破我們對自己和他人的承諾，就會削弱我們的能力，無法創造我們想要創造的人生。這就好像我們給宇宙一個混雜的訊息：「嚴肅對待我，上帝，但不要太認真。」「給我我所想要的，上帝，不過要由祢來努力弄清楚我究竟要什麼。」

「對騙子的懲罰就是，即使他說實話，也沒人會聽。」

——猶太法典《塔木德經》（The Talmud）

造成我們不守信用的主要原因之一是，在某些層面，我們不想為自己的力量負責。要讓我們承認自己的力量和優勢，往往要比承認我們的缺點和失敗更難。事實上，我們經常建立基於雙方共同的不足而產生的關係。我們許多人暗自相信，當我們軟弱無能的時候，就不需要為我們的人生負責——而且我們是欣然卸下這個責任。這是很高的代價，但大多數人卻這麼做。這就像一隻腳踏在地球上，另一隻腳卻急於離開。我是人，但拒絕真正擁有人類的整體意義。或者我定義人就是弱者，並以此為藉口逃避責任，比如：「可是，我只是個普通人。」

我們想要形成以自己的長處為基礎，提升我們才能的關係。我們希望以尊重和可靠的堅實基礎建立我們的連結，承受可能出現在我們生命的真正挑戰。而再一次地，這個目標的開始在於自己——透過建立內心的一致，讓你能夠堅實地站立在自己的內心，無論你可能會面對什麼失望都屹立不搖。我們首先要根除內心的分裂，作為建立詹姆斯博士所稱「內心統一」的方法。

「我知道我何時步入正軌——那就是，當一切都和我認為我自己最好的事物保持和諧的關係時。」

——坎貝爾

「很少人有力量做真正的英雄。罕有男人或女人始終言出必行。即使是天使，也需要休息。誠信創造出一個巨大的身體，上千個折翼的人會懇求：『我可以把我的臉頰貼靠著你嗎？』」

——哈菲茲，拉丁斯基翻譯

練習：恢復生活中的誠信

拿出你的日記本，寫下以下問題：

- 哪些是我沒遵守的約定？
- 我需要和哪些人溝通，卻一直拖延？
- 我欠的債需要和誰聯繫？
- 我需要原諒的是誰？
- 我需要向誰道歉？
- 我需要感謝誰？
- 我告訴自己什麼樣的謊言？
- 我一直在找什麼樣的藉口？

現在回頭審視你的列表。把你打算在生活裡「清除」的事情圈起來。列表寫下你在生活中恢復誠信所要採取的行動。

加分題：實際行動

今天至少採取一項行動，為你的生活恢復誠信。在這個課程中，繼續恢復你的誠信，直到你所圈起來的一切事物都已解決。記住要時時反省，定期保持清楚的誠信表單。當你人生的包袱變輕，就會有更多愛的空間。

Lesson

27

練習禱告和冥想

「如果我不往內心走，那麼我將一無所獲。」

——沃許《與神對話（一）》

大多數人對自己的生活都有非常具體的期望，我們對自己什麼時候應該結婚，我們覺得自己現在應該可以賺多少錢都有打算，我們也能以較健康的身體活得更長壽。當事情如我們所願，我們會做感謝的禱告，也會為祈求事情如我們所願，而做請願的禱告。通常隨著這些禱告而來的，是一種隱藏的渴求，認定應該會產生某種結果，但如果人生沒按照我們認為它應該的方向進行時——比如我們已經到了三十五歲的生日卻還是單身，我們沒得到期望的升遷，我們在股市損失了一大筆錢，或親朋好友因癌症而倒下讓我們感到鬱悶，這一切都會讓我們變得憤世嫉俗，對人生認命。

我從高中畢業時，並沒去上正規的大學，而是去念聖經學院（Bible College）。我希望我的人生能夠在世上作為癒合和愛的力量，而且當時我立志要成為傳教士。我認為幫助人們，為人服務比什麼都重要。因此有很長一段時間，我每天都花幾個小時禱告、冥想沉思，求神以這個目的運用我。但在我這樣做之後沒多久，我的人生卻開始分崩離析。高中時代與我交往的男孩與別人結婚，讓我傷透了心，我最好的朋友不再理我，並且讓我們大部分共同的朋友也這麼做，我的父母因為我不肯和其他人一樣去上「正常」的大學，而不再和我說話。結果在我十四歲時開始的飲食失調變成了激烈的上癮症狀，糾纏著我。在接下來的兩年中，我過著非常孤立和孤獨的生活，我以為自己可以仰賴的每件事和每個人都已經消失了。我處在可怕的孤獨之中，只能以最低工資，在日間照護中心工作，過著一貧如洗的生活。我的牙齒需要根管治療時，我沒二百五十美元支付必要的費用，只能花三十美元把牙拔了，免除痛苦。我覺得自己遭到上帝完全拋棄。我奉獻了我的生命來事奉祂，結果一切卻全都出錯。我非常憤怒，因此從聖經學院退學，並且一連好幾年拒絕祈禱。我根本不願與完全背叛我的上帝說話。

「你做的任何事情都有寂靜點（still point）。當你處於那個寂靜點，你就能有最顛峰的表現。」

——坎貝爾

幾年後，我參與一個十二步驟計畫治療飲食失調，受到鼓勵再次使用禱告和冥想作為復原的工具。雖然這話聽來傲慢，但我必須「原諒」上帝，才能夠重新開始這些做法。逐漸地，我必須努力接受我曾經忍受過的失望。為了重新和上帝對話——也就是禱告的基礎，我必須讓眼淚流下，我必須要能誠實。我所讀過的所有祈禱書，以及多年來我所聽過的布道，沒一個能讓我準備我所迫切需要的禱告。「上帝：我真不想和祢說話。我對祢如此生氣反感。祢怎麼敢這樣對我？我討厭祢。不，比這個更嚴重，我根本不相信祢。即使祢是真實的，我也不想認識祢。」這話不入耳也肯定不「好」，但它是真實的。而因為它是真實的，所以能療癒。我的心開始解凍，最後我也再次釋放它去愛與被愛。雖然我渴望愛，但直到我把真相告訴自己和上帝，否則我在自己的內心之中並沒有體驗的空間。

有時候，人生充滿著這樣深刻的失望，讓我們只求得過且過。我們拒絕進入寂靜之中，因為我們實在無法承受面對心靈的吶喊和心中的悲傷。我們害怕遭到悲痛吞噬，害怕一旦我們允許自己哭泣，可能就永遠不會停止。有時候人生可能會是這樣，因此很多人乾脆停止禱告。我們繼續罷工，不願和那麼冷淡與漠不關心的上帝交談。我們拚命把注意力從內心移開。我們一回家就立刻打開電視，投身讓我們遠離自己情感的要求和事件。然而，在我們以這樣的隔閡來避免與自己親近時，又怎麼可能得到愛和親密的伴侶關係？不管我們如何界定上帝，當我們容許自己如此不信任祂時，又怎麼可能指望自己信任其他人。

「活在當下，它會助你在自己心中深深扎根，否則，具有莫大動力的心靈會拖著你，像條狂奔的河。」

——托勒

我並沒完全理解那些年傷心和失落的含義，直到許多年後，當我三十多歲時。那時我是在市區貧民窟工作的治療師，協助無家可歸的街頭遊民。在我照顧一群約二十個擺脫各種上癮或自我毀滅行為的人，讓他們慢慢復原，也請他們協助我設計研討會，用來幫助從最毀滅性的情況下癒合的人時，我突然有了一種頓悟。上帝並不是如我一直以為的無視於我的禱告，相反的，祂回答了我的禱告。我一點也沒遭到拋棄。我到這一刻才瞭解，透過進入深刻的黑暗和心碎，我學到了我永遠無法在聖經學校發現的——在遭受破壞性的失望之後，如何由內而外重建生活，如何讓破碎的心使我變成更善良、慈悲的人，以及在人們做了極度傷人的事之後，如何原諒他們。而現在我在此幫助別人做同樣的事情。我在那一刻瞭解，這正是我多年前要求上帝的，我深深感激上帝，並且因自己曾經如此強烈地懷疑而感到非常慚愧。

愛默生曾經說過，禱告是「由最高的角度來沉思人生」，我發現我的學員中，為求幫助和指引而禱告的人，往往比不這樣做的人，有更好的進展。這似乎讓他們能在更大的範圍中看清自己和他們的挑戰。他們對自己的問題感到的壓力較小，對可能的解決方案也抱著更大的希望。即使是未必覺得自己虔誠或「靈性」的人，一旦開始祈禱，進展也會更加迅速。我不會假裝自己瞭解這種現象，然而，我也不需要瞭解。這個恩典在於在恩賜出現的時候單純地接受，並記得說聲謝謝。

不過，對於禱告和冥想如何以及為什麼可以在我們的生活中有這樣深遠的影響，我的確有個理論。禱告和冥想讓我稱之為「平行的現實」，與我們正在經歷的現實連結在一起。就如同我們調整到另一種頻率，可以從完全不同的角度看到我們人生中發生的一切。從我們日常意識的心靈來看，我們的人生可能完全缺乏愛，然而，當我們調整成禱告和冥想的情況時，我們突然看到它是去給予愛的機會，或者我們會想到之前遭到忽視的善良和同理心的行為。很多時候，並不是我們的生活缺少愛，而是我們在愛面前時錯過了它。禱告和冥想讓我們進入愛的源頭，因此讓我們在人生中更加自覺，更注意它不斷地出現。

「停止尋找花朵！在你自己的家裡就有盛開的花園。在你尋找廉價飾品時，你自己的寶庫就在等待著你。」

——**魯米**

最近，我看了電影《奇異恩典》（*Fierce Grace*），這是關於拉姆・達斯（Ram Dass）從中風復元的紀錄片。在這部片子裡面，有幾個人接受訪問，談到在一九六〇年代時，自己在達斯的印度導師馬荷羅基

（Maharaji）面前的感覺。讓我吃驚的是他們每個人與他在一起時，都感覺到對自己和他人深刻的愛。他們不再使用在認識馬荷羅基之前服用的迷幻藥物，只要與他在同一個房間，他們就能夠對每個人和每件物品達到絕對親和的狀態。所以，對他們來說，這個經驗並不是馬荷羅基的偉大，而是因為他們在他面前時顯現出自己的偉大。

這種絕對的愛和親和力的體驗，正是我們禱告和冥想時所追求的最終目標。當我們尋求與上帝密切的聯繫時，不僅是為了配合別人的慣例，或是服從宗教的教義，而是希望我們能因這個體驗而有深刻的改變。我們期望全心奉行平靜、和平、接納和喜悅的原則，讓它們有機會治療和改造我們。這是奉獻自己投入日常性靈練習的動機。

雖然大多數人都知道，我們「應該」找時間禱告和冥想，但我們可能不瞭解它如何幫助我們實現愛的目標，因此我們並沒把它列為第一優先。然而，有許多科學證據顯示，日常練習禱告和冥想，和願意創造和維持充滿愛的伴侶關係的成熟情感之間，有莫大的關聯。這就是為什麼著名的心理學家馬汀．塞利格曼（Martin Seligman）稱佛教為「因日漸成熟而著重於實現心靈寧靜狀態的偉大傳統」。

面對察覺到的威脅，保持一點集中和平衡的回應能力（而不是變得焦躁不安），或者面對失望，保持一定程度的平靜（而不是失控和防禦），象徵著人願意創造健全、持續的愛的關係。知道如何避免壓力爆炸性反應的人，比不知道的人能成為更好、更可靠的伴侶。能夠積極培養這些能力是有報償的，而再沒比透過禱告和冥想的日常練習更可靠的方式來做到這一點。這是一條直接的路線──發展為確保更成功的結合所需要的成熟情感的捷徑。

接下來讓我們談談該如何祈禱。沒人能說有「正確」的禱告方式，或「最好」的冥想方式，只要尋找適合你的方式，堅持對你有效的方法。禱告──對上帝說話，就是這麼簡單。對上帝說話，說出實話。如果你覺得寫信比較容易，你也可以寫信給上帝。或坐或跪、睜眼或閉目，不管是什麼能夠幫助你專注於這種對話的事，去做就對了。冥想，有時也被稱為「定心」（centering），可以視為這種神聖對話的聆聽部分。我們讓自己足夠平靜，能夠真正聆聽上帝想要說什麼。因此，冥想是真正存在的行為——把自己完全開放，留出空間，讓人得以接近。

在我們能培養對眼前這一刻的注意力時，根據成就表列來評估人生價值的驅策力就會降低，當我們允許自己只要「存在」（人的本質，而不是人的所作所為），就能重申我們人生無條件的價值。我們放鬆躁動不停的心，放慢腳步，真正面對自己的心靈和身體。我們放下經常遮蔽直覺和更深層的心理活動，不再受到不斷咆哮「應該如何去做」的心智影響，而能依我們是誰和是什麼的總和做出選擇。

「在你醒來或入睡前，要怎麼做？讓你的思緒平靜，讓你的心靈活動，沉思冥想，思量發現。思量、構想、創造、連結，承認這一切都始於內心。祈禱，讀聖經或神聖的詩歌，或由啟發性的書籍冥想。」

——莎拉．布蘭納克（Sarah Ban Breathnach，美國作家）

談到冥想，大多數人總想到傳統的靜坐，同時觀察和釋放我們的思想，或者以某種方式專注呼吸。其實還有很多方法可以讓我們集中心神在自己身上。我們可以閉上眼睛默念祈禱文；可以一邊念佛經，一邊隨著經文輕輕搖動身體；我們可以在沙灘上獨自思考漫步；可以用音樂和舞蹈懇求上帝；在日記本中寫下禱文；或大聲說出神聖的文字；我們可以在畫布上畫出愛；與熟睡的孩子齊聲呼吸；或靜坐在大教堂，沐浴在它的美麗和聖潔之中。

精神導師托勒提醒我們「當你知道自己已經在那裡時，你才真正『達到』那裡」。我們必須記住的是，在一定程度上，我們已經深刻地連結了愛的力量。我們越向內探求，就越能在生活中得到它的力量。如此我們才能把愛和親和力具體實現，讓它們如呼吸一般稀鬆平常。

練習：釋放阻礙你的事物

今天，請你做一個簡單的冥想。讀一遍說明，然後盡你所能以記憶做冥想。

坐直，雙腿和雙臂不要交叉，保持自在的姿勢，閉上眼睛放鬆全身。開始由腳底向上，經過身體——你的腳趾、腳踝、小腿、膝蓋、大腿，等等，直到你的頭頂，釋放任何你發現的緊張。保持正常呼吸，不要用力，微微張開嘴，保持平靜。感覺自己的呼吸，但不要試圖以任何方式調節你的呼吸。

現在，想想你在第四課選擇的特定本質，如無條件的愛或者履行，並在每次吸氣時，默默地對自己說這個詞，把這個本質放在你心的中央。在呼氣時，釋放任何阻礙你沉浸在這個特定本質的事物。冥想至少三分鐘，或直到你感覺深深的平和感。

加分題：實際行動

使徒保羅告誡我們要「不停地禱告」，這表示沒有任何事物是太愚蠢或微不足道，而不能經由禱告來到上帝面前。

今天，我們要練習做一個「上帝之盒」，把我們關注的事物送到更高的力量。「上帝之盒」可以使用任何容器——鞋盒、玻璃瓶、木製容器、金屬罐或紙袋——只要是能裝飾，放入紙條，並且可以帶出去的容器都可以使用。今天請花時間找出並裝飾這個容器，作為你的上帝之盒。

做一張表，列出你今天擔心或焦慮的事物——你與某人的關係、你的金錢、健康、生活等。你可以把「尋覓我的人生伴侶」放在表列上。拿一張紙，割或撕成小片，在每張紙片上寫下你的一個關注。

接下來一次一個，一邊把你關心的事物放進「上帝之盒」，一邊祈禱，把你關注的事物交給上帝。你的禱告如下：「親愛的上帝，我把這個問題交給祢，請盡可能以最好的方式，為所有涉及的人，解決這個問題。」

一旦你把這些事交給上帝，就再也不用擔心它。它現在是上帝關注的事。如果你決定要重新開始擔心某一件已經交託給上帝的事，就必須由「上帝之盒」中，拿出相關的紙條，放在自己手中。當你決定放下憂慮時，把紙條放回「上帝之盒」，再次把你關心的事交付給上帝，並重複禱告。

Lesson

28

做出明智的選擇

「選擇是你最大的動力。它是比愛情更大的力量，因為你必須先選擇成為有愛的人。」

——密思《神聖契約》

自一九六〇年代開始，我們的許多習俗和社會建構都可供公開批判和評論，對於我們該如何過我們的人生，越來越少共同的絕對做法。找出什麼是適合我們的，而非什麼是正確的，這部分從未像這段時間一樣含糊。這主要是因為在人類的歷史上，我們在道德和倫理上，從未面對像今天這麼多的不確定。

生活在二十一世紀的我們，和成千上萬年來人類生活方式的不同之處，在於我們對生活中的每個層面，幾乎都要做出選擇，這在僅僅一百年前，是完全無法想像的。我們主張各種權利，包括選擇自己性傾向（同性戀、異性戀、雙性戀和甚至跨性別），信奉的宗教（我們父母教導我們的宗教、另類宗教、傳統宗教，或者根本不信教），我們的職業（女性可以擔任企業執行長和消防隊員，男性也可以當家庭主夫或護士），在何處定居並建立家庭（在法國南部可愛的別墅，或北極海岸的人造冰屋），吃什麼樣的飲食（高蛋白／低碳水化合物、素食、水果，或者垃圾食品），是否有孩子（節育、輸卵管切除術、人工流產），以及我們想和誰結婚（而不是，你當然會和異性結婚，而且這個對象早已為你選好了）。

自由是讓人敬畏的責任。所以如果你對於每天所面對的眾多選擇感到不知所措，歡迎加入，因為我們全都是這樣。但我們的焦慮在面對現代擇偶儀式時，那種絕對的混亂難測會變得更加嚴重。面對這樣的混亂，我們非常需要有人能夠把「規則」告訴我們，我們希望有人能夠解釋一下這一切如何運作。對於二十一世紀稱為約會、求愛和交往的瘋狂行為，我們希望有專家——書籍、脫口秀，或宗教的教誨，能夠為我們提供具體的結構。

「把你的人生想成是獨木舟，你的決定和行動則是槳。你會以你所做的決定和行動，一次一划，到達你所要去的地方。」

——「鷹熊」凡納斯（D. J. "Eagle Bear" Vanas，激勵演說家）

但我們這個時代的現實情況是，再也沒大家都認同的絕對真理。雖然很久很久以前，社會中的每個人都同意求愛應該如何進行，但現在不再是這種情況。因此，除非我們置身規模較小的社會或文化，明確訂定遊戲的規則，否則我們幾乎都得自行摸索。我們必須在求愛失敗、期望落空、生理時鐘滴答作響（是的，男人也是如此）的廢墟中，找出自己的路。如今也許有約會趨勢和統計或然率，但關於求偶的遊戲，少有絕對的原則。這意味著，比起人類歷史上的任何時候，我們必須以自己和他人固有的強烈自尊為基礎，掌握做出健康明智好選擇的技巧。由於社會不再為我們做選擇，我們才認清我們的命運現在掌握在自己手中，這是美好卻也是可怕的責任。如果我們的人生貧乏，就無從選擇，而若我們的人生富足，生活就是連續不斷的選擇。因此，我們人生渴求的目標之一，是增加我們選擇的數目，並變得能更明智地回應它們。

在最基本的層面上，讓你的生活避免因不智選擇所創造的混亂和糾結，是你迎接愛情的最佳準備。二十多歲的女演員梅麗莎是天生尤物。她在經歷了一連串失敗的關係之後，前來向我求助。梅麗莎的模式是，她總吸引無法長期承諾的對象（在她的案例是以女性為對象）。她已經受夠了自己的疲憊和厭倦，也努力了好幾個月，想要揭開讓她一直不自覺地選擇無法愛與被愛對象的核心信念。她發現自己多年來一直擺盪其間的兩個基本信念。第一個是她私下認為自己不可愛，這是四歲的她對於父親頭也不回的離開她和她母親時所做的解釋。第二個則是她怕如果對人付出自己，對方就會莫名其妙地控制和虐待她，這也是她幼時受父親影響所形成的信念，她記得他對她和她母親十分專橫。如今梅麗莎瞭解了問題所在，希望自己能有機會創造充滿愛的關係。

「我們必須努力做好人……好總是涉及好的選擇。」

——烏曼

梅麗莎頭幾次的戀愛機會，對象都不合適。一個是前往外地長期表演的女演員，接下來是個聰慧而精明的雙性戀女人，她仍與前夫在一起生活。第三個對象艾莉森，是「梅麗莎夢寐以求的對象」。她是梅麗莎所期望的一切——有魅力、聰明、有趣、神采奕奕、漂亮，也很有成就。只可惜艾莉森和另一個女人也有長期的關係，她們共同養育一個孩子，而孩子只有五歲。艾莉森明確表示她們正努力共組家庭，要一直到他高中畢業為止。這一局根本沒有贏面，但梅麗莎卻依舊受到吸引，拒絕艾莉森讓她很痛苦，但經過混亂的幾週之後，她還是拒絕艾莉森。她做了這個艱難的決定，避免可以迴避的波瀾，即使這意味著她將獨自生活也不在乎。在做出這個決定後兩週，梅麗莎遇到了她認為是她一生的摯愛的靈魂伴侶。回首前塵，她現在一想到自己差點錯過這個接近理想伴侶的機會，就不免感到戰慄，因為要是她做了錯誤決定，一定會造成另一次傷心和失望。

我們不免會幻想，只要我們清楚地看出自己的模式，並做出明確的決定，採取不同的做法，外在的世界就會立刻開始改變。我們不再會遇到另一個不合適的對象，而會突然遇到願意做出承諾的可靠對象；不會再遇到刻薄卑鄙的人，而會突然吸引提供愛和鼓勵善良溫柔的靈魂。但其實這種情況很少見，更可能出現的情況是，我們並沒立即吸引完全不同的對象，而是吸引和原來一模一樣的那種人，或者乍看之下似乎有所不同、但實際上卻依舊一樣的人。

我們接受挑戰，被類似於我們過去面對的那種人吸引，只是這回我們更聰明。這一回我們確切地知道這條特定的路徑將通往何處。我們必須做出更困難的選擇，對做同樣事情的誘惑說「不」，同時希望得到不同的結果。我們必須選擇兩手空空，而不是將就於重複過去的錯誤。這種誘惑不只會發生一、兩次，而通常是會發生好幾次。就好像宇宙在考驗我們——你真的不會再重蹈覆轍？你真的放棄證明自己不值得愛的需要？你願意面對空虛，而不再自我妥協？每當我們對宇宙聲明：我們準備改變，這些測試就會出現。好像我們是自己神話故事的主角，接受挑戰，要藉著信仰，依賴無比的勇氣，做出正確的選擇，消滅我們心中的惡龍。我們都在尋找自己的聖杯——承諾永恆和超越之愛的神聖體驗。

「神聖的選擇不是尋求彌補傷口，而是使它癒合。」

——瑞克・瓦塞羅（Rick Vassalla）

然而大多數人都曾面對一連串的失敗和未能完成的挑戰。我們懊悔過去的選擇，尤其有些錯誤的決定為我們帶來了嚴重的後果，讓我們備受折磨。但是，我們不必為「千金難買早知道」而責怪自己。相反地，我們該接受迄今為止的所有決定，並安於我們所喪失的機會，遭逢的損失。如果我們能視人生為一連串的挑戰，提供我們成長的機會，以推動自己向智慧和慈悲的目標前進，就比較容易接受過去的挫折和失望。當我們能從所學到的觀點來珍惜人生，那麼失敗就會有新的定義。因為再沒比錯過機會更偉大的導師，再沒比失去的愛情更偉大的教訓，最失敗的人也可能是我們當中最明智、最有同理心的人。

和流行觀念相反的是，人生並非如願以償得到我們所追求的一切，而是欣賞感激我們所擁有的事物。人生是要學習做出選擇，驗證現在所擁有生活的價值。我們做出的每個決定，即使看似微不足道，在宇宙中卻有重量和權威，能創造我們所愛和珍惜的人生，或者妥協和失望的人生。讓我們學會重視「正確」的選擇決策，並非因為它是為別人而做的選擇，也不是因為它是預期的選擇，最簡單的選擇，或是阻力最小的路徑。不，我們學會重視正確的選擇，因為它是為我們而做的選擇，因為它是為我們是誰和是什麼最真實的選擇。因為我們為自己的人生挺身而出，鼓起勇氣履行對我們最神聖的任務——徹底地珍愛自己，並把這種愛反映在生活的各個方面。

「就像在神話旅程中的英雄一樣，我們必須努力掙扎，才能做出正確的選擇。」

——密思

練習：面對過往選擇

拿出你的日記本寫下以下問題：

◆在人生中我最後悔的選擇是什麼，為什麼？

◆我因為做這些選擇的結果而學到什麼教訓？

◆這些選擇中對我有什麼好處？

◆我做了哪些選擇是為了他人（父母、朋友、顧問、老師等），而不是根據自己的價值？

◆這些選擇的後果是什麼？

◆我覺得最值得驕傲的選擇是什麼，為什麼？

◆這些選擇讓我學到什麼教訓？

◆這些選擇中帶來什麼好處？

◆我今天面臨什麼樣的選擇？我該用什麼樣的方式回應，才能為我自己和其他相關的人帶來深深的榮耀和尊重？

加分題：實際行動

在這一天，注意你所面臨的每一個選擇，以及你怎麼做。你會揣測旁人的想法，嘗試想出什麼樣的選擇會取悅他們，然後自動按照你認為他們「預期」你該怎麼做的方式來做，還是挺身而出，主張什麼才是真正最適合你和其他人的選擇？無論你發現自己會試圖以自己的決定取悅別人，或出於習慣做糟糕的選擇，都嘗試做不同的選擇，而非你覺得為符合他人期望而必要做的選擇（比如，老闆總是希望你加班工作到最後一分鐘，試著告訴她，你今晚無法這樣做；或者如果你很害羞，總是避開眾人的目光，嘗試冒險與一群人分享你的感受等等）。

睡覺前，拿出你的日記本，寫下你今天所做的不同選擇，以及你在做不同選擇時的心路歷程。也寫下關於你對交往關係的見解，以做出明智的選擇。

小組討論建議研究指南

一、分享愛情在你的生活中實現的願景。你會放棄或實現什麼，才能讓這個願景實現？

二、分享你在本週所設定的意圖，你採取了什麼行動來支持你的意圖？

三、分享你的目的感。你對什麼有熱情？你在世上以什麼宣泄管道來表現你的熱情？

四、對於尋求內心指引，你有什麼樣的經驗？你本週獲得什麼指引？

五、你的誠信在何處失衡？你怎麼清理它？

六、你在過去曾做出什麼讓你後悔的選擇？那段經歷給了你什麼樣的寶貴經驗？你今天面對什麼樣類似的選擇？你考慮如何回應？

第 五 週

要緊的事情先做

「關於親密關係的真相是，
它們永遠不會比我們與自己的關係更好。」

——詹姆斯・霍利斯（James Hollis）
《中間通道》（*The Middle Passage*）

我們都聽過下面這句話無數次，「你必須先愛自己，才能愛別人。」但是愛自己是什麼意思？而我們究竟如何著手做到這一點？

在這一週：

- 在我們準備對別人承諾之前，我們首先要解決對自己做出基本承諾的需要。
- 我們挑戰所有的自私行為都不好的觀念，提升我們滿足自己需要的能力，作為給予他人的基礎。
- 檢討我們接受別人給予愛的能力。
- 我們檢視自己對身體和性別方面的自我關係。
- 我們思考與自己更親密的方式，進而提高我們親近別人的能力。

Lesson

29

做出承諾

「真正的愛情是一個禱告和一個不朽的承諾……情感和欲望可以隨它們高興來來去去，而且情況會以驚人的方式改變，但是真正的愛情永遠不會動搖。」

——卡拉．麥凱倫（Karla McLaren）《情緒天賦》（*Emotional Genius*）

三十九歲的唐娜從未對人傾心相許，做出一生的承諾。雖然她抱怨說自己總是所遇非人，但她最後也承認，是她自己封鎖心房，不願做出承諾。而在唐娜認清了這是自己的責任之後，她認識了四十九歲的鰥夫安東尼，他似乎就是唐娜理想的新人生伴侶。經過幾個月的交往，培養出友誼之後，一天兩人在共進晚餐時，唐娜鼓起勇氣問安東尼，他是否願意考慮只與她單獨交往，讓他們的關係達到新的層面。她對他坦承說，她覺得自己已經做好準備，願意做出一生的許諾，而她希望的對象是他。安東尼沉默了片刻，坦承他並沒這樣的打算，雖然他非常關心她，也願意永遠和她做朋友，但他卻並不覺得她是合適的對象。唐娜聽了這話，感到受傷和難過，但過了幾分鐘後，她抬起頭微笑說：「我剛剛做了一個突破。這是我頭一次願意對人以心相許，雖然你說『不』讓我很失望，但能提出這個問題，我為自己感到驕傲。」他們一起笑了起來，舉杯為新的唐娜乾杯。不到一年，唐娜快樂地與另一個人訂婚，直到今天，安東尼仍然是她的好朋友。

「行百里者，半九十。」

——中國諺語

很多人一想到要做出一生的承諾，就會產生一種近乎癱瘓的恐懼。你怎麼知道自己是否屬於這種「承諾恐懼症」的一員？如果你發現自己總是如唐娜一樣，與不合適的人發展關係，那麼這可能就是相當不錯的線索。承諾既吸引我們，也使我們恐懼。我們天生就知道，為了在人生中創造更深層的意義，我們必須冒險接納超越我們自己的某人或某物。然而，要這樣做，我們必須擺脫一時的情緒，超越眼前的情況。

在終身伴侶的關係下，愛不是一種情緒，而是一條航道，是踏實穩定的路徑，即使面對困難或挑戰也不偏不離，它是無法動搖、固定不變的承諾，即使面對死亡亦然。雖然我們找到的伴侶或許能夠分享我們的愛好、具有性吸引力、讓我們開心、使我們快樂，但這些都不是愛情的本質。所有我們尋覓伴侶的標準——這個對象必須看來體面、有像樣的工作、穿著入時、時髦多金等等，都會隨著時間的流逝而消失，沒有任何一項會永久持續，會持續的是愛的給予和接受。真正的愛必須超越我們對愛情的狹隘觀點，因為真正的愛情自成一格。它不會受限於我們潮起潮落的情緒和千變萬化的好惡。

我們通常因為太過專注在眼前的情緒，因此總是忘記如何對這麼偉大、崇高，與普遍的事物做出承諾。很多人甚至不知道自己站在人生的什麼地方，而只是跟著當前的潮流，或隨著社會大眾的想法隨波逐流。我有個學員是將近四十歲的單身漢，他很難做出任何承諾，甚至連準時參加研討會，對他都是一種負擔。他完全受到當下所感覺到的任何情緒影響，而任何阻礙他充分探索和表達這種情感的力量，就會讓他深感困擾。表面上看來，他的人生似乎浪漫得令人羨慕，但在現實之中，他是自己情緒的俘虜，而他自困於這樣的牢獄，付出的代價就是關係與愛。在他冒險的精神之下，是徹底的寂寞，他不斷地讓愛他的人失望悲傷，而他卻與這樣的悲傷共存。他經常感到極度的困惑，因為他沒重心，沒有可以支持他人生的承諾。

「我們知道停在半途的人發生什麼事。他們半途而廢。」

——安奈林．貝文（Aneurin Bevan，英國政治家）

我們圍繞著我們的承諾運轉。它們是我們的太陽，給我們能力，讓我們以對自己有意義的事物架構我們的人生。但許多人抗拒做承諾，因為我們擔心自己會被承諾的廣闊所征服，我們可能會消失在其中，完全失去自我。我們非但未能藉著發展健全的能力來限制和界定這種恐懼，反而滿足於沒承諾的紛亂人生。我們非但未能學習如何保持自己作為獨立和完整的個人，同時尊重他人，並和他們建立深厚的關係，反而只是盡可能快速地逃跑。一想到自己要投入這種不平凡的經歷，就讓我們因恐懼而逃避。為了保持選擇的餘地，結果我們無處依附，無法歸屬任何人。

沒有承諾，我們在人生之中就孤立疏離。我們相互聯繫和歸屬的感覺，直接與我們彼此承諾的意願相關。如果你在人生中還沒有伴侶，那麼不妨投身一種想法、一條路徑、一項目標，或者一個社群。很多單身的人都感到痛苦，因為他們沒有可以關心的事物，沒有可以讓自己投入的目標，沒有可以深愛的對象。但現在世上有成千上萬的人需要我們的愛——數以百萬計的動物、兒童，和老人，因為缺乏愛和歸屬而枯萎和死亡。我們不能東挑西揀，還能有茁壯的人生。我們不能說，「我要保留我所有的愛，直到我找到合適的人選」，並認為這樣的生活才值得活下去。這種吝嗇會讓靈魂乾涸，使內心痛苦。

今天我們會承受如此嚴重的孤獨和憂鬱，其中一個原因是，我們重視追求個人利益勝過追求集體利益。追求個人的滿足（而不一定是追求幸福）已經成為如同憲法所賦予的權利。只要我可以逃避懲罰，我就會隨興之所至，在我高興時做任何讓自己高興的事，不管別人會不會受到傷害。這種思考方式甚至時常被當成是擁有企業家精神和勤勞，但實際上，大多數人與周遭的人毫無關聯，無視於自己的行動會對他人產生什麼樣的影響。只是當我們越不願意為自己的行動影響身邊的人負責，在人生中就會越孤獨、越難過。

「一個人越能忘記自己——藉著給自己一個目標，去服務或愛其他人，他就越有人性，越能實現他自己。」

——法蘭克

當然，我們承諾給別人福祉的能力，是以我們承諾自己的福祉能力為前提。如果沒對我們自己做出基本的承諾，我們實際能提供給他人的範圍就會受限。我清楚記得我人生脫胎換骨的那一刻，那時我二十多歲，住在紐約市肉類工業區的公寓套房裡，早在那地區成為時尚區之前。我奮力和從十四歲起就發作的飲食失調搏鬥，拚命地試圖醫治自己，但徒勞無功。一天，當我站在街角等著過紅綠燈（多麼巧妙的比喻）時，我和自己做無聲的對話。我嘗試阻止自己以上癮與強迫行為來傷害自己，試圖找出自己哪裡做錯了。當我瞭解，沒人以如我為自己奮鬥的方式來為我奮鬥時，眼淚滑落我的臉頰。沒人曾經冒險犯難，以確保我的安全和福祉。沒人曾經像英雄一般挺身而出，確保我在人生中能茁壯成長。在那一刻，我許下了承諾，要為我的人生挺身而出，我要為自己奮鬥，我會冒險犯難堅持，我將是自己的女主角。這時燈號變成綠色。

我已經看到它展現了一次又一次，首先在我自己的人生當中，然後在別人的人生當中——你在此生提供給其他人的物質，都必須以你對自己的承諾開始。這一步無可避免，尤其是對於我們這些教養的過程不夠理想的人，照顧者的能力受到限制或損害，無法對我們的幸福和福祉做出承諾。

奇蹟從承諾中產生。大部分人總想在做出承諾之前，先證明情況是以我們所希望的方式進行。我們想要在做承諾之前，知道它會有肯定的結果，我們希望選擇良好而穩定的地方，投注我們的精力。雖然這種心理可以理解，但這兩者之間有同步的關聯，如果未能全心承諾，根本無法預見結果。真實和熱情很可能會出人意表地帶來最神奇和意料之外的結果。正如僅僅因為我們過於謹慎或過於害怕，未能全心投入，原本最有希望實現的可能性就會很輕易地消失，從我們的指尖溜走。這種現象就是德國詩人歌德（Goethe）在如下的文字中所精確表達的：

所有進取（和創造性）的行動都蘊含一個基本的真理，忽略此一真理，將扼殺無數的創意與雄圖壯志：一旦決定投身於此，天意隨之而至。種種機緣相伴發生，以促成非由此無以成真的奇事。一連串事件肇始於此決定，有如天助，各式難以預見的事情和巧遇和物質助力等等，是無人能夢想但卻轉眼出現。

「若我愛自己，就等於我愛你。我愛你，就等於愛我自己。」

——魯米

練習：找出對自己或他人的承諾

拿出你的日記本，並回答下列問題：

◆ 我對我自己的承諾是什麼？
◆ 我對上帝（以我理解的上帝）的承諾是什麼？
◆ 我對他人的承諾是什麼？
◆ 我的承諾之中，已經成為強制性的、過時的，而應該重新談判或釋放的是哪些？
◆ 我可以做什麼樣的新的承諾，以幫助擴大我的連結以及對世界的歸屬感？

加分題：實際行動

今天至少採取一項行動，延伸你對別人原先所做的承諾（例如，自願為你的政黨做義工服務，承諾捐款給本地的慈善團體）。把你今天所承諾的事物（如照顧你的身體，找到「真命天子」）至少告訴一個人。把你已經決定放手的任何承諾告訴這個人（例如，對你不再有用的過時關係，讓你感到筋疲力盡和得不到啟發的志工服務承諾）。

Lesson

30

自私的案例

「如果你一心一意愛人或給予，而非在人需要的時候給予，或在人需要愛時去愛，那麼你一定會被消耗殆盡。我必須始終保持自己的核心，不然我就沒東西可以給予。每隔一段時間，由給予中休息一會兒是適當的。」

——艾米．威金斯（Amy Wiggins，牧師）

安卓雅是個饒富吸引力、有教養的女人，擁有自己的房子。她參與我們最近的研討會，並告訴大家她的故事。安卓雅在網際網路上認識一名男子，兩人第一次約會時，她提到她的拿手點心是香蕉布丁。對方很熱烈地表示他非常喜愛香蕉布丁，所以她答應做一些給他品嘗，他提議下週日兩人去野餐，安卓雅同意了。她很興奮，所以第二天買了所有材料，但他直到星期四晚上都還沒和她聯絡，使她開始焦慮。到了星期五，還是沒他的消息，於是她打電話給他並留言。當天晚上他並沒回電話給她，週六也杳無音訊，週日依舊沒有他的電話。但是安卓雅不肯放棄，她著手為他做她所承諾的布丁，因為她「說過她會做」。當天下午她開車穿過市區到他家敲門，雙手捧著一大碗香蕉布丁，臉上帶著微笑，他開了門，流露出不悅和詫異的表情。安卓雅看得出來他有同伴——另一名女子在房間裡瞪著她，安卓雅不好意思地把布丁給了他，說他和「他的客人」可能會喜歡它。當然，她從此再也沒他的消息。

比起習慣當「接收者」的人來，習慣於當「給予者」的人較常發生這種過度依附（over-attaching）的情況，把自己給予還沒對我們表現意圖的人。安卓雅自以為寬厚，但她最後卻因她的行為而遭到徹底的羞辱和貶抑。回頭想想，她瞭解到自己最初表現的善意，其實有個隱蔽的企圖，她有自己的目的，她想要這個男人喜歡她，受她吸引。她做布丁，是因為她想得到女友的角色。但是，正如她所承認的，這不是真的給予，而是操縱。值得稱許的是，她學到了教訓，現在面對她根本不瞭解，也尚未表現出重視她的對象，她會更謹慎，以免發生過度依附的情況。

「不要問自己：世界需要什麼。問問自己：什麼讓你感到活躍，然後去做。因為這個世界需要的是活躍的人。」

——哈羅德・惠特曼（Harold Whitman）

我們中有些人給予是因為我們無法不給，這是我們在世界上度日的手段。這個想法根據的是至少如果我給予，別人就會喜歡我，說不定他們可能會需要我，我在世界上就不會那麼孤獨。給予成為以物易物的種類——為愛競標，而不是愛的表現。這種給予不容許任何種類的自私，但它卻過於自私。任何曾與扮演烈士角色的人交往過的人，都懂得自私的給予會有什麼結果。

佛教鼓勵我們去發現無私，而基督教告誡我們要「捨己」。然而，我們得先發展基本的自我意識，之後才能以這種方式投入。除非我們已經先擁有「健全的自私」（healthy selfishness），我們才真的能把自己當成供品貢獻出去。幾年前，威廉森在洛杉磯演講時曾說：「你必須先有一個實際的自我，然後才能放棄它。」

「健全的自私」是指你知道自己的限制，並且設定它們。這意味著你必須先照顧自我，才能照顧他人。它堅持你表達你的感覺，即使它對他人產生不便。它包括累的時候休息，說出你的真心話，當你想要和需要時提出要求的能力，這是你應得權利的健全表達。

在我的學員中，有一位不知該如何拒絕病患的醫生。她工作時間太長（因為她不會拒絕別人），賺的錢太少（因為她對那些不能或不想支付得起價格的人降低收費）。她精疲力竭，以至於無力約會，沒空和朋友出去玩，也無法為自己做任何有樂趣的事情。她憎惡自己把所有時間都花在工作上，然而即使是陌生人來電預約，她也會指示助理為這人安排時間。她總是受到別人予取予求的擺布，她很孤獨，但她只有在不工作時才會感受到這種感覺。最近，她開始每週七天都安排患者，沒有一天休息。

「一個人自認的優點，反而會比他自認為的缺點更阻礙他的發展。」

——斯里．克里希納．梅農（Sri Krishna Menon）

這位醫生在少女時代有個專制得讓人無法忍受的母親，她從來不許女兒對她的暴虐要求說「不」。當家長自以為是又欠缺自知之明時（如這名醫生的母親），孩子們往往會成為「適應者」。他們沒自己的需求意識，但對別人的需求卻非常敏感。他們受到需要照顧周遭人們的意圖所驅使，但往往在這樣做的時候犧牲了自己。這位醫生花了一段時間，終於明白她把病人當成母親的替代品，於是她開始逐步設限，她很驚訝地發現，當她需要對其他人說「不」時，人們通常也會欣然接受，這樣的啟示改變了她的人生。

無法保持清楚界限的人——不會設限，不能以自我照顧為優先，或甚至不知道自己的感覺，遑論表達出自己的情感讓別人知曉的人，最後常常會和吸取你的能量，取走超過他們所給予的愛，和沒付出真愛的人牽扯在一起。或許你會以為，如上例那位醫生那樣「慷慨給予」的人，可能也會吸引「慷慨給予」的對象。其實正好相反，每一個與她有關係的男人要不就是過於自戀，要不就是需要她金錢援助的酒鬼。當我們不自重時，也會吸引不重視我們的人。

許多人把親密感與不分界限混為一談。我們把愛情理想化，以為它意味著彼此沒祕密，並且對自我沒意見，其實不然。在你與他人的愛能維持下去之前，你必須先是強大獨立的自我，要與另一人保持親密，必須取決於你容忍自己獨立的能力。這話乍看之下似乎自相矛盾，然而，除非你有強烈的自我意識，否則就很難抵擋與對方融合的力量。當其中一人或兩人雙方都缺乏與自己的基本連結，作為與對方連結的基礎時，就會發生這種「喪失自我」，與他人融合的傾向。

「要自立自強，不要自暴自棄，因為自我是自己唯一的朋友，而自己是自我唯一的敵人。」

——《薄伽梵歌》（*Bhagavad Gita*）第六章第五節

為了與他人建立充滿愛的健全關係，你必須時時都積極參與發現自己是誰的過程。這意味著你必須樂於探索和承認你對自己和他人的想法、感覺和行為，即使你認為它們荒唐錯誤亦然。你必須願意誠實面對自己和彼此的長短處。當你有不同於愛的動機時，你必須願意透露訊息。

這並不意味著我支持「毫不遲疑地說出自己想法」，雖然有些人認為這種溝通才是親密關係，但我不認為有必要把自己對於他們的所有想法和感覺全都和盤托出。我們的目的不是為了溝通而溝通，你必須要問自己，我要溝通的是什麼？我在傳達仇恨和憤怒，還是要傳達同情和仁慈？因為如果我們想要快樂和健全的關係，就必須擅長於溝通愛的技巧。因此，我主張「以最好、最成熟、最可愛的自我面對所愛」。但同樣地，要做到這一點，唯一的辦法就是真正認識自己，如此你才可以處理細微的部分，以及如果沒認真處理就會造成傷害的部分。

在自我照顧和健全的自私，與體認我們對他人的影響之間，也必須保持平衡。我曾經交過一個男朋友，他有個讓人受不了的習慣：每當他生氣時，就會表現冷漠，在身心兩方面都長期隱瞞他的情感，而且他經常生氣，他會和我保持很遠的距離，讓我感到不安，但他又不讓我離開。過了一陣子，我也會生起氣來，並迫使他表態，究竟要繼續維持關係，或者分手。他會回答說，他只是在「自我照顧」，並且說我太容易生氣。「你認為我的憤怒是否和你的行為方式有關？」我問，他會說，「我沒辦法為你的感受負責。」這是對界限常有的誤解。最後我終於想通了，除了離開他，別無他法。他雖然很自私，不過我學到了很好的一課。我現在只容許願意為自己影響周遭人的行為負責的人，進入我的小圈子。

「給予不應該超過你自己的能力。」

——凱瑟琳．卡蒂諾（Catherine Cardinal，美國心理治療師）

認清自己的限制很重要，我們必須明白自己不想要什麼，不會容忍什麼，絕對不會寬恕什麼。我們必須要清楚哪些呈現在我們面前的機遇應該繼續。這也正是「列表」很重要的原因之一，因為如果你的表列頂端是「精神性靈」，那麼你就不該花時間去認識不看重性靈的人。如果「財務安全」是你主要的優先項目，那麼你就不該看中落魄的畫家，因為你只會因為他不是你想要的那種人而折磨他，並破壞他的才華。

說「不」創造了愛情這個容器的界限。當我們為自己設定了限制，尊重我們的情感，優先考慮我們自己的福利，並明確界定我們的需要和需求，我們就確定我們所在的路徑，讓愛情更容易來到。正如亨利．季辛吉（Henry Kissinger）所說的：「如果你不知道你正往何處去，那麼每一條路都讓你無處可去。」

練習：界定關係界線

拿出你的日記本。以你能想到盡可能多的答案，完成下面的句子：

- 當……我覺得很難說「不」。
- 當我說「不」的時候，我感覺……
- 我藉著……以自我照顧為先。
- 當……我放棄自我照顧。
- 我想要浪漫伴侶是為了……
- 我在親密關係中絕對需要的是……
- 我絕對不會勉強接受的親密關係是……

加分題：實際行動

今天挑戰自我，對一般你會同意的事至少說一次「不」（例如，你的同事要你在午休時間幫他工作，你的嫂子要求你在下週六晚上幫忙照顧她的三個孩子，你的朋友問你是否可以借錢給她購買一件她渴望的毛衣）。注意感覺怎麼做才適合你，即使別人表現出失望與明顯的不悅。

你的第二個任務是，今天至少做一件事情作為自我照顧的練習（例如，為自己安排按摩，當你「應該」在工作時去散步，當你需要休息時不接手機）。

Lesson 31

接受的藝術

「不知道如何接受愛的人，當然，最後會感覺沒人愛。於是我們變得尖酸或憤世嫉俗，因此越來越沒吸引力，與愛漸行漸遠，結果讓我們認定宇宙對我們而言並不是真的那麼可愛。」

——威廉森，《迷上愛》（*Enchanted Love*）

我最近修了一門時尚與服裝的課程，認識了六十多歲的莎莉，已經離婚的她一頭紅髮，聰慧而充滿吸引力。莎莉既熱情又謙虛幽默，立刻就讓大家喜歡她。在上課的第一個晚上，她與我們幾個同學傾訴說，男人常常與她搭訕，但少有除了性以外的目的。對於男人會覺得莎莉富有魅力，難以抗拒，我並不驚訝。不過我有點困惑，為什麼他們除了性以外，並沒有其他意圖。

一天晚上，老師帶著我們全班學生逛街購物，為彼此挑選衣服並試穿，有時會獲得全班集體的讚嘆，有時全班卻集體倒喝采，非常有趣。老師為莎莉挑選了一套服裝，但她猶豫著不肯試穿。這套衣服的顏色很適合她，大小也正適合她的身材，但風格比她平常穿的更柔和，更有女人味，襯衫的中央有皺褶層疊，飄逸的裙子也配上美麗的花邊。她很不情願地穿上之後，人人都驚豔不已。我對她說：「如果你這樣穿，一定有人會向你求婚。」但她看來非常不自在，很激烈地搖頭說：「我覺得這樣穿太柔弱。」她很快地把衣服脫掉。

「取悅的藝術在於自己能夠被取悅。」

——威廉·哈茲列特（William Hazlitt，英國作家）

接受的能源是柔軟、開放，而脆弱的。在我們有接受力時，我們開放自己，接納他人的能量，就能夠在各個層面都被滲透。當我與莎莉一起逛街時，我發現的是，雖然她是可愛的女人，但她並沒有敞開自己接納他人。對於男人，她無意暴露自己，卸下防禦。而我瞭解，如果男人無法接觸到你的柔軟和弱點，他就會以性取而代之，而你可能就會以為他只想要這個。

大多數人都是很好的給予者，尤其是當我們可以用自己的條件給予時。我們女人總把別人的需求置於我們自己的需求之前，而很多男人也都學會謙虛低調的犧牲和順服。大多數人都能照管和貢獻自己最好的給別人。對我們周遭的人，我們常常擔任護士、協談輔導人員，和不支薪的祕書。比較少見是除了知道如何支持他人之外，也學會了如何接受支持，以及除了要知道如何照顧他人之外，也知道如何接受照顧的女人。

當我們尋找心靈伴侶時，尋覓的不只是要讓我們看到對方的偉大，而且也希望讓對方能看到我們的偉大。一九五〇年代的婚姻狀態是妻子奉獻一切，來支持丈夫成功實現願景，但如今的心靈伴侶關係是雙向道，愛和願景雙向流動。你希望你所選擇的人能真正地看到你人生的最高願景，並瞭解你有什麼的可能性。

曾有一名與我交往過的男人告訴我，他覺得我想當領導者和教師的願望太自以為是，我想要寫書的心願太傲慢。這是我們最後一次約會，不是因為他是個壞人，我只是不願意花費唇舌說服別人我的偉大。這不是我運用能量的好方法。

很多時候，我們選擇與未能真正瞭解我們的人在一起，因此他們無法真正支持我們。我們這樣做是因為：（一）我們不是很相信我們的偉大，（二）我們甚至不知道有人支持我們是什麼滋味。我們習慣單打獨鬥，甚至沒想到該尋找願意助我們一臂之力的人，我們不習慣接受別人以這種方式給予。

「如果我們有自愛的感覺，別人愛我們時，我們會覺得『理所當然！』」

——布蘭登

為了趕上這本書的進度，我花了一個週末鎖在一間飯店房間裡。告一個段落之後，我開車回家，在高速公路上我突然瞭解了一件事，它的力量非常強大，迫使我在下一個出口下了交流道，把車停在路邊，讓我可以坐在那裡哭泣。我想到為了配合交稿期限，我竟讓我的丈夫和兩歲孩子自行在家度過三天，但我丈夫並沒對這個艱巨的任務說出任何怨言，他還鼓勵我去做。我過了四十年的人生，在需要幫助時從沒人出手或掩護我，而現在我確實有了支持我的人，而且他在我的人生中如此支持我，會願意做任何事情，讓我在人生中爭取勝利。他不僅支持我，而且在那一刻我瞭解到，他甚至可能會幫我擋子彈，雖然這麼說未免陳腔濫調，能夠擁有這樣的感受真的美好，容許你自己擁有這樣的感受，真是美好。

重要的是，要讓自己能夠接受其他人必須給予我們的本能。愛不該只有接受，也不該只有付出。愛是流動的，在最好的情況下，施和受對彼此幾乎沒區別。很多人認為不該接受別人的給予，該壓抑我們自己的需要。但是當我們拒絕別人的寬厚行為，不讓他們為我們的福祉而伸展擴張自己，他們就無法做出最好的表現，沒機會發揮愛的能力。因此我們實際上等於遏止了愛的成長，阻礙了它的發展。

泰瑞感到自己的生活很孤獨。她不僅單身，和家人也因種種原因而很疏遠。泰瑞和許多對家庭深感失望的人一樣，已經學會了不太需要他人。她的孤獨讓她過得非常艱難，更糟的是她已經失業近一年。因為沒人支持她，因此她日益拮据的財務成了力量不足的安全網。和泰瑞交往已經好幾個月的男子最近表示，鑑於她目前的情況，他願意支付兩人約會的費用，但她拒絕了這項提議，堅持如以往一樣，一人一半。

我對泰瑞解釋，對他的提議說「不」，就等於是逃避她最想要的事物——讓愛生根發芽。當一個人提議為了我們而擴展他們自己時，是因為他們知道這樣做對他們有益。他的本能是開始為泰瑞提供她生活中所缺少的安全網，這是他表達對她的愛的方式。雖然以她目前的狀況，她不想讓他破費的心意雖可愛，但她不接受他的提議，卻值得商榷。泰瑞告訴我，讓男友付他們約會所花的費用，她擔心自己會成為他的負擔。我告訴她，如果他不愛她，也許會是如此，然而，如果他不愛她，那麼她就不該再和他交往。

俗話說，「施比受更有福」，這話只說對了一半。我們渴望愛的方式，啟發我們以施予來奉獻自己，這就是為什麼我們捐贈慈善事業，志願加入讓人可以依賴的組織，生育孩子奉獻母愛，為他們犧牲自己。我們都在尋找某事或某人，讓我們得以延伸自己，超越我們微不足道的生命。我們想以某種方式的施予來創造意義，讓我們充滿目的感，感到自己有用。在有人認為我們是他們的理想伴侶，當他們關心我們、供養我們、培育我們時，拒絕這種愛就像退回美好的禮物，連包裝都沒拆開，這樣做稱不上崇高，而且讓人沮喪失望。沒脆弱的氛圍，愛情就不能持續，當人們只想安全地扮演「給予者」的角色，愛就不能綻放。泰瑞所害怕的是被愛，她害怕的是卸下自己的防備，放下控制權。儘管她不斷地抱怨孤單，但她已經習慣了自主和孤獨，她甚至不知道如果讓自己受人關愛和照顧，會變成什麼樣子。讓別人來愛她對她的身分造成了一種攻擊。

英國詩人約瑟夫．艾迪生（Joseph Addison）曾寫道：「人生幸福的要領，是有事可做，有所愛和有所希望。」讓自己接受別人提供的愛，常常是我們可以給別人最好的禮物……當然，也是給你自己最好的禮物。

「你的愛使我堅信。」

——魯米

練習：接受和給予他人愛

我的一些教友常說：「接受愛，付出愛」（Love in, love out）。今天早上我們要做一個簡單的「接受愛，付出愛」冥想。先把這個冥想的說明讀一、兩次，然後盡你所能憑記憶去做。以放鬆的姿勢坐直，把你的呼吸和你的心連結，掃描你的全身，釋出你發現的任何緊張。深吸一口氣，慢慢地擴大圍繞在你心周圍的能源。在你呼吸時對自己說：「我由今天所遇見的每個人那裡得到愛。」在呼氣時重複：「我把愛給予今天遇見的每個人。」

重複這個呼吸幾分鐘。

加分題：實際行動

這一整天，練習接受的藝術。注意出現在你面前的每一種善良和體貼，並且自覺地接受存在其中的愛。在他人的每一句問候和關懷你的問題，諸如「你好嗎？」之後，默默地對自己重複「我從今天所遇見的每個人那裡得到愛」。

由於你已承諾要擴展接受愛的能力，因此今天就提出一個或多個請求。你必須提出請求，才能讓他人答應你的請求，這也是建立自尊的必要條件，因為它需要我們發揮價值感，爭取我們應得的事物。你的請求可能簡單如「你今晚能順道載我去開會嗎？」或「你能幫我把書搬上車嗎？」也可能比較複雜，如要求你的母親和你一起去心理諮商，以面對過去的一些問題，或者向你的主管要求加薪，因為你真心認為自己值得。放鬆自己，如果感到恐懼，只要深呼吸讓它平緩，而且不論如何都採取行動。你所得的結果其實並不如主動要求你所需要和想要的事物那麼重要。不論對方是否答應你的請求，光是提出請求就能讓你敞開心懷接納，並協助你提升健全的權利意識。

注意：確定你允許對方對你的請求說不。這是它之所以是請求而非要求的原因。

就寢前，拿出你的日記，寫下你所提出的請求所獲得的回應，以及每一次的溝通對你的意義。

Lesson 32

接納自己的身體和女人的自信

「全神貫注於自我的形象，就像雖然遇見一樹鳥鳴，卻戴著耳塞。」

——佩瑪．丘卓（Pema Chödrön）《當生命陷落時》（*When Things Fall Apart*）

性和浪漫的關係不只是心的結合、靈魂的結合，也是身體的結合。當我們與人相戀，我們的身體也成為他們的家和神聖的棲息之所。因此，我們對身體有什麼樣的感受，就會對於我們的結合有多麼開放或封閉產生巨大的影響。

「我覺得很奇怪，」珊曼莎說，「每當我為即將到來的約會緊張，就會非常在意自己大腿的粗細。我穿這條褲子會不會看起來太胖？他會不會認為我的屁股太大？我想到的是這些，而不是我應該更關心的事物，比如我與他出去感覺如何，或者我有沒有什麼有趣的話題可以談論。」對於她的話，其他的學員都點頭同意。

我們總是把焦慮和不安全感轉移到我們的肚子是多圓多大，或是體重計上的刻度數字。「太胖」已經成為我們可能產生的各種自我懷疑、羞怯，和自卑的感受總和。

通常如果我問一名女性是否愛自己的身體，她會告訴我她不喜歡身體的哪裡。她早已在內心對話，不斷地記錄她身體的缺陷和瑕疵，因此幾乎不可能不列出一張她希望能夠改進的各部位列表。但是想像一下，你每天打十次、二十次、三十次電話給你的好友，告訴她她有多胖，她的身體有多少缺陷。你認為她能容忍多久？你能容忍多久？那麼為什麼我們這麼多人日復一日對自己進行這種可惡的對話？

「建立於美貌的愛情就像美貌一樣，很快就會凋謝。」

——約翰．多恩（John Donne，英國詩人）

我們希望再瘦五磅，再高兩吋，胸部再大一點，臀部再小一點。我們要結實、瘦削，而且過去就希望如此。然而，如果我們總是自我批評，就很難改變我們自己的任何事物。這就好比我試圖讓我的十七歲繼女莎拉改變自己的某些特點，但我的方法是告訴她一切的錯都在她，說出我對她不滿的一切。結果她可能會以絕不妥協的方式回應我，並且竭盡所能維持她的現狀。除非莎拉很清楚我絕對愛她並接受她，否則百分之百不會願意聽從我的要求，做任何改變。

其實我們也都像這樣。你越是告訴自己你的身體太這個或太那個，這不好那不好，你就更可能會不肯改變，或甚至變本加厲，這就是為什麼許多種節食法到頭來都會失敗。因為我們開始節食時，是基於厭惡我們所看到的身材：要是讓別人看到我們赤裸的身體這麼難看，還不如死了算了。許多節食法只是另一種的自我懲罰——是我們厭惡自己的另一種方式，就像在恣意的消費揮霍之後，不得不採取嚴格的預算，但這樣做的效果，只要看看大家的卡債問題，就很清楚了。只有當我們是為了愛和尊重自己而改變飲食習慣，才能讓持續的改變真正有機會在我們的生活中扎根。

雖然大部分的人都認為在我們的文化中，對於女性美的觀念往往是以厭惡女性為根本，但大多數人卻也都會根據極端和膚淺的標準來衡量自己。這種自虐並非偶一為之的現象，而是時時可見，非常猖獗的自我厭惡，認為我們不喜歡自己的身體是「正常的」，認為根據自己目前的衣服尺碼來評估自己的價值是「正常的」，認為以懲罰性、嚴苛和詆毀的語調來譴責和判斷自己的外表是「正常的」。

「女人看待她自己的身體，就好像是愛的戰役中不可靠的盟友。」

——李歐納．柯恩（Leonard Cohen，加拿大詩人）

我常常提醒女性，在非洲一些地區，切除和傷害女性陰蒂的割禮，也被認為是「正常的」。在印度許多偏遠村莊，焚燒新娘（bride-burning，是一種嫁妝謀殺〔dowry death〕，印度新娘因嫁妝太少而遭夫家活活燒死的歪風）仍然是常見的「正常」做法。在中東的一些地區，禁止婦女接受教育，因此讓自己和孩子陷身貧困，也是「正常的」現象。僅僅因為這些事「正常」，並不是它該延續下去的理由；只因為它「正常」，並不意味著它不具嚴重的破壞性。而我們女性卻以類似於許多第三世界國家的做法，延續這些「正常的」虐待，把它們傳遞給我們的女兒。它一直持續下去，直到人們大夢初醒，開始考量其他方式。

伊莎貝拉九歲剛進入青春期初期時，她那身材肥胖、對體重十分在意的母親就一直數落伊莎貝拉的體型。等伊莎貝拉成為少女時，她痛恨自己的身體，也厭惡去逛街買衣服。雖然她那時只有稍微超重一點，但她卻自認為像母親一樣肥胖，這種想法越來越嚴重。

我認識伊莎貝拉時，她已經四十多歲。雖然她的身材只比一般女性稍微大一點，但她對自己的印象仍然和青春期一樣，她認為自己因「太胖」而缺乏吸引力。她責怪她的體重，認為這是她與男人交往失利的原因，她對自己的身體感到憤怒和不滿，因為它「背叛了她」。這種自我與身體對抗的關係，讓她幾乎完全無視從脖子以下的自己，彷彿只剩頭部一樣，我懷疑這才是她與男人難以建立關係的根源。如果伊莎貝拉一意孤行，排斥自己，那麼怎麼可能有機會讓任何人親近她？

伊莎貝拉來找我諮詢時，有許多健康問題，對此我並不感到驚訝。這麼多年來，她一直不理會她的身體，會有這些問題理所當然。事實上，我很驚訝她這段時間竟能保持健康，因為她與自己的身體處於完全對立和互相敵視的關係已經三十多年。就好像被忽視的孩子為了吸引別人注意自己，可能會開始惹是生非，伊莎貝拉的身體也開始要求她的關注。伊莎貝拉被迫關愛自己，保護自己的健康。漸漸地，她的身體開始對她復原的嘗試做出反應，但其程度只和伊莎貝拉與它重建關係的意願成正比。

「我的身體使我看起來這麼胖？」

——《紐約客》(*New Yorker*) 漫畫

伊莎貝拉很難放棄她對待自己的惡意態度，她認為要接受自己，必須以減肥為前提。我一直告訴她，其實應該要倒過來才對——她必須確實接受自己，才能作為轉變的前提。有時候，我們緊握住造成我們痛苦的事物，不肯放手。在寫作本書時，伊莎貝拉還在為「因為自己太胖，所以無法去愛」的頑固想法苦苦掙扎。她背負著母親自我憎恨的負擔，揮之不去，就好像在她的背上背負著一隻猴子，無法放手。我們總是使出渾身解數，捍衛我們厭惡自己的權利，過著妥協的生活，這種做法讓我吃驚。

當我們與自己的身體保持敵對關係時，就會做出如暴飲暴食等行為。我們會選擇不該吃的食物，濫用藥物或酗酒，陷身混雜或高風險的性關係；我們會抽菸、強迫性的運動，拒絕喝水；我們會忘記休息。我們把自己的身體當成一連串需要改進或修復的事物。我們會違背自己，讓自己分裂，物化我們的身體，一如我們抱怨男人物化我們。我們會以當天消耗的卡路里數量來評量自己的價值。

如果你覺得在不動整形手術、不染髮、不上妝之前，無法接受自己，那麼你可能會發現自己也一心一意想找到符合所有「完美」標準的對象（例如，對方要有「正確的工作」、「正確的外表」，出生於「正確的家庭」），希望藉此來彌補你認為自己的不足之處。你可能會找到擁有這一切外在素質的人，認為你已經找到愛，只可惜這個想法很短暫，遲早這種關係會顯露出：它其實是一場空，缺乏靈魂。我們所尋找的愛很少會來自於這種尋求方式。它沒有心，但是與靈魂連結就需要心。這就是為什麼愛看起來總和你以為的模樣不同，就像你自己也可能和你以為的模樣不同。

「長期說來，愛自己是唯一真正有效的減肥輔助。」

——珍妮．克萊格（Jenny Craig，瘦身專家）

打開我們的心，面對自己所有惱人的身體缺陷——胸部「太小」、肚子「太大」、大腿「太胖」、腳板「太平」，這是為愛所做最美妙的準備。因為當我們與愛人纏綿時，就是徹底開放，因為我們究竟是誰以及不是誰，並且願意把這恩典的美好延伸給另一個人，因而受人喜愛和崇拜。

我們這輩子最重要的事物，是真實的自我欣賞和接納，不管我們的體重是否符合理想。除非我們培養出愛和欣賞我們自己的能力，否則幸福就會永遠可望而不可即。無論我們掌控了什麼外在事物——不論我們的工作多好，伴侶多「完美」，孩子多健康，我們總會感覺自己並不屬於幸福快樂的這一邊。

我們的身體是偉大精神的宿主，是宏偉靈魂的家。它們孕育進入我們身體之中浩瀚的生命力量，並給予我們生命本身作為禮物。若是不能把人生看作這樣的奇蹟，就是扭曲我們是誰和是什麼的真相。

練習：檢視對外表的評斷

我們今天早上將做一個張開眼睛的冥想。請讀一、兩次說明，然後盡你所能從記憶中做練習。脫掉你的衣服，輕鬆地站在或坐在鏡子面前，雙手放鬆，放在身體的兩側。做幾次深呼吸，放鬆整個身體，把肺部擴張和放鬆、擴張和放鬆。從頭到腳做全身檢查，看看自己在哪些地方有緊張的情況。

現在，從你的頭頂開始。請注意你對於自己的頭髮或頭部的大小和形狀是否做了任何評斷，然後依次往下檢討自己對身體的評斷。為你的每個評斷，以下列三個步驟，與受評斷的那部分身體對話：

一、要求受評斷的那部分身體原諒你對待它這般嚴苛和沒愛心。
二、告訴那個部分你對它的欣賞。
三、為某件事謝謝身體的那個部分。

下列是一個範例。
評價：「我討厭我的頭髮太捲。」
步驟一、「請原諒我，頭髮；因為我一遍又一遍地埋怨你多麼醜陋。」
步驟二、「我真的很欣賞你的捲曲。我也很喜歡你的顏色和質地。」
步驟三、「一下雨你就顯得茂密和野性，謝謝你，頭髮。」

檢視你的整個身體，對你的每個判斷進行這個程序。對你沒任何負面評斷的身體部位，只需做步驟二和三。

注意：如果你與自己的身體關係特別對立，最好定期做這個冥想，直到所有負面的判斷都中和，讓你恢復對自己身體的欣賞。

「身體是神聖的服裝。這是你的第一件、也是最後一件服裝；它伴著你進入生命，也隨你離開生命，它應該受到榮耀的對待。」

——瑪莎・葛蘭姆（Martha Graham，美國舞蹈家）

加分題：實際行動

今天檢討你腦中對自己外表的評斷。只要你發現你在批評自己的身體缺陷，就默默對自己再採取步驟一到步驟三。

Lesson 33

性的治療

「想要獲得新戀人的欲望，必須由駐留在每個人心中的愛來解決，它必須向大地的四面八方廣播，跨越時空，達到等待著你的未知伴侶。接著，所有的可能性都開放，魔法可以用它自己神祕而不可預測的方式展開。」

——瑪格·阿南德（Margo Anand）《神奇性愛的藝術》（*The Art of Sexual Magic*）

曾經有一段時間，我以為自己必須要「找」一個情人，就像買一件新外套一樣，他必須大小合適、顏色正確，並有恰當的風格。最重要的是，他與我看起來要適配。我試了不少不錯的男人，但也很快地把他們甩掉。我雖然不是故意這麼做，卻傷了很多人的心。我在選情人時太沒智慧。

我們都有自己的故事可以說，雖然許多人寧願不要談。再沒有比閨房之中更複雜的情況，我們誤判情欲為愛戀，把吸引力當成連結，實際的情況遠比我們所願意承認的更多。午夜時做的決定，到晨曦時分卻發現是錯誤。我們的判斷力不佳，因絕望而行動，結果卻讓自己更加困惑，犯下錯誤。這就是二十一世紀的現況，兩性行為的規則似乎就是隨自己創造。在這個過程中，大多數人都被自己的激情火焰嚴重灼傷。

性的能量是無可比擬的力量漩渦，在最崇高的時候，性不折不扣是我們與神一樣的證據。它肩負著創造生命的力量，擁有能力可以療癒戀人的心，為它注入活力，我們獲得這個美麗而榮耀的恩賜。我們對性結合的渴望啟發我們對愛的需要，讓我們與超越自我之外的個體結合。經由性行為，分離個體融合為一——交纏的四肢、唾液和汗液，提醒我們人生中曾有合併在一起的絕對需要，我們盡可能回歸到出生之前還在子宮中合而為一的存在。性的結合可以說是回歸能量的根源，它是對生命最深的肯定。

「很多女人都有過去，但有人告訴我她至少有十來個過去，而且他們都很合拍。」

——**王爾德**

然而，正如所有力量一樣，性的能量也經常遭到濫用和誤用，我們很多人都因為它而承受嚴重的後果。在最貶抑的情況下，性成了主宰的工具，成了從獵物身上竊取力量的小偷。任何受到強暴、亂倫，或性虐待的人，都明白個人的純真和安全遭受到這種最可怕方式剝奪破壞的結果，這是進入幽冥地獄的開始，讓人積年累月地在迷宮中掙扎，試圖再次找到回家的路。

我們都希望自己破碎、扭曲之處可以重新完整、變直。我們希望性創傷的悲傷和恥辱——無論是自己或他人造成的，都能離開我們的身體，只留下學到的教訓和獲得的智慧。我們內心深知，需要重新得回性完整性，然而我們可能不知道，想這樣做的希望多麼迫切。

性能量駐留在第二脈輪（chakra，也稱氣卦，是印度瑜伽認為人的身體一共有七個脈輪，是分布於人體各部位的能量中樞），這是創造力的力量基礎。因此性能量是我們各種創造活動的燃料，無論我們創造的是人、計畫，或愛的關係。在我們因為恥辱、傷害、防禦或憤怒，而未能完全擁有性力量時，就會造成深深的不足，就像喉頭發炎，卻還試圖說話。我們的創造力量遭到封鎖，我們放下努力開創人生的能力，就好像在反抗自己。我們的心靈需要愛，腦中也知道是安定下來的時候，但生殖器官卻不肯完全投入和放下自我。我們與自我的內心格格不入，因這種內在的鴻溝而深感沮喪。

「別批評自慰。這是在與我所愛的人親熱。」

——伍迪・艾倫（Woody Allen，美國導演）

不只是受傷最重的人和性中心如此分離隔閡，其實大多數人都有這個問題。從文化的角度來說，我們認為靈性和肉欲分屬兩個完全不同的陣營，西方宗教也把這兩者分開。一般都把靈性視為上層脈輪的活動，我們禱告和冥想，認為上帝由心經過我們的頭頂向上，彷彿祂住在天上，而我們卑微的凡人是在下，在地球上。在與上帝對話時，我們很少會把生殖器和腹部包含在內。

而另一方面，性欲通常被視為是低層脈輪的現象。性能量從聖靈的能量分裂出來，由心向下（如果我們還把心與生殖器聯想在一起）。人類狂野獸性的激情被公認為是錯綜複雜誘惑和腐化之網的一部分。神祕主義者羅傑尼希曾經說過：「性被稱為原罪，但它稱不上原創，也並沒有罪。」然而數百年來，我們卻一直抱著這樣的觀念。

在過去，一提到精神性靈，就意味著我們得離開肉體。但在性靈的進化中，我們受到召喚，要把性靈帶進肉體，藉此治療內心的鴻溝。在這種情況下，性行為就由「肉體」活動轉化成神聖的活動，只是我們還沒完全做到。我們還隔離在自己的肉體中，感到大惑不解。我們的性能量分散破碎，很少人真正信任自己在性這方面能做出良好與健全的決定。我們不明白自己的情感，「是可以逢場作戲，還是要等他承諾？」「我該先對他開誠布公（即先說清楚我們是只能和對方一人交往？上一次愛滋檢查是何時？我們對彼此感覺如何？），還是聽天由命？」

由於直覺和智慧是經由第六（「三眼輪」，third eye）和第七（「頂輪」，crown）脈輪來到我們心中，而性欲望則處於第一（「海底輪」，root）和第二（「生殖輪」，creative center）輪，我們怎麼知道如何探求自己的內心，找出回答自己問題的答案？不只是少數人不知道該用身體的哪個部分去想，我們所有的人都是如此。

「酒不醉人人自醉。」

——魯米

大多數人對於過去在性方面的不檢點都至少有一些慚愧羞恥的心理，只希望當初能做不同的選擇。我們所犯的過錯不知何故揮之不去，玷汙我們的靈魂，就好像有些珍貴且無法挽回的事物已經喪失，或者更糟的是，從我們這裡被偷走。我們都需要原諒自己在某段時間缺乏判斷力的表現。曾有一名男學員接受了一年的治療，才敢承認自己在十歲時與他七歲的妹妹亂倫，在背負著隱祕的恥辱將近二十年後，他終於承認了自己可怕的罪（當時在他看來），他終能向妹妹道歉補償。她因他的悲痛非常感動，也因此得到痊癒，她告訴他自己很久以前就已經能夠面對這件事，瞭解它是孩子之間的兒戲，出於單純的好奇和冒險。他們兄妹的關係變得更鞏固，他也終能釋懷，覺得放下了莫大的負擔。他承認自己當年「肇事者」的身分，並且放下這個角色，承諾今後要成為妹妹以及所有他生命中女性的「保護者」和「供應者」。在這之後沒多久，他訂婚了，現在婚姻非常幸福。他認為自己能與妻子擁有圓滿的愛，是因為這個性的傷口已經癒合，而這個傷處曾經嚴重地威脅他自認善良而高尚的看法。

並非所有的傷害都這麼容易抹除。統計數據顯示，近四分之一的人（五分之一的男人和三分之一的女人）在童年時曾遭性侵。童年的性虐待常會有嚴重的後果，因為它發生在個人界限還在成形的階段，因此顯得更加敏感。至少在我們成年時，我們知道自己受到侵犯，明白痊癒之路包括必須重拾我們的力量，重獲保護感。但孩子往往不明白究竟發生了什麼事，他們原本應該信任的人突然侵犯了他們，讓負面和不安的力量感染他們。他們憑直覺知道這件事非常壞，但卻無法以實質的方式理解它。對於經歷這種磨難的人，光是能從這樣的事件挺過來，就已經是通往性靈救贖之路。

嚴重的性創傷不會輕易消失。我曾見過有些受到傷害的人在事件發生二、三十年之後，只要一牽涉到親密和愛的可能性，仍然對人無法信任。要他們學會完全信任他人，在身心兩方面都願意放下自我，接納對方，簡直就是奇蹟（感謝上帝，我們依舊相信奇蹟）。這樣的復原有明顯的階段，很少人能夠在這種困難地帶獨自摸索。有些人甚至藉著完全禁欲，或某種形式的解離（dissociation）心理防禦機制（保持距離、酗酒、強制性的暴飲暴食等等），完全排斥性行為（但通常都會犧牲親密和愛）。如果你曾經遭受虐待，卻還沒開始治療，幫自己一個忙，安排治療師或致電強暴熱線，即使是很久以前發生的事情亦然，最起碼他們能告訴你去哪裡尋求幫助。

「經驗是每個人給自己犯的錯誤取的名字。」

——王爾德

有的人主張，在集中能量召喚你的人生伴侶這段期間應該禁欲，不過也有一些例外。正如並非所有婚姻承諾的性接觸都健全與合乎意志（有一名學員曾被她的丈夫多次強暴），所有非婚姻承諾的性接觸也並非全都是「壞」的。我建議你對自己做出承諾：你所有的性接觸都是合乎你意志，受到尊重。在上床之前，先問你需要知道些什麼，當你做決定之際，保持實際和清醒。如果你感到不舒服，隨時有權改變想法，確保你自己的安全，確定你的期望合乎現實。許多人把性當成建立關係的一種手段，結果通常只是成為另一個讓人失望的經驗。如果你要與不肯明確承諾的人發生性行為，請幫自己一個忙，不要指望性能穩固這段關係。我相信很多人在這方面都已經有了太多次的教訓。

「事後諸葛總是完美的。」

——比利・懷德（Billy Wilder，美國導演）

在文化上，我們已經把性欲貶低到它最原始的功能——即身體器官之間的接觸，但這樣做卻忽略了靈魂的遭遇以及其間牽扯的力量消長等幽微之處。大部分的人對性的關注，都在該怎麼做，如何做更多次、如何更持久，然而性行為不只是兩性的性器官而已，真正的性行為讓我們接受如享樂主義（hedonistic）般的觀點，在任何時候得享觸覺的樂趣和愉悅。單身的人一樣享受如吃飯、聽音樂、跳舞、園藝，或藝術創作等官能上的樂趣，這是正確的。性欲不只是此時此地有沒有伴侶的問題，它的解釋不必如字面上那般刻板，而且熱情也未必有關性高潮。

「你用撫摸挑逗我，雖然我看不見你的手，你以柔情親吻我，雖然我未能瞧見你的唇。你就這樣躲著我。」

——魯米

我有個充滿創意的美麗朋友蘿拉，她是演員兼電台談話節目主持人，她一直在尋找合適的伴侶，為期已超過一年。蘿拉是非常著重感覺的女人，她喜歡跳舞。每週日下午她都穿上緊身衣和舞鞋，在舞池一跳數小時，有時她獨自跳，有時有伴侶，有時則和一群人一起跳。她一會兒柔軟和感性，一會兒原始和狂野。有時候，她輕快俏皮，有時又突然變得沉重和悲傷。透過她所有的情緒和情感，她和自己的身體建立起深沉的連結，並奢侈地容許自己表現與投入。她感到身邊的男人投來欽佩的眼神和欲望，但她知道她在舞池裡為她自己，而且只為她一人。在舞池裡和她生活中的其他領域相反，唯有在這裡，她才不需要表演。基本上，她在那裡是為了與自己親熱。

按摩、把香油揉進你的肌膚、捏黏土、揉麵包、裝扮自己，都是在這段尋找真命天子期間保持感性的方法，不需要實際與人上床。我們不只是等待某人出現，而是容許自己表達我們已經成為愛人。我經由嘗試錯誤所得到的教訓是：在人生中，自己成為愛人比得到愛人更為重要。以蘇菲派詩人魯米的話來說：「愛人並非最後於某處相會，他們始終在彼此之間。」

「我信仰情欲和各種欲望，視覺、聽覺和感覺是神奇的，我的每個部分都是奇蹟。我從裡到外都是神聖的，我使我碰過或碰過我的一切都變得聖潔，這腋下的氣味比祈禱更為芳香，這頭顱比教堂、聖經以及所有的信條更完美。」

——華特．惠特曼（Walt Whitman）《自我之歌》（*Song of Myself*）

練習：投入感官的親愛關係

拿出你的日記本和筆。我們要開始一段冥想。閱讀下面的文字至少兩次，然後盡你所能憑記憶執行。

舒服地坐著，閉上眼睛，花幾分鐘時間與你的身體和呼吸連結。在每一次呼氣時，吐出你還一直留存的昔日戀人（或任何與你有過性接觸的人）所留下的任何能量。釋放你一直保持在第二脈輪（你的生殖器和下腹部）的任何羞辱、傷害，或憤怒。每一次吸氣時，都收回你的整體性和力量，收回你給予或被取走的心或靈魂。繼續以這種方式呼吸，直到你的第二個脈輪感覺清澄和放鬆，或直到你覺得做好準備，能夠繼續下一步為止。給你自己可能需要的時間。

你準備好之後，呼喚你未來的戀人進入冥想。想像他在你面前，含情脈脈地盯著你的眼睛。感覺你的心回應他的愛而開放。提供你的身體作為他的家，神聖的安歇之處。感覺他收到你的奉獻，而他也反過來，以和你一樣的愛和奉獻，提供他的身體給你。想像你愛人的觸摸，感覺他（或她）溫柔地撥弄你的頭髮和你的臉。感覺你心愛的人吻你的脖子、你的胸部、你的肚子、你的大腿內側。現在也讓你以同樣的方式觸摸和回吻你心愛的人。在這樣做時，感受你們之間存在強烈的愛和吸引力，你覺得與這個人在一起非常安全，你有完全信任和投入的感覺，自然而且充滿喜悅。

準備好之後，睜開你的眼睛，把這段感官親愛的關係寫在日記本上，寫出確實擁有它的感覺。

加分題：實際行動

今天讓自己有非常性感的一天——穿著性感的衣服、散發性感的香氣、以性感的方式走動、吃性感的食物、創造性感的藝術、聆聽性感的音樂、寫性感的詩歌等。這一整天，保持表現和享受自己的性感能量。

Lesson

34

發展情感素養

「無法看到自己的真實感受，使我們任人宰割。對自己的感覺有更大確定性的人是他們人生更好的飛行員，因為他們對於個人的決定有更可靠的感覺……從與誰結婚到做什麼樣的工作。」

——丹尼爾．高曼（Daniel Goleman）《EQ》（*Emotional Intelligence*）

瑞秋和羅伯特兩人都是藝術家，雖然交往才七個月，但瑞秋已經在展示她手上美麗的訂婚戒指。兩人交往前幾個月很幸福美滿，但最近關係卻似乎急遽惡化。他們倆來找我，希望可以找出方法，恢復過去合作無間的和諧感覺，或者最低限度，瞭解最近他們之間起了什麼變化。

我幾乎立刻注意到最明顯的問題是，羅伯特無法表達自己的情感。對於每個關於他情感的問題，他幾乎都笨拙地回應，聳聳肩說：「我不知道。」他只能說自己老是遭到瑞秋「批評」。我試著向羅伯特解釋，他把她的問題與要求當成批評，但「批評」本身並不是感覺。

在瑞秋試圖與羅伯特分享她的情感時，他也無法理解。她表示痛苦和孤單時，他會抬起頭來望著她，回答說：「愛情是雙向道。」他似乎對她的痛苦無法感同身受。請不要認為羅伯特是個大塊頭的肌肉男，相反的，他言談斯文，謙遜有禮，是個可愛的人，只是缺乏連結自己情感的能力，因此無法以任何有意義的方式同情他人。但是這一道障礙卻嚴重地損害他們之間的愛情。

根據《EQ》的作者高曼統計，美國新婚夫妻的離婚率最近已飆升至高達百分之六十七。他認為如今社會觀念不同，不再強迫人們挽留不幸福的婚姻，再加上經濟上也不再需要這麼做，可能是離婚數字如此居高不下的原因。因此他斷言，夫妻之間情感的動力對關係的穩定性比以往更加關鍵。要確保成功的結合，情感的諧調和同理心在現在比以往任何時候都更必要。

「只有用心才能看得清；重要的事情是眼睛看不到的。」

——聖－修伯里

創造情感諧調關係的能力，需要伴侶雙方都至少有適當的情感素養（emotional literacy），也就是能瞭解、辨識、描述人們所經歷情感的能力。情感素養包括準確地辨識自己感受的能力，經由自我撫慰或延遲衝動到一定程度的做法來管理它們，並且適當地理解和回應其他人的情感。我們未必要把這一切做得盡善盡美，但要建立穩固的關係，至少要能夠做到合理的程度，因為情感素養是所有愛戀關係的通用貨幣。

同理心（empathy）是美好關係的關鍵，和個人識別和面對自己情感的能力成正比。大多數人總把情感和想法壓縮到一起，比如有人問「你感覺怎麼樣？」回答可能是「我覺得他是個混蛋！」而不是「我覺得受到傷害、羞愧、尷尬、侮辱」等等。心理治療師露西雅．卡帕席恩（Lucia Capacchione）在《與情感同在》（*Living with Feeling*）一書中闡明九種「情感家族」，幫助讀者確定自己的情感。這些「家族」如下：

快樂：包括幸福、滿意、熱情、激動、高興、欣喜若狂、感激和喜悅。
悲傷：包括洩氣、心灰意冷、失望、陰沉、苦惱、傷害、孤獨和惆悵。
憤怒：包括激動、不滿、激怒、惱怒、憤怒、煩躁、瘋狂和怨恨。
害怕：包括焦慮、恐懼、驚駭、緊張、恐慌、驚嚇、顫抖和害怕。
頑皮：包括冒險、童趣、創意、自由、輕鬆、活潑、自發和異想天開。
愛：包括親熱、富有同情心、友善、親切、培育、溫柔、信任和溫暖。
困惑：包括矛盾、惶惑、分歧、猶豫、茫然、紊亂、困擾和不安。
鬱悶：包括不再熱衷、垂頭喪氣、沮喪、無助、無望、無精打采、疲倦和退縮。
和平：包括平靜、滿足、輕鬆、文靜、滿意、安詳而寧靜。

「自我意識……就是持續關注自己的內心狀態。」

——高曼

當我們有所感覺時，辨識我們在感覺什麼情緒的能力，就是高曼所稱的「EQ基石」（keystone to emotional intelligence）。這並不表示我們必須知道「為什麼」會有這樣的感覺，或者這種感覺是「好」還是「壞」。在談情感素養時，這兩種分析和評估都是次要的。最重要的是，我們能夠確定自己有什麼感覺，並能夠與他人以建設性的方式分享。

大多數人並不會就這樣單純地接納我們的情感，反而常常否定、壓抑、忽略或隱藏它們。我們對自己的感覺感到羞愧（「我不應該有這樣的感覺」），否認我們的情感存在（「我並不是真有這種感覺」），或者試圖說服自己跳脫我們的情感（「我要停止這種感覺」）。這種現象甚至並非只有個人才有，我們整個文化都沉迷在各種各樣的雜念，或者快速修復的方法，協助我們逃離不愉快或難過的感覺，很少人能主控或掌握自己的情感。

許多人嘗試疏遠自己的情感，企圖變得「更精神化」，這種常見的錯誤是一種災難。憤怒、恐懼、內疚和羞恥這些「負面」的情緒，在我們生活中都有其必要。擺脫它們，就像試圖不用雙手做事。沒有雙手的人一樣能夠想辦法生存，但生活對他們來說，比我們這些擁有雙手的人要困難許多。

能量治療師麥凱倫在《情緒天賦》一書中，談到我們種種情感的好處。她告訴我們，憤怒是界限的守門員，這種情緒幫助我們保持與其他人適當的分離。她說，當憤怒受到壓抑或忽略，我們就無法設定自我的限制，保護自己免受虐待，或避免不健全的糾葛。恐懼——我們最抗拒的情緒，在我們的生活中也有它的地位。恐懼是本能和超集中意識的守護者，它使我們能夠充分地活在當下。如果我們充分尊重和接納恐懼，它就能使我們保持活躍，精力充沛，完全融入我們周遭的世界。內疚和羞愧這兩種姊妹情緒在人生中也是必要的功能，讓我們在打破自己或他人的界限時，可以恢復誠信。我們必須學會充分瞭解並接納我們所有的情緒，才能從它們身上獲得益處，並從它們的智慧中學習。

打從芭芭拉認識查爾斯起，她就很清楚自己想和他長相廝守，但查爾斯卻表現得模稜兩可，慢慢來，一點也不著急。兩人交往了幾年，他從加州搬到科羅拉多州山區的美麗家園，並邀芭芭拉一起過來。她起先喜出望外，但因為查爾斯從來沒真正對這段關係有任何承諾，因此他繼續單獨旅行，尋找樂趣，和遇見她之前一樣。芭芭拉大部分時間都孤獨一人，與世隔絕，因此她極度地不快樂。在我們談話的時候，芭芭拉因為太過沮喪，無法下床。她不停地告訴我，為什麼她認為自己不應該有當前的這種感覺：查爾斯很有吸引力，他從來沒做過什麼承諾，她應該讓自己更堅強，更自立。她越是告訴我她為什麼不應該感到悲傷和沮喪，我越是指出，不管她覺得自己應該有什麼感覺，她確實感到悲傷和沮喪。我問她：悲傷和沮喪這樣的情緒試圖告訴她什麼。最後，她願意接納自己感覺到的情緒，不去嚴厲地批判自己。當她能夠以這種方式面對自己的情感時，它們才有機會治療她，引導她進入更滿意和快樂幸福的生活。

「在你的快樂和憂愁出現時，接受它們。」

——約翰和琳・聖克雷兒・湯瑪斯

她決定她要向查爾斯做更多的要求，要他對造成她目前的情況負完全的責任。在查爾斯不肯多做承諾的情況下，她搬回加州，開始新的生活——以全新的尺度尊重她追求穩定性和與他人更親近的生活。她現在用她的情感來協助指引她做選擇，她發現生命比以往任何時候都更有價值、更豐富。不出所料的是，查爾斯後來也跟著她回到加州，並在最近向她求婚。這並不是因為她使出「不承諾就分手」的絕招之故，而是因為她能徹底的接納自己，反而讓她更值得被愛，而她也比以往更能吸引他的注意力。

當你瞭解自己時，就不需要為自己辯護。放棄堅持要別人以某種方式看待我們，才能讓我們發展親密的關係。真實面對我們的一些情緒、動機，和弱點，是一種挑戰，誰不希望自己美好、堅強，和可愛？然而，生而為人，就意味著我們心中擁有全部的能量——虐待和照顧、破壞和創造、恨和愛。正因為我們包含這一切，所以我們選擇藉著施予和接受愛的能力成長，才如此不平凡。

「當你的情緒被容許在你的生活中占有適當的位置時，所有的癒合都成為可能，因為所有的能量都可以獲得運用。」

——麥凱倫

練習：觀察感受到的感覺

今天，我們要練習「自我觀察」——無論在任何時刻經歷任何一切，我們都只單純地注意和觀察，而不做任何改變。在「觀察自我」時，不需要回應我們的感覺，不需要以任何方式修正、分析，或判斷它們。只要辨識和接納它們。

靜坐幾分鐘，專注於你的呼吸，如此才能與你自己同在。注意自己的身體，並充分接納你體驗的任何感覺。把你的知覺移到特別緊張的部位，並注意那部位有什麼樣的情緒。釋放你發現的緊張，讓自己充分感覺這個情緒。

請注意，你可能會同時感覺幾種情緒。一次一個，確定你體驗到的是什麼（例如：興奮、對失望的恐懼、快樂、悲傷）。花些時間與你的情感共處。歡迎它們，即使是更難接受的情感。只注意你感受到的感覺，不要抗拒，或以任何方式判斷它們，深呼吸，和它們共處。

現在，詢問每一個感覺，它們是否想要給你任何資訊（例如，興奮要我繼續擴展自己，超越我先前所知道的自己；對失望的恐懼要我記得：不要誤抱太高的期望；快樂要我慶祝已經克服的挑戰；悲傷要我記住我在人生失去的人，他們無法和我分享這個特殊的時刻）。

把你與情緒同在的經驗寫在日記本上，並記下情緒給你的任何訊息。

「所有的罪都是填補空虛的嘗試。」

——西蒙・韋伊（Simone Weil，神祕主義者）

加分題：實際行動

今天整整一天，停下一切，與自己同處。注意並觀察一切你時時刻刻的感覺。不要試圖改變它，只要辨識和承認這（些）感覺，呼吸它，與它同在。你也可以問這（些）感覺是否有任何想要傳遞的訊息。

Lesson
35
培養孤獨

「當我們獨處和安靜時，我們害怕某些東西將在我們的耳邊低語，所以我們仇恨那沉靜，並用社交生活麻醉自己。」

——尼采

美國詩人瑪麗安・摩爾（Marianne Moore）曾經寫道：「寂寞（loneliness）最好的解藥就是孤獨（solitude）。」然而，許多體驗到孤獨滋味的人卻極不情願，並抗拒這樣做。尤其是在俗稱「容易分心時代」（The Age of Distraction）的現在，當我們的電視機一下以大規模毀滅的遠景，一下又對偷窺狂脫口秀主持人以極度悲傷的情緒發洩，去填滿我們的家時，非得要經過深思熟慮的謹慎行為，才能切割出這個社會上的孤獨。

但是，孤獨並非只是現代的現象，早在百餘年前，愛默生在他名為〈自力更生〉（Self-Reliance）的短文中，就寫下這段話：「各處的社會都是防範其每一個成員成熟的共同陰謀。」當然，他指的是持續不斷的拉力使我們必須符合社會共同的約定，通常都是冒著風險，放棄發現自己的思想、情感、觀點，和道德的內在追求。愛默生又說：「按照世人的觀念在這世界上生活，是容易的事；按照你自己的觀念，離群索居也不難；偉人卻能置身在世人之間，卻盡善盡美地保持個人孤獨的獨立性。」

這一切聽起來的確不錯。畢竟我們都知道，在建立關係之前，必須先忍耐一段孤獨，讓人具有足夠堅實的自我，才能提供關係所需要的事物。然而在孤獨的洞口，卻有怪物守著：培養孤獨的第一步，就是要面對我們自己的寂寞，沒辦法避免它。你不能睿智地改變它——你必須直接深入孤獨感的中心，才能舒緩和安慰你那驚嚇、絕望的心。

「進入你忙碌生活裡的寂靜。熟悉她的方式。設法愛她，用你所有的心來感覺她，你會聽到她無聲的音樂，並成為愛的無聲之歌的人。」

——諾爾・戴維斯（Noel Davis，英國演員）

我知道你突然想要暫停本頁，先看明天的課程。請不要這樣做。不要放棄讓自己獲得癒合。我們這些年來一直在躲避自己，如今已經厭倦疲憊。我們必須在自己心中找到需要面對怪物的勇氣，治癒我們孤獨的恐怖。

起先，在我們開始進入孤獨之時，我們可能會發現急躁、悲傷、憤怒，或絕望。這沒關係。我們允許自己與之相處，擴大同理心的範圍，除了自己之外，也納入其餘曾經受過這種可怕感覺折磨的人。

榮格（學派）分析師霍利斯博士形容孤獨為「人完全呈現在自己面前的心理狀態」。我們必須記住，寂寞不是真正的敵人——自己疏遠自己才是。我們從不因為失去了與他人的聯繫而孤獨，我們孤獨是因為失去了與自己的接觸。

我曾與一名已婚男人發生婚外情，我一直抱著老掉牙的想法，以為他會如他所說的離開妻子。一天晚上，在我需要他時，他卻不在，我在公寓裡踱步，面對我規避多年的寂寞。我開始大聲哭喊，折磨我的身體。我沮喪地躺在地板上心痛哭泣。與其說我為他而哭，不如說我是因為這些年來所有孤獨的感受，得不到的支持，和遭到遺棄而哭。他只是我為避免感受這些感覺而做的最新嘗試。但是我和他的關係並沒幫助我擺脫孤獨感，反而讓我直衝入它的中心。我不知道我哭了多久，直到早晨當我醒來時，我感到平靜。我打電話給這名已婚的朋友，和他分手。這是第一次，我讓自己足夠堅強，我已經制伏了野獸，並且全身而退。

我們多常妄自菲薄，與明知道不適合我們的人糾纏，只因為我們太害怕獨處？有多少次，我們讓恐懼指使我們留在早已經達到目的關係之中？我們在哪些方面犧牲自己，以避免我們面對沉默的風險？現在是面對我們恐懼的時候，我們要轉變自己最終的孤獨，把它化為力量的源泉。好的關係與偉大關係之間的區別，在於回歸自我的堅實能力，維持如愛默生所說的：「在群眾之間完美的獨立性。」

在那次的經驗之後，我開始積極培養孤獨，作為一種練習。每一天，我讓自己花一些時間靜默獨處。我關掉電視機，拔下電話，不聽音樂。我放下書本、日記本、報紙，和任何我正在做的創意計畫。我或坐或走，或看著自己呼吸。有時候我會覺得無聊，有時候不會。但是，這並不重要，不管怎樣我就是這麼做了。在最長的一段時間裡，我因為自己孤獨而感到一種悲傷，但我不再害怕，並與它作伴，可以說邀請它一起來喝茶。

這份孤獨的紀錄成為我所謂的「消沉時日」的基礎。我會讓最親近我的人知道我正在保持一整天的沉默，讓他們不會因為我沒接聽電話而恐慌。我讓自己讀、寫，偶爾聽柔和的樂器音樂，但僅此而已。有時我會休息，逗弄我的愛貓，在我臥室的地板上做瑜伽，聆聽寂靜。有時我去散步，看看樹木。但所有的時間我都注意自己的呼吸，並聆聽我的心。我們成了好朋友。

「真正的行動是在無聲的時刻。」

——愛默生

接下來有一天，悲傷不見了，取而代之的是和平與寧靜的感覺。我仍然不想過單身生活，不想獨自一人，但如今我已經可以接受它，因為我與自己好好相處。今天，與丈夫、一個學步的幼兒在一起，有一個全職的工作，我真懷念當時那段時光。有這麼長的時間只要存在就好，真是奢侈。這就是為什麼要感激自己處在人生中的什麼時刻，和在擁有的時候就要欣賞它。有人曾告訴我說，我真的可以擁有一切——只是我不能在同一時間擁有這一切。

「平靜地處在噪音和匆忙之中，並記住沉默中的平靜。」

——馬克斯．厄曼（Max Ehrmann，美國作家）

這是你人生中一個特殊的時刻。不要錯過它出現的機會，而希望自己身在別處。生活幸福快樂的祕密就是選擇你所擁有的，還有什麼時間比單身時更適合培養孤獨？這是一個禮物，不要扔掉它。

練習：與寂靜共處

今天早上花五到十五分鐘坐在寂靜中。沒報紙、沒電視、沒雜誌、沒書、沒電話、沒網路、沒呼叫器、沒活動。

現在就開始。

然後拿出你的日記本寫下這段經歷。

如果可能的話，每天至少花五分鐘，保持寂靜和孤獨。

「自我必須認識寂靜，才能發現它真正的歌。」

——布倫

加分題：實際行動

在你忙碌的生活設定時間為這週的「消沉時日」、「消沉早晨」或「消沉之日」。你有空的任何時間都可以，只要與你自己訂個日子，花一些時間與你最親密的同伴——你自己共處。

小組討論建議研究指南

一、你對自己和其他人做了什麼承諾？這些承諾如何幫助你盡你所能發揮？

二、你如何把自我照顧放在關心他人之前（例如，在有需要時說不，設定適當的限制，讓某人失望等等）？

三、你對自己從別人那裡接受的能力（或無能）有什麼觀察？

四、談談你對自己身體形象的看法，它如何影響你的愛情生活？

五、你覺得表達自己的性魅力有多安全和／或自由？

六、你一直覺得哪一種情感較難感受？你以什麼方式避免它們？

七、對於沒確切時間的孤單，你有什麼樣的反應？

第　六　週

值得的人生

「悲慘的旅程不會有圓滿的結局。」

——亞伯拉罕・希克斯（Abraham Hicks）

真正親愛的關係需要某種程度的成熟和寬厚的性靈——這也是能改善我們對人生整體滿意程度的相同本質，不管有或沒有伴侶。

在這一週：

- 我們將寬厚對待我們一直指責和誤會的人，繼續擴展我們給予和接受愛的能力。
- 我們將檢討構成快樂生活的關鍵要素。
- 我們將挑戰阻礙愛在人生扎根的舊有恐懼。
- 我們將練習為我們關係的品質承擔全部責任。
- 我們將檢查當前的溝通模式，以改善我們的能力，創造與他人更有意義的連結。

Lesson

36

寬厚——基本要素

「婚姻不是適合弱者、自私者，或不安定者的生活。」

——薛尼．鮑迪（Sidney Poitier，美國演員，舉世第一位黑人奧斯卡影帝）在電影《吾愛吾師》（*To Sir, With Love*）中所述

有人問過達賴喇嘛是否曾經感到寂寞。「不，」他簡潔地回答。人們問他為什麼，他回答說：「我認為一個因素是，我看任何人都是以較正面的角度；我嘗試尋找他們的優點。這種態度會立即創造親和力的感受，這是一種連通性。」對其他人，達賴喇嘛擁有我們所謂的「寬厚傾聽」能力。

我們往往喜歡對我們寬厚的人，他們容許我們犯錯，接納我們的不完美，而不用它們來攻擊我們。面對寬厚的人，我們覺得自己可以在他們身邊呼吸，可以更真實地做我們自己。寬厚是一種廣大的現象。

然而，我們大多數人都相當吝嗇，非但不尋找人們的優點，反而透過過濾器，認為他們應該或不應該是什麼樣的人，及認為他們應該或不應該有什麼樣的言行舉止，來評斷他們。我們沒有以開放而無防禦之心理面對所接觸的人，而是採取防衛和封閉的態度。這種克制自己的情況太過普遍，讓我們視它為正常。然而，這樣的做法實在是對恐懼主宰一切文化的反動，它與人類的真義和人類在世上真正的需要毫無關聯。

我曾經參加一個週末的研討會，討論的是開發更充分愛人的能力。參與討論的大多數人都認為自己在這方面已經做了相當的努力。畢竟，我們已經付了一筆費用，並且犧牲了整個週末，以瞭解如何成為更有愛心的人。除非是在這方面已經做了一些努力，不然誰會這樣做？但研討會的引導者質疑我們對自己的信心，他問我們：「如果你對某人表白你內心的激情和崇拜，但他們卻告訴你不能回報你的愛，那麼你認為自己還能保持心房敞開多久？面對這樣的拒絕，你認為你能繼續寬厚地施予愛情多久？」大多數人都不得不承認：不會太久。

「與任何生物建立正確的關係最有效的方法，就是尋找它們中最好的，然後幫助它做最充分的表達。」

——亞倫．波恩（J. Allen Boone，美國作家）

然而，還有什麼比得不到自己想要的事物時，更好的給予愛的機會？對寬厚和以愛心對待我們的人，我們以寬厚和愛心回報是理所當然，但讓自己超越這種容易的做法，以迫使我們對依附的事物放手的方法給予，這才是真正寬厚的開始。

我們較頻繁出現的防衛反應，創造了一種情感的真空。當我們因任何理由而對別人保留自己的愛和光，最後自己也會感覺到愛的匱乏。威廉森在《迷上愛》一書中寫道，「愛在我的人生中乾涸，總是因為我吝於表達我的同情；愛在我的人生中盛放，總是因為我擴大了表達愛的意願，表現了原本像一個孩子一樣蜷縮在我心角落裡的愛。」當我們不願在愛裡延伸自己時，就在我們心中創造了對愛的強烈渴望。我們追尋「真命天子」的舉動就會變成對所欠缺的愛的一種補償，我們渴望被愛，渴望有人會照顧我們——甚至治療我們，或給予我們從來沒得到過的事物。

范贊特在《生命在愛中成長》一書中提醒我們，「我們為了尋找愛情而進入一段關係，卻不瞭解我們必須帶著愛。」我們要做的，不是去尋找讓我們得到愛的對象，而該尋覓我們可以給予愛的對象——他啟發我們擴展自己，超越了只注意自己和自戀的局限。這需要我們在付出愛時駕輕就熟，即使付出愛並不容易。

「總是會歸納到同一件事——不單只接受愛，也迫切地需要給予。」

——奧黛麗．赫本（Audrey Hepburn，英國演員）

寬厚是因豐裕而生的行為，但並非所有的自我犧牲都是仁慈的。有時候，我們的「寬厚」帶有操縱他人的隱藏意圖，希望對方變成我們希望他們變成的人。我們以「利他」的字詞和犧牲的姿態打扮我們的自私，試圖讓自己偽裝為我們明明不是的那種人。你也許曾與這樣的人交往過，他的給予是希望得到你的回報。更重要的是，說不定你就是這種人。你甜美、善良、願意盡力體貼別人——直到你發現對方沒辦法給你你想得到的事物。所以當我在約會時，必須不斷地提醒自己，儘管這個對象完全不能或不願給我我所需要的事物，但這並不意味著他是錯的，它只意味著他並不適合我。

美洲原住民有一種判斷個人財富的習俗，不是看他們有什麼，而是看他們給予什麼。如果要繼續給予，而不期望得到回報，就必須連結到內心的健康和財富。佛教比丘尼丘卓說：「寬厚的旅程是連結、珍惜這種財富，願意放棄任何阻礙它的事物。我們放棄墨鏡、長大衣、頭巾，和我們的偽裝。總之，我們開放自己，讓自己受到感動。」

當我們發現自己納悶為什麼生活中沒有更多的愛時，應該好好想一想施予它的方式。無法給予的愛，也會很難得到。阻礙不只限於一種方式，因為在某個程度上，給予和接受是同一種體驗。

雖然當自己欠缺愛時還去尋求付出愛的新方式，似乎違背我們的本能，但這樣做就像我們為自己的人生採取了立場，做下承諾，讓愛出現在我們的生活經驗之中。紀伯倫在《先知》（*The Prophet*）中，稱自己一無所有但不論如何都會給予的人為「生命中的信徒」，他向我們保證「他們的樽中酒不空」。這是因為人生總會有方法平衡。愛默生在〈補償〉（Compensation）一文中，鼓勵我們以深刻的寬厚生活，讓宇宙本身不得不回報我們的努力。他建議我們「愛，而你必會被愛」，他認為，「所有的愛在數學上是公正的，就像一個代數方程式的兩邊。」因此，他告誡我們要「把上帝放在我們的貸方」。

「真正的寬厚是為某人做些他永遠不知道的好事。」

——法蘭克．克拉克（Frank A. Clark，美國牧師）

做一個大度的人感覺很好——成為原諒的人、先道歉的人、放棄面子的人。起先你不免會有「但我不想要這樣！」的想法，不過，一旦你深吸一口氣，放棄要求正確的、為了好看、為了懲罰某人傷害你，或者證明別人錯誤的需要，你就可以自由地體驗到深刻的愛，讓它成為你的生活方式，而非只是追求你生命中欠缺的人那獨一無二經驗的目標。

寬厚是一種精神上的紀律，練習得越多，就變得越堅強。寬厚不只是不錯的想法，也是創造愛的基本要素。雖然你目前可以把鍛鍊「寬厚肌肉」作為選項，但你的未來很可能就在於你愛另一個人時，這種自我控制的能力上。

當今的離婚率代表目前我們在尋覓和維繫愛情上相當困難。這種情況是因為在起初的吸引力和求愛期之後，長久愛一個人需要相當程度的「仁慈寬厚」，而我們根本不習慣如此伸展自己。放下我們必須正確的想法，放下我們必須證明別人錯了的念頭，放下我們非要下最後結論的堅持，放下我們必須受到瞭解的需要，這才象徵我們能夠並且真正準備創造充滿愛的關係，並將隨著時間持續而繁榮。

「愛情裡面要是攙雜了和它本身無關的算計，那就不是真的愛情。」

——莎士比亞

練習：採取寬厚的行為

拿出你的日記本。回答以下的問題：

◆ 你在生活中總覺得誰是錯的？

現在，從你的答案表中選擇一人，並寫下以下問題：

◆ ＿＿＿＿＿＿＿＿＿＿錯在哪裡？

（人名）

現在假設你是這個人。完全放下你對他或她的觀點，把自己想成他或她，然後完成以下的句子。從各種理由的角度探討他或她可能是對的原因。

我是對的因為：

◆ ______（你的名字）______不瞭解我的是：

「世上所有幸福的人之所以能夠快樂，是因為他們渴望別人也能夠幸福。」

——寂天菩薩（Shantideva，古印度著名佛教學者）

加分題：實際行動

今天採取至少一個寬厚的行動。這可能包括（但不一定要）告訴你今天早上所選你認為是錯的這個人，他為什麼是對的。其他寬厚的行為可能包括：對某人道歉、原諒某人，或者在對話之中放棄自己是對的堅持。這種放棄不是情願屈從，而是刻意地擴展你自己。如果你真的很寬厚，就不會有自以為是或優越的感覺。你應會覺得自己的靈魂已經擴大並成長，盡你可能成為最大度的人。現在就動手去做，伸展自己。

Lesson

37

追尋快樂

「大部分人認定自己有多快樂，就有多快樂。」

——亞伯拉罕·林肯（Abraham Lincoln，前美國總統）

幾年前，為了醫治我從青春期起就罹患的飲食失調症，我參加了「匿名戒除暴食組織」（Overeaters Anonymous），逐漸熟悉了上述這則格言。它使我既惱怒又迷惑，我不禁納悶，自己每天晚上獨自一人回到空蕩蕩的公寓，怎麼能快樂？當我體重超重，身材變形，我怎麼能愛自己？在我一貧如洗時，我如何享受人生？我不想再去想這句話，因為它與我的生活不相關，說這話的人是對當今大多數現代人所面臨的各種挑戰一竅不通的人。但是，當我發現林肯自己曾經歷許多徹底的失望和痛苦的失敗，我就不能輕易否定他的話，把它當成不知人間疾苦的特權人士所提出的盲目樂觀理念。

我三十歲出頭時，因為歌唱事業失敗，三年半的戀情告終，正因失望和失落的感受而喘不過氣。當時我擔任一個臨時祕書，這是我所厭惡的工作，根本不適合我。而我的朋友和導師——來自孟買的矮小男子迪布·高許（Debu Ghosh）總以他的印度口音笑著說：「凱薩琳，快樂的祕訣就是選擇你所擁有的。」一開始我聽到這種欠缺敏感的話總氣憤難當，但等我克服了這樣的情緒之後，也開始思索他的道理。

儘管我的人生似乎很悲慘，我卻也厭倦了對於自己為什麼該有不快樂的權利擺出防禦性的姿態。在我看來，老是要捍衛我在人生中受害的地位未免太可悲，我開始對聽自己抱怨感到不耐。我開始思考自己是否如蕭伯納的名言「獨善其身、自私渺小的憂煩軀殼，只知抱怨世界無法奉獻它自己，帶給你快樂」的那種人，我開始好奇人是否可以單純地經由選擇而快樂。我把這當成一種精神的挑戰，決定培養歡喜的特質。我心想：「只要我在現在這種情況下能夠快樂，那麼我在任何地方、任何時間都可以得到快樂。」所以我不再試圖改變我所處的情況，而是開始接受它們本來的面貌，祝福它們。我開始思考為生命本身而接受並珍惜它的這種可能。我開始視失望和奮鬥為加深和擴展自己的契機，讓我能納入人類整體的經驗，讓它成為有價值的生活。

「你能忍受快樂嗎？如果我們不相信自己值得快樂，就不會讓愛扎根於我們的人生。它處在我們對自己人生的信念之外，使我們破壞愛。」

——布蘭登

我所感受到的失望和深切的哀傷並沒消失，我做臨時祕書只會把一切弄得亂七八糟的事實也沒消失。然而，我的幽默感和幸福感起了作用，而且我開始欣賞我的生活，儘管它依舊失衡而令人費解。我不再抗拒我所處的情況，而是放下自己，融入其中，我單純地接受所發生的一切，以及更重要的是，也接受未發生的一切，做到了這點。我甚至開始為一切做感謝的禱告，就好像是把它當成實驗，看看我是否能在不改變我的情況下，改變我的體驗。

我們往往認為，快樂的存在是附加的，必須要在我們已經成功掌握了人生的一切，才能得到快樂，但再沒比這種觀點更違背事實的想法，這是歷來最大的謊言，但我們卻深信不疑。我們並不是因為我們還沒完全擁有我們認為應該要有的東西而不快樂，我們不快樂，是因為我們抗拒人生中快樂的事物，並努力嘗試修復我們認為破損的事物。這是非常大的壓力。

我回到研究所念書，想要成為心理治療師時，已經三十多歲。當時我沒什麼錢，住在加州威尼斯市破落的單房公寓。母親養育我時，並沒想到年已三十五歲的我還嫁不出去而且家無恆產，這讓她很難過。她雖盡全力支持我，並且小心翼翼地不提敏感話題，但當她來訪時，我看到她的眼睛來回審視我所住的街區。儘管她不說，我還是知道她有多麼擔心和失望。

「每一件事情都有它奇妙的地方，甚至是黑暗與寂靜。我學到了不論處在哪一種狀態，我都是知足的。」

——海倫．凱勒（Helen Keller，美國作家）

她從紐約飛來參加我的畢業典禮，我很感激她為了陪伴我跋涉了三千英里。我們很高興地在畢業典禮前一天為第二天的派對做準備。但在我們逛街購物時，她開始談到我未來該有的計畫，其中包括出去賺點錢。這些年來我延誤婚姻、家庭，追求無利可圖的歌唱事業，之後多年一直是個窮學生，讓她感到的挫折難過都隨著她說的每一個字而流露出來。我開始因為她對我人生的不滿而感覺到莫大的壓力。回到家後，我不禁失控。我站在廚房裡一邊切蔬菜，一邊像瘋子一樣揮舞著刀子，「媽媽！」我喊道，「要是我永遠賺不到錢呢？要是我永遠沒有你覺得我應該有的那一切呢？也許這個破爛的小公寓就是我所有的東西！也許這一刻就是我生命中的顛峰！」我憤然轉身衝進我唯一可以猛然關上門的房間——臥室。

我可憐的媽媽，她感覺很受傷。畢竟，她來只是為了支持我，讓我知道她多麼為我驕傲。她基本上只是做了所有母親都會做的事，希望她們的女兒不致為金錢掙扎，受盡艱苦折磨，一個人飄泊。如今回頭反省，我瞭解我爆發的原因不是針對她，而是對我內心所不斷感受到的壓力。壓力讓我自認為：一、我的人生出了差錯，也就是說，我原本到現在已經該有個丈夫和大量的金錢，和二、情況最好趕快改變，因為我絕對無法再容忍我的情況。我對我母親所宣告的，其實是在對自己宣告：我不願再試圖讓我的生活符合任何人預期的模樣，包括我自己的預期在內。我要接受我的真面貌，我要接受我所有的，這就已經足夠，哪怕這意味著我將在這個沉悶的小公寓孤獨終老。在這一刻，我獲得了解放，這件事成為我生命中的關鍵時刻。我終於停止抵抗我的人生。

「就像我們沒權利只享受財富而不創造財富一樣，我們也沒權利只享受幸福而不創造幸福。」

——蕭伯納

我們拒絕接受人生的本來面貌，結果造成自己的不快樂。不快樂的人往往造成不快樂的關係，或者根本無法建立關係。我們聽說有研究指出，結婚的人比未婚者更快樂，以這個作為結婚會讓你更快樂的證據。但是，我們也必須考量快樂的人比不快樂的人更容易吸引愛融入他們的生活。要創造快樂，必須先接受並投入你現在所擁有的生活，接受它的現狀，包括孤獨、失敗和其他事物。你必須接納失望、掙扎，和痛苦，人生才能完整。你必須接納所有的一切，就如它的現狀。

我們常一心一意想要結婚，因為我們覺得自己目前沒伴侶的生活是劣質而次等的。我們感受到的絕望來自於不願意接受獨身的可能性，它來自你必須結婚，人生才會充實豐富，才值得生活的信念，這是另一個我們共同延續的謊言。

讓生命值得活下去的，是積極發揮，成為你這一生中可能成為的最優秀、最美好的人。讓人生值得活下去的，是找到你所愛和支持，並且全心奉獻的人和計畫。太多人渴望我們可以棲身其中的關係，但這並不是靈魂伴侶的體驗，而只是求生存的體驗。如歐普拉所說的，要活出你「最好的生活」，就是現在，就在這一瞬間，在這種情況下，不管你的經驗在這個時間點是否包含親密愛人。

你必須創造能夠照亮自己的人生，不管你有沒有情人、偉大的事業、很多的財富、大房子、健康的子女，或者讓你一炮而紅的歌曲。創造偉大的人生雖然可能包括積極追求這些福祉，然而以實現這些目標作為確認自己人生意義的標準，卻是可怕的負擔。

歡喜是無條件的體驗，和你的人生狀況毫無關聯。刻意或無意地接受人生的本來面貌，是個人所做的選擇。你可能不喜歡現在所發生的一切，但你可以和它共處。在放棄抗拒你眼前的人生時，你也讓自己能夠接納並照顧那些你困擾和煩惱的情緒。在這樣做時，你也釋放自己，感到滿足、幸福，和深刻的喜悅。歡喜是來自於人生情感流動的副產品，它來自於單純對活著的感激，而非對於自己在人生中得到想要的回應。

「不快樂的人，就像睡不好的人一樣，總是引以為傲。」

——伯特蘭．羅素（Bertrand Russell，英國哲學家）

在我的生活中，我總發現當自己不強求時，通常就會得到我想要的，這就是它的情況。這就是為什麼人們總說，在你不刻意尋覓時，就會發現你的靈魂伴侶。你的靈魂伴侶來找你不是因為你「不刻意」，而是因為你不強求。通常不強求的人只會吸引愛與健全的人到他的親密圈子裡，因為他們不致因絕望而讓自己妥協。如果他們必須獨自度過餘生，他們也寧願這樣做，而不願創造充滿破壞性的麻煩糾葛。他們不會浪費生命和虐待或者不愛他們的人糾纏不清，他們會追求有興趣的事物、好友、有意義的活動，讓他們的生活過得值得。這並不一定是因為他們不刻意尋覓伴侶，而是因為他們正忙著享受生活，不管有或沒有伴侶。

幾年前我有個有趣的經驗，讓我對於不強求時一切就會水到渠成有了很深的體會。我十歲的時候有個名為凱西．史薇芙（Cathy Swift）的朋友。每天放學後，凱西和我都到我家，把猴子樂團（The Monkees，是個於六〇年代興起的美國本土樂團，由四個人所組成，即下文之戴維，米奇，彼得和麥克）的唱片開到最大音量。然後我們倆就在屋內唱歌跳舞，假裝戴維（Davy）、米奇（Micky）、彼得（Peter）和麥克（Mike）在對我們唱歌。我們瘋狂地愛上了他們，每週都把心上人從這一個換成另一個，比如這一週我愛戴維，她愛彼得，下一週我愛彼得，她愛米奇。我一心一意希望見到他們其中任何一人。

時間快轉二十年，我在一個非正式的週六下午聚會中認識一名男子，彼得。我們相約晚上一起去看戲。彼得人似乎很不錯，雖然他很大方地幫我付了戲票錢，但他肯定手頭很緊。他談了很多演藝界的內幕，讓我大感驚奇，儘管他看起來像是還在辛苦經營的演員，卻談到過去莫大的成功。就在劇幕拉開之前，我問他說：「對不起，我是否該認識你？你是否曾在演藝界有什麼成就？」他很靦腆地微笑說：「如果我告訴妳，就會毀了我們的約會。」這時劇院的燈暗了下來，變成漆黑一片，突然間，我想到他是誰了，我倒吸一口冷氣，叫出聲來：「我正和猴子樂團的彼得．托克（Peter Tork）約會！」我吃驚得差點摔在地板上！我的朋友李奧和比爾為此揶揄了我幾個星期，打電話在我的答錄機留言，唱著：「嘿，嘿，我們是猴子樂團！」還狂笑不已。看，這就是上帝的作為。在你不強求時，美好的事物就會迎面而來。

「人生沒有其他需要強加的紀律，只要我們瞭解這一點，並且毫不質疑地接受人生。」

我們閉上眼睛不看的、逃避的、否定、貶低、輕視的一切……到頭來都有它們的目的。原本看來討厭、痛苦、邪惡的，如果以開放的心態面對，到頭來都可能成為美麗、喜悅，和力量的源泉。對有遠見能辨識的人來說，每一刻都是千載難逢的黃金時刻。」

——亨利．米勒（Henry Miller，美國作家）

練習：放下執著的事物

拿出你的日記本，回答下列問題。每個句子以「我必須有……」開始：

◆ 我認為我必須要有什麼才能快樂？

現在回頭圈出你看到你執著強求的事物（提示：不管是什麼，只要沒有，就會讓你生氣、沮喪，或苦惱的事物，就是你執著強求的事物）。

一個接一個，檢視你圈出的每一件事物，並做這個禱告：

◆ 親愛的上帝：

我相信我必須有＿＿＿＿＿才能得到快樂。然而現在我願意放下這種執著，因為我知道不管有沒有我執著的這件事物，我現在的生活就很美好而美麗，我接受不論有沒有______，我都能感到歡喜。我完全接受現今這種人生，阿們。

把你表列上的所有事物都禱告一次。

加分題：實際行動

今天練習無條件地接受你的人生，如它現在這樣的面貌，並且在任何可能的情況下，刻意地做出快樂的選擇。每當你今天覺得自己沮喪、失望，和不安時，就為你的人生是什麼和不是什麼而感謝上帝。不論你是否在任何特定的時刻得到你想要的事物，都肯定你生命的美好。

Lesson

38

驅除惡靈

「焦慮是愛的頭號殺手，它會創造失敗。這讓其他人好像溺水的人一樣死命抓著你，雖然你想救他，但你知道他會以他的恐慌勒死你。」

——寧

對任何人來說，建立親密的關係都有其風險。然而對曾經經歷過創傷（比如在兒時遭到嚴重的虐待或拋棄）、迄今還未痊癒的人，愛的連結就像惡劣天候中海上的救生索。許多人依附戀人的急切和絕望，遠超過這段關係所能負荷，結果必然會發生以下兩種情況之一：儘管我們的戀人最初是好意的要救我們，但最後不免會為求生存而逃跑；或者他們會挺身而出，打一場漂亮的仗，最後卻與我們一起下沉。無論是哪一種方式，我們追求安全、可靠避風港的努力都會再次失敗，結果只是讓我們收集更多的證據，證明不論我們如何努力，人生都不可能充裕富足。不論我們怎麼做、如何努力，都無法擺脫讓自己再度受傷的命運，一遍又一遍重複我們過去可怕的經歷。

不單只有狗或熊會嗅出我們的恐懼，獵捕我們作為獵物。生命本身似乎也能找出我們最壞的情況，並以各種形式和偽裝一遍又一遍地出現在我們面前。突然間，我就發現我走在自己厭惡的路徑上，處在我盡全力躲避的情況中，面對我竭盡全力避開的人。就彷彿隱藏在我們內心深處的恐懼成了不可抗拒的春藥，勾引生活中的陰影進入我們的人生。無論我們如何與它切割，無法迴避的事實是，我們將必須面對自己多年來一直在努力逃避的事物。事實上，唯一的出路就是面對它、經歷它。唯一克服我們恐懼的解決方案，就是不再如此瘋狂地逃離它們，轉身直視它們，正大光明地面對它們。

「我們當中有些人並不建立關係，只是把對方當人質扣留起來。」

——無名氏

荷莉和肯一直在不斷地戰鬥。荷莉已經搬到洛杉磯幾個月，希望能成為演員，她不但遠離家鄉，而且因為沒多少資金，甚至朋友更少而操心不已。她所賺的薪資僅夠餬口，時時刻刻都害怕付不出房租。這時肯出現了，這位還在掙扎的藝術家本身也是演員，他們倆展開熱戀。不久之後，荷莉開始告訴肯，她認為他應該照顧她，應該讓她搬進他住的閣樓，幫她支付帳單，並提供她生活中所匱乏的一切。肯非常樂意做她的白馬王子，只是他無法安排得很好。他答應做的事總會忘掉，他向她保證會給她一些錢，但他自己也沒餘錢，他支持她的方法是陪她一起去找工作，結果自己卻錯過重要的試鏡。現在，他們兩人都為他而生氣。

他們一起創造的生活也和荷莉記憶中的一樣起伏波動而不穩定。荷莉幼時，她母親就很容易發怒，一點點挑釁就會讓她突然失控而勃然大怒。荷莉十分害怕，她的整個童年都在尋找可以救命的稻草，追求安全和歸屬感，卻徒勞無功。荷莉竭盡所能地希望在肯身上得到她急需的穩定，卻讓肯超過了他的臨界點。他無法滿足她加諸在他身上的強烈需求，他發現自己越來越異常，比以往任何時候都更不穩定。這讓他感到強烈的沮喪，而導致脾氣頻繁地爆發。他再度成為荷莉最可怕的噩夢，她無法區分肯的憤怒和她母親虐待式的憤怒。至於肯，他最害怕的是在人生中搞砸一切，無法做好任何事——因此他把自己得成為白馬王子放在第一優先。

這是一對為了互相治療而聚在一起的愛侶，只是荷莉的療癒不可能來自於肯提供安全的港灣，而肯的治療也不會來自於他援救荷莉的能力。他們的療癒將來自雙方都不再企求對方成為自己的慰藉，他們的療癒必須來自於兩人都面對自己的恐懼，不再試圖用對方來緩和它。他們倆必須互相學習直視他們的恐懼，說出智慧的話語和治療受傷的心，因為他們自由的程度只限於能夠掌握苦苦逼迫他們，控制他們人生如此徹底的恐懼。

「我讓一個男人背在背上，使他窒息，卻向其他人說，我對他很抱歉，希望盡一切可能讓他舒適——但就是不離開他的背。」

——托爾斯泰

大多數人都不會如荷莉和肯這般，表現出公然和強烈的恐懼。然而實際上幾乎所有人都活在人生表面之下的恐懼暗流之中，就好像正在持續發些微的燒一樣。我們已經太習慣這樣的情況，幾乎認不出它來，我們把它叫作壓力、緊張、憂慮、刺激，和／或煩躁不安。不論如何稱呼它，我們都是恐懼的癮君子，以源源不絕的焦慮和不健全餵養我們自己。這個暗流湧現在我們目前的生活中，就算解決一個問題，另一個問題不久之後一樣會到來。我們以為自己的焦慮感攸關當前所處的情況，但實際上正好相反——我們的恐懼感把符合它們的情況吸引過來，讓恐懼感證明它們的存在有其必要。

恐懼是人生上下起伏不可避免的阻力……也許更尖銳的恐懼是死亡。我們不肯承認人生的真面貌就是這樣，卻把這個問題或那個問題，這個投射或那個投射，這個想像或那個想像縈繞於心。我們所體驗到的恐懼實際上很少會在當下獲得驗證，我們所經歷的神經質焦慮往往並沒真正或即時的危險。如果我們一抬頭，看見一棵樹迎著我們倒下來，那麼那一剎那的恐懼顯然有其道理。但是如果我們光是看著這棵樹就感到恐懼，覺得它和房子、電線杆、道路多麼接近，不由得想像會發生什麼後果：如果剛好風暴來了，樹正好倒下，正好壓到電話線，所以我們無法打電話求救，如果它正好壓在馬路中間，讓我們無法把車行駛到安全之處。我們讓自己太緊張，結果不由得思考：也許我們應該把樹砍掉。也許我們應該搬到更安全的社區，一個沒有如樹木和房屋、電線杆和道路這種危險事物的地方。這就是我們過生活的方法，這就是我們經營關係的方法（更準確地說，這就是我們逃避生活、逃避關係的方法）。

「在真愛中，你想要的是這個人的美好；在浪漫之愛中，你想要的是這個人。」

——瑪格麗特・安德森（Margaret Anderson）

我們容許恐懼使我們得不到自己想要的東西——讓受傷害、遭拒絕、失望或遭遺棄的恐懼支配我們的行動，阻止我們在人生中冒險，並控制我們最親密的關係。我們每個人都各有自己讓恐懼主導和掌控的版本，但現在是透過面對面挑戰恐懼、讓巫師下台、驅除惡靈的時候。現在該是清點癱瘓我們、扼殺我們人生中愛情的恐懼的時候。我們不能再透過努力創造安全的錯覺來姑息這些恐懼，因為恐懼不能被「修正」，它只能被質疑、解構，並且在最後被廢除。榮格曾經說過：「如果有摔下來的恐懼，那麼唯一安全的做法就是自己先跳下來。」

大多數人在人生中都經歷了一連串失敗和失望，但我們還在這裡。對於我們必須承受的痛苦，也沒足夠的解釋，沒足夠寬容的話語，能夠包含安慰和希望。通常我們別無選擇，只能讓自己深深陷入我們感到的悲傷，接納那一刻。面對我們的恐懼意味著進入人生的空虛。這意味著接受潮漲之後不可避免的潮退，和在收穫之後必然可預見的損失。

雖然我（還）不是畫家，但我曾經畫過一組三幅的畫。第一幅是一棵鬱鬱蔥蔥美麗的樹，欣欣向榮，葉片豐富。第二幅是被修剪後的同一棵樹，沒了茂盛的樹葉，看起來又細又瘦，而且悲傷。第三幅也是最後一幅又是同一棵樹，這一次，它美麗的葉子長得十分豐富和完整，枝葉相連，遠遠超出畫布的範圍。我以這一組畫來提醒自己，我可以信任失落，因為人生是不斷的起伏變化，空虛就和豐滿一樣，也是生命的一部分。我還在學習相信這個道理。

「我們每個人都是這樣，充滿了恐懼。如果你想靠婚姻使你的恐懼消失，結果只會讓你的恐懼與別人的恐懼結合在一起，你們兩個人的恐懼促成了婚姻，使你們流血，卻稱之為愛。」

——范杜拉

焦慮的狀態是源自執著，我們對於要求人生要給予的事物不能釋懷。我們對人生的接受是有條件的，我們在抗拒會發生或不會發生什麼。下一次當你發現自己感到焦慮，問自己：「我在執著什麼，讓我陷入這樣的情境？」如果你能看清自己的執著，並且釋放它，就會發現你的恐懼大幅縮減。

我們或多或少都受到恐懼的催眠。它拉住我們，用無窮的負面預測和喋喋不休的想像引誘我們。我們必須學會排拒它，必須學會觀察但不回應它們。我們必須學會反駁它們，在它們的陰影下安慰自己，用現實和賦予自己力量的自我對話掌控自己，這些若隱若現的怪物就會縮小，而無法再控制我們的生活。完成這一步後，我們就有更大的空間接受他人的愛。他們可能無法以我們要求的方式，或者在我們需要的那一瞬間提供它，但他們能以自己的方式提供它。能夠優雅深沉地接納這樣的愛，讓它接觸和培育我們，就是一種美。

「與怪物奮戰的人要注意，別讓自己也變成怪物。當你凝視著深淵，其實深淵也同樣會看透你。」

——尼采

練習：識別人生中的恐懼

拿出你的日記本。今天早上，我請你列出你最長久和最麻煩的恐懼。下面的表列旨在幫助你識別在你人生中威脅最大和最普遍的恐懼。寫下你覺得有共鳴的恐懼，然後選擇一個你人生似乎最可怕的恐懼。也許你實際上有兩、三種恐懼，但先選擇一個做練習就行了。

遭到遺棄	憤怒	毀滅	顯得愚蠢	顯得貧困	顯得自私
顯得遲鈍	獨處	變壞	遭受批評	遭到拒絕	受到傷害
無足輕重	普通	沒人愛	遭到錯怪	死亡	失望

尷尬	空虛	失敗	悲傷感	財務困難	孤獨的感受
損失	犯錯	拒絕	責任	嘲笑	毀滅
搞砸	成功				

現在選一個你覺得最嚴重的恐懼，並允許那種特定的恐懼寫信給你，說些嚇唬你的情況（比如，獨處的恐懼告訴我：「永遠不會有人愛你，就算有人確實愛你，最後也會離開。永遠不會有任何真正關心你的人，不會有你可以依靠的人」）。現在寫這封信。

注意：如果你找不出在你生活中肆虐的恐懼，請回答下面的問題：

◆ 什麼驅策我證明絕對不正確的事？
◆ 我覺得什麼是自己和／或他人最壞的情況？
◆ 我一直嘗試從別人那裡得到我心裡一直不相信自己擁有的是什麼？

現在寫第二封信。這一回，你要回過頭來，與你的頭號恐懼談話。你並不是與它爭辯，而是把它當成迷失的孩子，給它一些明確但富有同情心的改正建議。畢竟，大部分的恐懼來自於對實際上已經發生事物的反應，需要治療，並且更深入地接納生活。就像對亂發脾氣的三歲孩子一樣，告訴這種恐懼：你不再允許它主宰你的生活。感謝它警告並保護你免受最壞情況打擊的企圖，安撫恐懼，重申你一切都很好（例如：親愛的孤獨恐懼：我瞭解你在過去傷害過我，但一切已經過去。環顧四周，現在我的人生裡有愛我的人，我有很多好朋友，而我在人生中，總能依靠愛我的朋友，所以請你平靜下來，不要再嚇人，一切都會沒事的）。

注意：如果你感到的恐懼有恰當的理由（比如在心愛的人臨終前對死亡的恐懼），這個練習只能當成自我安慰的練習。我們的恐懼並非全無道理，相反地，許多恐懼是對發生在我們生活中事物的正常反應，只是通常我們都缺乏恢復自己平衡的能力，無法做出自己最好的表現。我們的目標是提高自我安慰的能力，而不一定是要「擺脫」我們所有的恐懼。

加分題：實際行動

今天一整天，不要只接受所有想法的表面，而要看看自己能不能注意恐懼在對你說話。當你識別出恐懼之後，試著以你今天寫信的方式對它回話。像對受驚的孩子一樣，對恐懼說話（例如，當恐懼告訴我，永遠不會有人愛我時，我提醒恐懼自己可愛的真相，並且告訴它，在我生命的每一天，我都積極創造愛）。

如果你發現自己因恐懼而癱瘓，無法反駁它，那麼我鼓勵你向上帝祈求幫助。下面的禱告是個例子：

親愛的上帝：我被這稱為恐懼的惡霸指使，我無法承受它持續不斷地嘮叨。請幫助我解決這個如此消耗我注意力的消極力量，為我驚嚇的心靈帶來舒適和安慰，為我的精神帶來勇氣和力量。請協助我撫平曾經如此受傷，害怕的這一部分自己。幫我記得有人愛我，在這個美麗、廣大而輝煌的世界裡，我是安全的。非常謝謝祢。阿們。

Lesson

39

承擔原因

「很多人把生活當成小說。我們被動地由一頁到另一頁，假設作者會在最後一頁告訴我們這一切究竟是怎麼回事。」

——霍利斯《中間通道》

我曾認識一個大約超重三十磅（約十四公斤）的女人。她時時刻刻都在抱怨自己的體重，認為自己的尺寸是因為長期的無聊和寂寞所致。不管她嘗試過多少次節食，結果總是徒勞無功。最後她向我承認，她很害怕如果她減輕體重，男人會覺得她有吸引力，而她也無法放他們離開。結果我建議她：「減輕體重，但不要洗澡。」這樣他們就不會覺得她有魅力了。

大多數人終其一生，都彷彿自己是彈珠一樣，對試圖觸碰我們的每件事和每個人反彈開來。雖然人是柔軟的，但我們卻不斷地對某人或某事產生反應。如果我們看看自己在做什麼而不是在說什麼，就會發現大多數人更感興趣的都是保護自己免受愛情傷害的風險，而非愛的實際經驗。

我們花了很大力氣，以避免被傷害的可能性，卻不顧我們心中的飢渴。我們很少直接承認自己破壞愛情：「我比較希望自己安全而非被愛。」取而代之的是，大多數人假裝在尋找愛情，而暗中卻做出可以扼殺它的一切。我們可能渴望與人建立深入和有意義的聯繫，但我們對人的反應卻好像來自他人的任何進一步姿態都可能是攻擊。但或許在某種程度上，的確如此。

「思想結晶成習慣，習慣凝固成環境。」

——亞當斯

妮可和南西這對女同志最近來見我。雖然她們交往才幾個月，但她們對彼此的反應卻非常激烈，她們普遍的溝通方式是為雙方關係的缺陷和失敗互相責怪對方。她們聆聽對方的抱怨不是為了改善，以增加兩人之間的愛和親和力，而是為了利用。我在哪裡可以指出對方的錯？我能責怪伴侶的什麼地方？我怎樣才能捍衛我的地位？不幸的是，很多人把這種褊狹窄小的關係稱為「愛情」，但其實這是激情的陰暗面，是熱情的弱點。如果愛情是一幅美麗的圖畫，這種形式就是負面的圖畫，在這種激烈反應的環境下，每個人都斤斤計較地捍衛自己，結果美好的愛情遭到唾棄，最後必然犧牲。

史丹佛大學醫學院精神病學的副教授大衛．伯恩斯（David Burns）博士最近在《歐普拉雜誌》（*O, The Oprah Magazine*）的一篇文章中，發表了他針對一千五百名受測者密集進行的研究報告。他和手下的研究人員想區別欣欣向榮、充實親密的關係的伴侶和失望悲慘關係的伴侶之間有什麼差別，結果他發現，「對長期關係滿意度有因果影響的只有一件事：為你們關係的問題責怪你的伴侶」，換句話說，美滿快樂的關係和失望失敗關係之間，差別就在於雙方所玩的「責備和羞辱」遊戲。

當我們無法為發生在自己身上的事負責，通常是因為我們感到困惑，把「負責」誤認為「錯誤」。對於某些人來說，承認發生的事原因在我們自己，就等於是認罪，或承認徹底失敗。妮可和南西都有相同的重要創傷，她們幼時都常遭非常嚴格的父母羞辱。她們還是兒童時期，就往往因為一點小錯，而遭到指責怪罪。因此，承認發生在她們關係上的責任，就等於承認自己有罪，造成深深的羞恥和自責。她們不能光扛下責任，而不認為自己基本上是壞人。

「唯有當我們承擔自己是誰和是什麼的全部責任之時，快樂和真正的自由才會來臨。」

——巴斯卡力

當我們無法承認自己是建立關係的人，那麼我們的關係就會受到阻礙，不論是我們與朋友、家人、同事和熟人，以及與戀人的關係都包括在內。只要我們把自己人生的責任歸咎在別人身上，我們就放棄了對自己的選擇負責任，結果自己讓自己更加無能。我們創造了一個「非A即B」的世界——如果我不是正確的（而別人是錯的），就是錯的（因此深受其辱）。在這個世界上，我們都忙於責備自己或責備他人。我們認為，在這個世界上，如果我們要有所價值，自己就必須是正確的。因此，我們最後不免把錯誤歸咎他人，並疏遠他們。這世界或許無情，但至少我們居於上風。

丘卓在《當生命陷落時》一書中指出，「責備是我們鞏固自己的方式。」她談到我們不肯放棄「生命不是正確就是錯誤的想法」，而不肯踏入「中間道路」，讓自己「坐在剃刀的邊緣」，不會向右或向左掉落。她說：

中間道路必須要我們不執著自己的想法，必須保持我們心靈和思想開放的時間足夠長久，讓我們接受一種想法：如果我們沒把事情做好，那是因為我們渴望得到某種理由或安全。同樣地，當我們把事情做好時，我們仍然也是為了獲得某種理由或安全。我們的思想和我們的心靈能不能大到只是懸在那個空間，不完全確定誰對誰錯？

真愛在探索和承認自己的弱點時，能感到絕對安全，因為這樣做並不是承認自己是壞人或在任何方面比人低劣。在擴展的關係中，我們擁有承認自己缺點的自由，因為我們不必擔心自己會受到懲罰，或遭到痛擊。我們能產生如釋重負的感覺，能夠坦率地承認我們的錯誤，而沒遭到審判的恐懼，同樣地，我們也能夠給予另一人缺陷的權利，而不會以他們的缺點來批判他們。在這種氛圍下，沒有誰對誰錯的說法，兩個伴侶都不斷地各自為任何時候發生的一切負責。在這種氛圍下，心花盛開，愛情繁茂。

「我寧願是快樂的，而非正確的。」

——休・普拉瑟（Hugh Prather，美國作家）

我的朋友和精神導師高許叮囑我，不論任何時候，都該要為自己關係的品質負百分之百的責任。我們總以為良好的、鞏固的關係是兩人五十對五十，各一半的責任，但最好的關係其實是一百對一百。因為當我只有百分之五十的責任時，我總會受到對方做不做他的百分之五十所影響。我並不是建議說，如果有人不尊重你，甚至公然虐待你，你還因為自己有足夠兩人的愛，而應該和他保持關係並容忍它。我建議的是，你要認真問自己怎麼容許別人不尊重和虐待你，因為那是你的問題。你固然可以怪罪別人，用各種方法責怪他們、羞辱他們，最後完全擺脫他們，但除非你為你怎麼會招來這種虐待負起全部責任，否則儘管你盡力避免重蹈覆轍，依舊有很大的可能會吸引另一個虐待你的人。

我為發生在我關係中的一切負全責，而這個範疇就是我有能力改善關係的範圍。如果我在精神上懶惰，不經檢討就接受第一個浮現的想法——通常是「受害者」的思維（即「他如此這般是不體貼」或「他如此這般沒盡到應盡的責任」），那麼我也沒能力影響改善我們的關係。受害者的意識如下：「這不是我的事」、「我忍不住了」、「它就是發生了」，「這是你的錯」等等。當你發現自己為自己的不良行為辯解，或者當你注意到自己是在找藉口，並為你的選擇指責別人時，停下來問自己，「為什麼在這種情況下我不願意負責？」

「每當你把一隻手指指向他人的時候，就有三隻手指指向你自己。」

——無名氏

雖然有時候，為任何時候發生的一切負全責似乎並不「公平」，但這樣做是一種生活方式，認定你強大、有說服力、充滿創意。它是積極主動的生活方式，並且會獲得宇宙豐富的報償。當你知道說了算數的是你自己，你就可以讓自己的目標更加明確，擊中靶心。

「放開你對自己才是對的執著，突然之間，你的心會更加開放。你能夠由他人獨特的觀點中受益，而不會削弱自己的判斷。」

——拉爾夫·馬思頓（Ralph Marston，美式足球員）

練習：承認自己犯下的過錯

拿出你的日記本。回答以下的問題：

- 我誤會了誰？為了什麼？
- 在這種情況下，我可以為什麼負責？
- 在這個情況下，我能接受哪些幫助我放下責備和羞辱的事物？
- 對於這個情況，我可以感激的是什麼？
- 我帶入關係的優點是什麼？
- 我帶入關係的弱點是什麼？
- 我一直不願意對別人承認的是什麼？

加分題：實際行動

今天你的任務是至少承認一次過錯，而不指摘別人。你可以選一件小事這樣做。只要對家庭成員、同事、朋友或熟人坦率地承認你的責任。你可能需要道歉，提議做什麼來糾正這種情況，或是詢問別人你需要做出的正確做法是什麼。如果是這樣的話，就做到這一點，但不要嚴懲自己，或讓自己感到羞恥。

練習為今天發生在你身上的一切負百分之百的責任。嚴格檢查你在所有情況下的角色，一如你通常檢查別人所扮演的角色一樣。

今晚睡覺前，寫下你對自在地向別人承認自己的錯誤和缺點有什麼感覺，以及你為今天發生在你身上的一切負百分之百責任的經驗。

Lesson

40

與問題同在

「達到就是受到禁錮。」

——亨利・馬蒂斯（Henri Matisse，畫家）

我很欣賞縱使沒有全部、也知道大部分問題答案的人，他們讓我覺得安全，好像有某個人在某個地方掌控一切。在經常發生悲劇、一切都不確定的世界裡，知道答案提供某種程度的舒適和安全。但雖然我這麼說，卻也必須承認，我偏愛「與問題同在」，因為我相信這樣做提供了一個更強大的平台，讓我們能由此發展和擴大。

「與問題同在」這種做法，需要我們接受：生而為人，我們的生活不免紛亂，而沒有立刻清除一切的能力。有時這就像尋求智慧一樣，沒別的辦法可以避開這樣的凌亂。我承認我經常覺得，要忍耐未知的焦慮讓我困惑不安。雖然佛教有所謂「初心」（Biginner's Mind），或者基督告誡我們要「變成小孩子的樣式」（〈馬太福音〉第八章第三節）才能進入天國，但有多少人擅長抱持這樣的心態生活？對於大多數人來說，放棄我們對資訊和確定性的癮頭，就是一種莫大的挑戰。

我們必須區分兩種問題，一種是幫助人們獲得深刻的見解和智慧的問題，另一種是希望得到速戰速決答案的問題。不久之前，我帶領女性學員的週末研討會。在第一天晚上，三十九歲的潘蜜拉就忍不住時時打斷我，要我具體說明如何才能得到理想的伴侶。她想知道該在何時告訴他，她希望雙方的交往是認真的，該怎麼告訴他，才不會把他嚇跑。她想知道她什麼時候應該跟他上床，以確保（一）她不會因為等待太久而失去他，（二）他不會因為她「太不檢點」而甩了她。她想知道是否要隱瞞自己的財務狀況，以免嚇走賺的錢比她少的人。我不能為她回答這些問題，不是因為我對這些事情沒看法，而是因為這樣做不會對她有幫助。這些問題並沒有讓潘蜜拉解決根本的疑惑，那就是她不相信任何人實際上會永遠愛她和照顧她。她沒有表達出來，光是出席這個研討會並聆聽他人的問題，對她來說有多麼困難，也沒說出她不夠信任別人，不能讓他們足以接近她的問題。我只認識她幾個小時，怎麼會知道她有這些問題？因為她不相信那個週末我會愛她和照顧她，她不聽我給她的答案，她不相信如果她讓我繼續研討會，她就會得到她所需要的。我試圖把這些告訴她，但她覺得頭痛，提前離席。

「如果愛是答案，問題是什麼？」

——尤塔・魏斯特（Uta West）

我們的生活需要自己深入地參與「正確」的探索——這種探索會向我們揭示自己的本性，以及把自己的潛能發揮到淋漓盡致的障礙。這種對自我意識的刻意追求，而非任其自然（主要是無意識的）發展，是我們獲得改變的唯一方法。人生確實有方法教導我們所有的人——即使是最不情願的學生，然而，如果我們真正渴望成長，要讓自己超越目前的界限，並把它作為人生中最重要（如果不是唯一）的任務，這種探索就成為我們最大的盟友。因為對於脫胎換骨的改變，通常最重要的催化劑就是提出一個好問題。

我們怎麼知道怎麼區別「好問題」？過去這個月來，我們已經對於你的內心生活展開了探索——你的態度、信念、想法，和感受——藉此幫助你發現自己是人生一切的來源。這不是為了責怪你，而只是讓你發現改變的道路在哪裡，以及你在哪裡有力量促成改變。所以讓我們仔細觀察一下你一直在問關於自己的問題，它們大部分是開放式的，而非簡單地要求你回答「是」或「否」。它們探討的是：你是自己的經驗的原因，而非關於你無力改變的其他人或其他事物的問題。雖然你瞭解環境會對你產生影響，但這種賦予你力量的探索將會永遠把你當成有能力做出選擇，並有力量改變你的生活。因此，與其問如「為什麼男人對待女人如此糟糕？」這類的問題，我鼓勵你問更有創造力、更有效的問題，比如，「我在哪些方面讓男人以不尊重的方式對待我？」「我和誰一樣吸引總是愛凌虐的人？」「我得到他人惡劣的待遇，怎麼反應出我對自己的態度？」

「智慧始於求知。」

——蘇格拉底

我總建議大家盡量不要問自己「為什麼」的問題，比如：「為什麼我還是單身？」「為什麼男人似乎不喜歡我？」「為什麼週末晚上沒人約我？」為什麼的問題往往是基於恥辱，沒辦法走出死胡同。相反的，問自己更主動積極和深思熟慮的問題，例如，「單身能讓我得到什麼？」「我不喜歡男人的哪些地方？」「我對自己得到真正想要東西的能力有什麼看法？」

有時候，我們不敢問關於自己的問題，因為我們擔心自己會發現一些可怕的事實，卻無能為力。在速食文化中，我們往往需要簡單的答案和快速的解決方法。但是，讓自己更聰明更可愛並不是一個事件，而是一個過程，它不是要追求完美，而是要緩慢和穩定的改進。心理治療師兼作家摩爾在《傾聽靈魂的聲音》一書中鼓勵我們，「看穿我們的自我毀滅和憂鬱，對危險的挑逗和我們的癮頭，並問問它們對我們的生活可能會造成什麼，以及它們表達的是什麼。」換句話說，他鼓勵我們以好奇心為生存的方式，而不要總覺得非得修正我們認為是錯的事不可。

心理治療師兼作家史考特．派克（M. Scott Peck）在《心靈地圖：追求愛與成長之路》（*The Road Less Traveled*）一書之後，又寫了一本續作《不同的鼓聲》（*The Different Drum*）。他在書中解釋了他所提出性靈發展的四個階段。這些階段對於我瞭解「探索作為一種生活方式的價值」，有莫大的幫助。

「你在知道一切之後所學的，才最重要。」

——約翰．伍登（John Wooden，美國著名籃球教練）

第一階段是「混亂的、反社會的」階段，包括我們這些愛人的能力遠遠不如別人為我們所做能力的人。這個階段的人沒原則，完全受自己的意願掌控，根據目前的需求和欲望而搖擺不定。他們沒自我意識，甚至對於培養它也不感興趣。在第一階段的人問的問題往往圍繞著試圖找出方法得到他們想要的東西，而不必放棄任何事物。

第二階段是「正式、制度化」的階段，從第一階段的「沒規則可以適用在我身上」，到「一切都講規矩」，在意識上有了飛躍。在這個階段，我們關切對與錯、善與惡。上帝是外在的力量，如果我們想避免遭到懲罰，就需要盡力服從祂的旨意，這裡唯一真正的要求就是學習和記憶規則。在這個階段，我們認為自己已經擁有了所有的答案，心態變得很死板。

第三階段是「懷疑論者、個體」的階段，派克博士形容為「性靈上的發展更深入」，但不再那麼虔誠。通常我們是透過失望或幻滅，才進入這個階段。很多人在第三階段甚至會形容自己是無神論者或不可知論者，這些人有嚴謹的原則，可能會深入參與社群，為社會理想奉獻。這些進入第三階段的人常以積極的方式尋求真理，這意味著他們經常提出促進成長和自我意識的問題。派克博士認為，如果他們這樣做得夠深入，就會進入最後和最高級的第四階段，他稱之為「神祕，共同」的階段。

第四階段的特點是神祕，對萬物相互依存的關係感到著迷。在這個階段的人不怕承認未知的遼闊，也不會覺得有必要減少宇宙的奧祕，讓它降到適切的數量。有時候，第四階段的人會全心地投入宗教組織，但往往會以更非傳統和個人的方式，來開發自己的靈性。第四階段的人能夠忍受沒答案的空虛，與問題同在是他們的日常生活。

「我除了知道自己無知之外，對其他一無所知。」

——蘇格拉底

我想到我那兩歲的女兒，她正對一切的奧祕都感到驚奇。她整天都充滿好奇心和驚奇感，所有的事物對她都是問題，正因為如此，她不斷地學習。如果我們面對每一天，也面對它增長和擴張的無限機會，那麼我們可能學習到什麼？想一想：我們已經知道的事物讓我們來到了這裡，而我們要去的地方則遠超出了我們所知的一切，似乎我們也一樣可以擁有好奇心和驚奇感。

愛因斯坦曾經說過：「我們不能以問題被創造時相同的水準，來解決世界上的問題。」在個人的層面上，這種說法同樣也是真實的。我們不能夠以問題被創造時的相同水準，解決自己的問題。通常，我們知道自己知道和不知道什麼，但對於我們一無所知的事情又如何？如果我們超越自己現今的所在，也可以大膽地進入這個領域。

我們必須擴展自己進入下一層次的知覺。讓我們有意識擴展的承諾始終就在附近——我們的下一個談話，打開的下一個頁面，下一個在寂靜中聆聽的時刻。當你尋求所有的答案時，你的人生就受限於你所知的；但當你尋求深刻和相關的問題，你的人生就只會受限於你的勇氣和學習嘗試新事物的意願。

麥可是已經和我幾年沒聯絡的學員，最近他打電話給我，邀請我去參加他的婚禮。我問他，在我們一起揭開讓愛進入他生命之路的過程中，他所瞭解到最重要的事是什麼？他想了一下就回答：「我學會了坦然面對不自在的感受——在你不熟悉的領域，不知道自己是誰或應該做些什麼，是沒關係的。因為那就是愛的可能之所在。」

「唯一心愛的，就是活生生的奧祕本身。」

——凱瑟琳·雷恩（Kathleen Raine，英國女詩人）

練習：探討事物的意義

想想一兩個在人生中以某種方式擾亂或阻撓你的事物。現在請你拿出你的日記本，對每個情況寫下三個問題，寫下開放性的問題，協助你深入探究這些問題代表的意義（例如，「我該以什麼方式單獨面對人生？」及「從這個經驗，我能學到什麼，讓我成為更可愛的人？」）。

寫完你的問題之後，花幾分鐘的時間針對每個問題作答。

「溝通最大的問題，就是它造成的錯覺。」

——蕭伯納

加分題：實際行動

今天我邀請你以兒童式的驚訝和好奇感度過一天。為了達到這個目的，不妨時時做下面這個冥想。讀下面的冥想說明一、兩次，然後盡你所能，憑記憶來做。你可以用筆記下下面這句話，並隨身攜帶。

不用改變你現在正在做的事，只要把你的注意力藉著專注的呼吸轉向內心。請注意自己是否正在或快或慢、或深或淺呼吸，觀察你的呼吸，讓它深入腹部，放鬆身體任何部位不必要的緊張。注意你一路上所看到的一切物體，把你的眼睛放在這些物體上，一個接一個，默默地對自己說：

「我不知道這個＿＿＿＿＿＿的本質。」

例如，「我不知道這塊地毯的本質，我不知道這把椅子的本質，我不知道這台電腦的本質，我不知道這種食物的本質，我不知道這個人的本質。」今天一整天有節奏地和平靜地這樣做，每次一分鐘。

Lesson

41

敞開心扉傾聽

「我如何傾聽別人?彷彿每個人都是我的師父，對我說出他所珍惜的最後話語。」

——哈菲茲，拉丁斯基翻譯

在我二十歲時，有位手帕交得到當時一定已經超過九十歲的年邁阿姨給的大筆金錢禮物。當她的阿姨把支票遞給她時，阿姨花了一點時間深深凝視我朋友的眼睛，「記住，寶貝，」她低聲但穩定地說，「妳能給予任何人最好的禮物，就是妳全心全意的關注。永遠不要低估傾聽別人的重要性。」

起初，我把她的話當成快要告別人世的老太太感傷的言語，而沒有多想。但幾週過去之後，我對這位朋友的轉變印象越來越深刻，她聽了阿姨的話，開始放慢自己的腳步，在別人對她談話時更加專注。突然之間，我覺得越來越多人希望她的陪伴，也越來越重視她，她的內心顯得更平靜更快樂。當我注意到自己也因她的親切體貼的新做法而獲益之後，我成了死忠的皈依者，並開始我對傾聽技巧的研究。

已故的幽默大師爾瑪．邦貝克（Erma Bombeck）曾經說過：「在超複雜溝通的社會中，我們卻經常缺少聽眾，這相當不協調。」現在世界上正在發生許多事，大大影響我們對別人保持完全注意力的能力。我們必須瞭解影響我們的事物究竟是什麼，即使這樣做有點像是魚試圖瞭解什麼是水。

這個時代在歷史上被稱為分心的時代、焦慮的時代，和資訊的時代。不管我們用什麼名詞，顯然有更多的事物在吸引我們的注意力。麗貝卡·沙菲爾（Rebecca Shafir）在《聆聽的禪學》（*The Zen of Listening*）一書中說，我們在一九九一年接觸到的廣告訊息，是我們在一九七一年的六倍之多。光是在一天內，大多數現代人接觸到的訊息，比一百年前的人在十年內得到的訊息還多。如果你想到我們多常受到干擾，人們希望我們知道多少事物，我們多麼頻繁被牽引到不同的方向，那麼我們經常關閉傾聽的能力，脫離周遭的事物，也就情有可原。

我們必須問自己，在我們關閉自己，不再聆聽彼此之時，對我們的歸屬感和整體的情感福祉造成了什麼影響？每天都有數以百萬計的人服用醫生開的處方藥物，以減少孤獨感、低自尊和缺乏連結的感受。雖然我親眼見過藥物有多大的幫助，但也不禁懷疑這一切的集體焦慮和悲傷是從何而來，我不由得要探索我們共同的痛苦和恐懼的深意。也許對於我們生活的方式，我們的情感有什麼話要告訴我們，也許我們要聆聽這個集體的呻吟，彷彿它是對我們所作所為的回饋。

「溪淺聲喧。」

——菲利普·席德尼（Philip Sidney，英國詩人）

既然孤獨已經成了現代人的頭號社會問題，心煩意亂匆匆忙忙與他人建立連結的做法，對我們的心靈就嚴重不足。當我們匆忙地推動我們的生命之河，以求獲得更多、做得更多、成為更多之時，就已經大大低估了我們與人單純親近和連結的需要。在忙碌中，我們忘記了放緩腳步，看看眼中的別人與細細品味一則好故事的美好滋味。我們拒絕透過分享我們的真面貌，與真正關心我們、想知道我們的人相處，卸下心中負擔的機會。這是對靈魂伴侶的渴望——他在世界上啟發你放慢腳步，體驗這種交流。但是如果像《心靈風情畫》所述，我們每個人都有許多他所謂的「靈魂夥伴」，又會如何？如果你今天所接觸的每個人——同事、家人、鄰居，甚至是你在街上碰到的陌生人，都有給你深刻禮物的可能性，而你的任務就是對每個人都保持足夠的注意力，以便接受這樣的禮物，情況又如何？

「我畢生最大的恭維是，有人問我想什麼，和聽了我的回答。」

——亨利·大衛·梭羅（Henry David Thoreau，美國作家）

在精明的市場行銷和不停的網路廣告世界中，我們忘記了對人的交流應該要開放，要保持好奇。相反地，我們以封閉的心靈和固定的想法面對每一次的人際互動，我們的溝通變得自私自利，因為我們聆聽只是為了瞭解別人能為我們做什麼，而不是為了明白他們是誰。我們傾聽不是因為渴望瞭解，而是想知道如何操縱，讓情況對我們有利。我們傾聽不是因為我們可以學到什麼，而是想要挑剔說話的那個人，不是為了好奇，而是為了有機會做出巧妙的回應。

平均而言，我們在與人接觸的十五秒內，就已經決定自己是否值得花時間和精力聆聽對方所說的事物，所以，我們幾乎關閉與大多數人的接觸。難怪這麼多人都感到寂寞，難怪治療社交焦慮的抗憂鬱處方超乎尋常的多。很多人都覺得，每次想要做一些簡單的人際接觸，都好像要推銷自己一樣。

「沒什麼好寫的情況下，作者如果能克制自己空洞的長篇大論，就算是很有自知之明了。」

——喬治．艾略特（George Eliot，小說家）

為了要活出具有性靈和意義聯繫的生活，我們必須刻意選擇放慢步伐，放棄自己心中可能有的各種盤算，發展注意他人的能力，努力理解他們。我們需要對於與自己不同的思考方式培養好奇心。我們必須敞開心扉，接受別人的本來面貌，以及他們可以教導我們之處。我們必須要學會聆聽的過程，而不是斤斤計較於潛在的回報。

真實的傾聽只需要對其他人給予全心全意的注意力，不受我們個人日常盤算的干擾，這可能需要一點練習才能辦到。給予人們一點空間，讓他們做他們自己，這是寬厚的行為。一旦你掌握真實地傾聽自己的整個身體，甚至能吸收未說出口的微妙之處，你就發現了親密的關鍵，因為傾聽正是愛的行動。

「傾聽是心的態度，是真正與另一人同在，互相吸引和癒合的願望。」

——伊夏（J. Isham）

練習：找出阻礙傾聽的事物

今天我請你想一想，當別人對你説話時，你卻在做自己的盤算。因為在這樣做的時候，你就大大降低人際關係的品質，阻止他人為你帶來愛與服事的禮物。檢視下面的列表，找出你認為在你傾聽時可能會阻礙你的事物：

- 我正在判斷説話的人。
- 我正在自我判斷。
- 我正在想我應該怎麼回應。
- 我正在嘗試留下好印象。
- 我正努力想得到一個特定的結果。
- 我正在自我防禦。
- 我正在責怪這個説話的人。
- 我正在責怪自己。
- 我正在收集證明自己是對的證據。
- 我正在忙於保護自己。
- 我正在感受自己看起來如何。
- 我正在試圖控制談話往某個方向走。
- 我正在試圖修正我發現的問題。

使用上述列表作為參考點，花幾分鐘，在你的日記本上寫下這個問題的答案：

◆ 在我傾聽別人說話時，我的內心發生了什麼？

「給另一個人的珍貴禮物，是容許他談話，而不用你自己的材料來汙染他的話。」

——羅伯特．強森（Robert A. Johnson，美國心理學家）

加分題：實際行動

今天，至少選擇一個談話，刻意地放慢腳步，讓你對對方保持全心專注。注意自己是否在對方說話時暗自盤算。如果你發現自己在盤算別的事，試著把它放下，回到當下，聆聽目前正在說話的對方。今天刻意和你周圍的人建立連結，並發現每一次互動的禮物。

Lesson

42

說出真話

「你們祈求，就給你們。」

——耶穌〈馬太福音〉第七章第七節

如果我們在說話時不真誠，就不可能有真正建立關聯的可能性。溝通技巧永遠不是目標，只是手段，目標是要交流意見。如何給予和接受訊息，只是讓我們到達那裡的工具。

莎拉是精力充沛的娛樂業主管，她在接近四十歲時結識並嫁給她的丈夫彼得。兩人結婚的頭幾個月，一切都很美好，但在他們結婚六個月後，彼得失業了。可是他並沒有如莎拉所希望的那樣，積極地找新的工作，反而慢慢來，享受這段休息的時光，拿妻子的薪資支付新房子的貸款。莎拉對彼得找工作的懶散態度感到很生氣，但她並沒有表現出來。

莎拉小時候，她來自中國的移民母親告訴她：「要乖巧甜美、漂亮聰明。」因此莎拉已經學會依古中國的習俗，只說好話和鼓勵的話，否則就三緘其口。她在自己娘家中從來沒說真話的權限，她也沒見過母親這樣做，但這對於她與新婚夫婿建立愛的關係的能力，卻成為相當嚴重的障礙。他是第三代美國人，不明白這個依循舊世界方式成長的女性建立關係時的微妙之處。

莎拉有一天來見我，因為她需要一個安全的地方讓她能說實話，這時彼得已經失業超過一年，莎拉心裡暗自盤算要離婚。在這段時間，她從來沒對他說一個字表示她的不滿，因此他以為他們的婚姻處於很美好的狀態，他經常開玩笑地吹噓自己娶了個「不需費心伺候」的女人，完全不知道她的不快。

「如果要求只會有得而無失，一定要去要求。」

——克萊門特．史東（W. Clement Stone，美國商人）

莎拉這麼做是因為她對「好」妻子在面對挑戰時該怎麼做，抱著錯誤觀念。結果她非但不是「好」妻子，反而成為在暗中評斷她丈夫「應該」如何的妻子，喪失對他所有的尊敬，卻沒給他機會改變情況，她的不真誠結果卻破壞了它最初想要保護的事物。在這段期間，她對他的愛正在消逝，如今真正的同理心──良好溝通最關鍵的因素，只剩下表面工夫。

「莎拉，」我說，「你並沒有創造你的婚姻。」她有點困惑地看著我，因為此時她和彼得已經結婚將近兩年了。我繼續說：「結婚的誓言只提供了結合的框架，但夫妻關係不會自動存在，你必須建立它。你現在所擁有的只是去創造結合的承諾，但因為你對自己的丈夫隱瞞了這麼多自己，因此你無法履行它。」莎拉的眼中泛淚，並點了點頭，表示她理解我的意思。

我們必須迅速採取行動，讓她在拋棄愛情之前，表達她真實的感受。當她真正開始把自己的感受一點一滴地告訴彼得之後，她很驚訝地發現彼得相當敏感和細心。為了回應她的憂慮，彼得接受了一個兼職顧問工作，同時也更積極地找全職工作，這讓她感到很大的安慰。

當我們開始談自己真心的想法時，我們就站在自己個人力量的中心。當你的意思是「不」時，直接說

「不」，對你想要的東西提出要求，不去考慮別人會如何判斷你，堅持一個別人可能會不同意的意見，當你不知道時承認你不知道的事實，全都是讓我們更加真實，更能充分表現自己面貌的行動。

許多人掙扎沉迷於酒精、食品、香菸或藥物，正是因為在我們成長過程中，家庭不許我們面對真相，讓我們必須以某種方式來麻木自己對此的瞭解。我們不准直接說出真相，所以我們壓抑自己的情感，隱藏我們的痛苦，並試圖遵守規定——結果付出放棄了認識和堅持真理的能力這種巨大的代價。所有成癮行為的治療和恢復都必須包括學習講真話的訓練，先對自己，然後對別人講真話。

「沉默是愚人的美德。」

——法蘭西斯．培根（Francis Bacon，英國哲學家）

我們在生命中渴望的一切——成功、滿足感，和愛的關係，都取決於自我主張的能力——直接對我們想要的事物提出要求，以及對他人設定明確限制的能力。這似乎很簡單，但對許多人來說卻並非如此。

比如多明尼克，這位聰明、有魅力而成功的演員現年五十多歲，從未結過婚。雖然多明尼克來求助的本意是想要建立一段關係，但他其實對親密關係避之唯恐不及。多明尼克恐懼對任何人，不論男女，提出要求或設定界限，因為他怕別人會不喜歡他。相反地，他會順從其他人對他提出的要求以免造成麻煩，即使他感到不滿和惱怒，依舊常常對別人讓步。而為了做到這一點，他必須壓抑自己的感受，認為它們不重要，並且需要合理化他自我貶抑的行為。結果長久下來，還不如乾脆別和人交往比較容易。

為什麼我們在一段關係中，不堅持自己的立場，有幾個原因，其中大部分是以「F」字母開頭——fear（恐懼）：遭拒絕的恐懼、被遺棄的恐懼，和被羞辱的恐懼。還有被人理解的恐懼，和不受人喜愛的恐懼，甚至對方是完全的陌生人。還有脆弱和無助的恐懼，這種恐懼會越來越大，因為除非你真正冒險流露出脆弱，否則永遠無法真正知道對他人表現出脆弱其實是安全的。還有就是我們永遠得不到自己想要事物的恐懼（所以何必嘗試），以及如果我們鼓起勇氣來要求我們想要的東西，結果一定會出錯的恐懼。而且，當然還有如果你在人生中冒任何風險，到頭來肯定會發現，你所想像最糟糕的情況實際上都會成真——你真的不如人，這輩子注定會失敗。

雖然只要我們挑戰它們，許多恐懼就會輕易消散，但很多人的一生一直都在與這些恐懼周旋互動，卻從沒質疑其有效性。如果你考量這樣的恐懼讓我們的活力和愛付出什麼樣的代價，就會覺得非常驚人。莎拉很可能輕易就放棄了一段恩愛的婚姻，拋棄一個絕對崇拜她的好男人，他願意做任何事情來取悅她，只要她願意告訴他那是什麼。

「最殘酷的謊言常以沉默陳述。」

——羅伯特・路易斯・史蒂文森（Robert Louis Stevenson，蘇格蘭小說家）

除非我們冒險說實話，否則就得不到愛情的真實體驗。我們可以有糾葛，我們可以「投入」，我們甚至會結婚，但我們不會有愛的經歷。因為即使你真的是被另一個人所愛，如果你沒有讓自己說出未加工的、赤裸裸的真相，冒著說出真話後果的風險，又如何會知道對方真正愛你？你相信對方愛的只是你所呈現的假象。真實溝通是你給自己的禮物。

我們往往並沒要求我們想要的東西，而只是一味抱怨。抱怨時，我們是在抗拒眼前的狀態，而只要我們在抗拒眼前的現實，就限制了以創造的方式解決我們所面對問題的能力。最近有一對愛侶來看我，想要我協助他們決定是否要分手，雖然他們彼此深愛著對方，但卻常常爭吵。這名男子告訴我，他無法忍受女友不良的飲食習慣，對她很少為他們倆烹煮健康和合乎衛生的膳食深感失望，而她坐在一旁吃驚地聆聽。當他說完後，我問她，他是否曾經提出為他這樣烹飪的請求。她一臉受傷和難過的神情，搖搖頭表示沒有。在他們交往的這整整三年中，她都不知道他要她這樣做。她向我們保證，如果他提出要求，她會很樂意照辦。

這名男子一直埋頭幻想，以為如果女友真的愛他，就會知道他想要的是什麼，不需他告訴她，但其他人應該會知道你的想法的這種觀念根本就是幻想。當我們還是孩童時，幻想幫助我們發展驚奇和想像力，但如今大家已經成年，幻想在他們的關係中只培養出被動和怨恨。顯然，幻想的時期已經過去了。

當我們允許恐懼支配我們的溝通時，往往會發現自己陷於被動式的攻擊行為。我們會勉強自己做出不情願的舉動，比如明明不想參加派對，我們就故意遲到，或者明明寧願外出用餐，就故意把菜燒焦，或者當我們的伴侶下午辜負我們隱藏的期望，上床睡覺時我們就「頭痛」。我們不直接要求我們想要的東西，而用恐懼、義務，或歉疚感操縱他人，讓他們把我們想要的東西給予我們。而在我們得不到想要的事物時，就會以扣留我們的愛作為懲罰，提醒對方我們已經為他們犧牲了自己多少次，或悶悶不樂了幾個小時。

做出清晰直接的請求與偽裝成請求的操縱，其間的底線差異就在於你真正留出空間讓人說「不」，而這就需要對你生活中的善意有一些基本的信任——知道如果對方不願或不能給予你想要的東西，也沒關係。在這種非執著的形式中，有很大的自由空間。一旦你掌握了這一點，就可以在任何時候要求任何人給予你任何東西。

說出真話需要我們瞭解自己的真貌。在我們告訴別人自己的感受之前，必須先明白它們是什麼。因此，說出我們的真心想法，需要有一定的嚴謹性。當我在學習如何識別並表達我的感情時，曾花了很多時間記錄和閱讀，希望過濾出自己的諸多情緒、感覺，和反應，這些東西多年來在我心裡，卻從未表達。我必須先擁有自己的感受和想法，雖然它們違背我是個「好」人的形象，但是我必須說出實話，甚至冒著自己看來「很壞」的風險，別無他法。如果你想知道愛的經驗，就不能再只想當好人。

要注意的是：請記住溝通的目的是交流。在你「說出你的真貌」之前，先瞭解對方的觀點，擺脫你非得是正確不可的需求，不要責怪、責備、懲罰、設計別人，或非得要別人按照你想要的方式做。請記住，我們傾聽和說話是為了創造愛與和諧的關係。我已經藉著傷害他人而對我所造成的痛苦瞭解到，在我們講出想法之前，我們應該先好好問問自己，究竟我們努力創造的目標是什麼。

「哦，主啊！使我不求被瞭解，但求瞭解他人。」

——聖方濟（St. Francis of Assisi，聖人）

練習：表現壓抑的感受

拿出你的日記本，寫出以下問題的答案。不要自行刪節答案，把你讀這個問題時所想到的一切都寫下來。

- 我把什麼樣的苦惱放在心裡，對象是誰？
- 這樣的代價是什麼？
- 我能夠告訴這個人什麼？
- 我壓抑自己什麼樣的感激，這種感覺由誰而來？
- 這樣的代價是什麼？

◆我能夠告訴這個人什麼？
◆我最近做了什麼抱怨？
◆我可以改做什麼要求？
◆我在哪些地方沒直接提出我想要什麼的要求？
◆在哪些方面我試圖操縱全局，而沒直接對我想要的事物提出要求？
◆我可以做什麼要求？

加分題：實際行動

今天至少做一件事（一）表現你對某人原本壓抑的真實感受，（二）把一個抱怨轉換成請求，或（三）你放下操縱的企圖，透過直接和具體的要求，得到你想要的結果。

小組討論建議研究指南

一、這一週你可以不再責怪哪些人？如果你從他們的角度來看事情，他們在哪些地方是正確的？

二、如果你接受自己生活現在的模樣，會是什麼情況？更重要的是，如果你接受它不如現在的模樣，又是什麼情況？你能放棄什麼樣的執著？

三、你的生活中有哪些恐懼？你能自我安慰到什麼樣的程度，並且不讓恐懼驅策你？

四、你隨時對自己的關係負起百分之百責任的能力有什麼做法？

五、你是否需要知道所有問題的答案？如果以刻度為一到十（一是最少，十為最多）的尺度來衡量，你在哪裡？你要如何釋放這方面的控制需求？

六、你在談話中隱藏了哪些事實？釋放它們會造成什麼情況？

七、本週你能做出什麼要求？你這樣做的時候有什麼體驗？

第　七　週

滿足愛的人生

「我們越如此，我們所經歷的一切越豐足。
那些想要在他們的生活中有深深的愛的人，
必須收集和儲存它，並收集蜂蜜。」
——萊納・瑪利亞・里爾克（Rainer Maria Rilke，德國詩人）

現在我們一起進入最後一週的課程，我們將繼續開發愛的特性，歌頌我們人生中所有美麗可愛的事物。

在這一週：

- 我們探討魅力人生的特質，研究如何提升不費吹灰之力被我們吸引而來的神奇經驗。
- 我們允許愛的力量在我們日常生活中的一般活動中移動。
- 我們開始由以「我」為中心的人生，轉變為以「我們」為中心的人生。
- 我們注意強調感激，這是吸引一切美好和精彩事物最好的辦法。
- 我們開始冒大膽和勇敢的風險，積極為愛創造更多的可能性。
- 我們以生活中實踐愛為目標，並把自己放在這個願景之中。

Lesson 43

令人陶醉的人生

「給年輕美國原住民的啟蒙小建議：當你走上人生之路時，會看到一道巨大的鴻溝。躍過去吧！它並不如你所想像的那麼寬闊。」

——坎貝爾

當我們從一個無愛的角度來看人生時，引人入勝的鴻溝廣闊無邊，教人生畏。我們以鼻子貼在玻璃上，眼睜睜地看著別人欣喜地深陷於愛，那似乎是一種多采多姿的豐富體驗——自己被剝奪的經驗。就好像我們生活在樂聲飄揚的世界，但自己卻有聽力障礙，只能望著別人隨節奏搖擺，彷彿我們站在精彩的節慶活動一旁，卻沒受到邀請。

墜入愛河是一種神奇的體驗，讓人生從黑白突然化為彩色。愛的鍊金術能把普通轉化成神祕，把世俗轉化成令人神往的境界。日常的遭遇突然產生豐富的差別和新的可能，司空見慣的工作也產生了新的意義和深度。然而，正如我們能非常輕易地就被這個喜悅的氣旋所捕捉，我們也可能會從雲端墜落，除了撞上冷硬的地面，什麼也沒得到。我們愛上了戀愛這回事，卻往往忘記柏拉圖在《饗宴》（*Symposium*）中的警告：愛同時是豐富也是空虛的孩子，愛並不承諾治癒所有的創傷，也不承諾讓彎路變成筆直，反而會讓你直接進入自己受傷最重的部位，導致你繞著迂迴的路線團團轉，直接進入災難的核心。

因此，最好把墜入愛河的經驗與迷人的神奇分開。要知道我們所期望的神祕高度並不一定得依賴任何人或任何關係，我們必須少把愛當成特定的連結，而多把它當成我們正在尋求的心靈、身體、頭腦，和靈魂的狀態。因為這種對生命茁壯成長和樂觀積極的看法是一種強烈的生存狀態，我們看到新的戀人遊戲時不禁羨慕嚮往。我們渴望能像這樣的活著，如此活潑、如此快樂、如此緊密相連、如此啟發人心。它是銅環獎品、金牌、奧斯卡獎，和普利茲獎合而為一。它未必要來自情人，而可以來自我們每一個人的內心。

「戀人認為他們在尋找彼此，但只有一種尋找：在這個世界徘徊。」

——魯米

同步性（Synchronicity）是人生中的一種偶發事件，揭示了一種深刻而普遍的連結，滲透在與愛的內心泉源保持和諧的人生之中。當我們堅持要在自身之外尋覓讓自己陶醉的泉源，就會缺乏同步性，而造成讓人沮喪的分裂。你人生的各個段落不太相合，所有的點不太連接，在各方面都欠缺有凝聚力的整體感，讓你花費大部分時間解決現有的很多問題。當人生沒有神奇的感受時，所有的事件都平淡無奇，所有遭遇都難以讓人滿足。然而，如果發生同步性，出現神奇，所有的事件似乎都環環相扣，密切相關，所有的遭遇都伴隨著目的和意義感。即使是看似普通和平凡的事物，往往也充溢著連結和意義。

「如果你走過一處紫色的田野而不注意它，我認為這樣會激怒上帝。」

——愛麗絲・華克（Alice Walker，美國普立茲小說獎作家）

世上有這麼多「我倆如何相遇」的故事，全都充滿了這種同步的巧合和神奇。難道這樣的經歷只是給寥寥少數被命運選中的人？難道有些人天生就是「幸運兒」，而其他人注定就得一生平淡？也或許是因為，這些幸運兒是能讓自己與人生的神祕互相配合——堅持我們的生活是「萬事都互相效力」（〈羅馬書〉第八章第二十八節），是《聖經》本身已經做的承諾，不論我們目前的情況和挑戰是否都會實現，這種信念必然會讓宇宙做出仁慈的回應。這種如孩子般的信任和驚奇的感覺，對命運的力量必然施了咒語，能為某些人帶來機會，對其他人則不然。

我們感受到的空虛強度和我們對浪漫愛情的嚮往，都和我們與自己和他人的疏離和隔閡有直接關係。我們都渴望深沉的連結和歸屬感，我們相信愛情的承諾是我們回家的最快路線。因為當我們墜入愛河，就會在愛人的臉龐看到上帝的臉龐，但上帝豈非無處不在？在我們所遇到的每個人身上？發生在我們經驗的每個時刻？難道我們必須無盡地等待，才能分享上帝之美？

「努力在平凡生活中活出不平凡的路。」

——**布倫**

我們對浪漫結合的渴望顯示了我們的需要，要回到自己意識之中與自己的內心、與彼此，以及與所有的生靈連結之處。蘇菲派詩人魯米曾寫道：

這是人的改變之道。
有一隻蟲子嗜吃葡萄葉。
突然間，牠醒來，
或者是因為恩典，或者不論是什麼
喚醒牠，牠不再是
一隻蟲子。
牠是整個葡萄園，
也是果樹林，
果實，樹幹，
增長的智慧和喜樂
不需要再狼吞虎嚥。

我並不是說浪漫結合的願望是病態的，不論如何想像，都絕非如此。但我們等待自己人生開始的急切，或者因為缺乏這種伴侶關係而感覺無聊或躁動，卻非常顯著。我們得要問問自己，如果我們對生命的豐滿都如此麻木和昏昏欲睡，那麼我們還能提供什麼給別人？難道我們希望分享已經培育和成長到連自己小小的生命中也無法包含的愛，還是只希望能接電發動自己沒電的電池？如果我們對如何為自己創造神奇一無所知，那麼在神奇愛情最初的興奮冷卻下來之後，我們如何保持它？

「請記住，世界上最美的事物是最沒用的。比如孔雀和百合花。」

——約翰・拉斯金（John Ruskin，英國藝評家）

幾年前，我遇到中年離婚的凱倫。她的長相很普通，一頭灰棕色的直髮，寬闊的鵝蛋臉。她的體重至少超重二十五到三十磅（約十一至十三公斤），一身鬆垮的衣服披掛在身上。然而，只要和她談五分鐘，你的人生就會改變。她的善良遍布全身，她對人生充滿了驚奇和喜悅，而這種感受也傳染給周遭的人，帶來喜悅。不論我們到哪裡，都有人請凱倫出去約會，她根本來不及記錄下來。

我們不能等待別人選擇我們之後，才體驗人生的魅力和神奇。這就像說，我要等到遇見「真命天子」才開始呼吸。如果這樣想，匱乏感會扼殺你，就算不是身體上的扼殺，至少在精神上會讓你麻痺。我們必須和引誘我們在場邊腐爛的惰性奮戰，它讓生命的美麗受到忽視，生活的甜美未被品嘗，除非恰好有合適的人選與你一起看到它、品嘗它。

「今早醒來，我笑了。二十四個嶄新的小時在我面前。我發誓要完全活在每一刻，並以同理心的眼睛看待眾生。」

——一行禪師（Thich Nhat Hanh）

我們都追求完美上了癮，對於我們覺得自己在何時、與誰、應該擁有什麼，都有嚴格的方針。然而，你的生活有一套硬性的標準，與你的生活有一個願景，兩者並不一樣。對於你想要什麼有明確的想法，並不會剝奪你對圍繞著自己的無盡魅力與神奇的機會開放心胸。你擁有極大的自由，能夠欣賞和品味你現在所擁有的人生，包括它所有古怪而奇特的瑕疵。當我們忙於責怪周遭一切的人和事時（以為我們的身體有瑕疵、工作有缺失、體重不恰當、遇見的人都不合適），就扼殺了我們人生的魅力表達。因為神奇只會發生在當人全心存在，可以接受眼前的一切，並且沒有被其他事占去注意力之時。

「對我來說，每個小時的光與暗都是一個奇蹟。每立方英寸的空間是一個奇蹟。」

——華特．惠特曼

為了幸福的生活，我們必須成為福祉。這意味著我們不該再抱怨我們所沒有的一切，而該開始祝福我們所做的一切。這意味著我們必須刻意地努力，看到平凡中的不平凡和世俗中的神奇。我們必須在最一成不變的遭遇中，努力運用愛的力量。唯有此時，隱藏的門才會對我們開啟，而我們也將開始經歷躲避我們如此之久的神奇和同步巧合。我們會發現自己從來沒有不被邀請參加晚會，這項邀請一直在我們的口袋裡。

練習：增強平凡生活中的迷人之處

今天上午，我們將做一個簡單的祝福冥想。閱讀一遍說明，然後盡你所能由記憶中做冥想。

坐直，雙腿和雙臂不要交叉，輕鬆地休息。閉上你的眼睛，放鬆你的整個身體。從你的腳底開始，向上通過全身——你的腳趾、腳踝、小腿、膝蓋、大腿等等，直到達到你的頭頂，釋放你發現的任何緊張。正常呼吸，不要費力，把你的嘴巴微微張開，保持輕鬆，感覺自己的呼吸，但不要試圖以任何方式調節你的呼吸。

讓你的心靈漫步到你生活的各個層面，你實體的環境、你的工作、你的朋友、你的家人、你的前男友、你的財務狀況等等。暫停一下，簡單而默默地對自己說：「我祝福（我的）＿＿

如它（他／她）現在的狀況。」

這樣冥想幾分鐘。

「我的日常生活很普通，但我完全和諧地與它們共存……誰在乎財富或榮譽？即使是最貧乏的事物也會閃耀。我神奇的力量和精神活動就是：取水和載運木頭。」

——龐居士（Layman P'Ang）

加分題：實際行動

今天至少做一件事，增強你生活經驗中的陶醉迷人之處和神奇（以非凡的仁慈和專注，做一些平凡的事，比如讓自己對美麗的夕陽著迷，或者花點時間悉心照料動物）。

Lesson 44

讓愛充實你的生活

「人生的目標是成為更高事物的載具。」

——坎貝爾

多年來，精神領袖威廉森總會在洛杉磯領導除夕聚會，我經常參加。最近的一個除夕，我很高興她又回到洛杉磯，這一回她舉辦了一個叩應廣播談話節目，節目還在網際網路上播放，讓來自世界各地的人叩應。一個名為葛瑞絲的女子從澳洲雪梨來電。

葛瑞絲聽起來像一個聰明、深思熟慮的女人，如同很多人一樣全心奉獻給職場生涯。她的事業相當成功，但在不必工作的時間，她卻總感到孤獨和孤立，於是她投入越來越多的時間工作，以減少容忍自己沒社交生活的寂寞。

在威廉森的聆聽之下，葛瑞絲承認她對人生中創造愛的做法是，觀賞好萊塢的電影，和被動地等待白馬王子前來。可是這樣徒勞無功，讓她深感失望，並放棄尋找愛情。威廉森向她挑戰，以她願意採取極端的措施來確保自己成功事業的激情，與她對於為自己的生活創造更多的愛的冷漠相比。葛瑞絲承認，她需要更加積極主動，在日常生活中培養愛情。

如果我們承諾：以對事業的專注和奉獻同樣的程度來發展我們愛和被愛的能力，那麼大多數人就能馬上頓悟。我們有一種傾向，總認為先知先覺的導師，如耶穌、佛陀，或穆罕默德與生俱來就具有大智慧。但其實這些大師在地位提升到作為精神領袖之前，都辛苦多年，以培養給予和接受愛的能力。我們之中也沒人能找到滿足的捷徑。

「心就像一座花園。它可以種植同情或恐懼，怨恨或愛。你將種下什麼樣的種子？」

——傑克・康菲爾德（Jack Kornfield，美國作家）

愛是一種不依賴外在環境的存在狀態。不管在我們身邊發生或沒發生什麼，愛都是由自己內心產生的東西。很多人都如葛瑞絲一樣，一心等待白馬王子（或公主）把愛給我們，拯救我們脫離悲傷，就好像愛情只能在自己身外才能找到。如果我們的騎士不來，我們就陷入憂鬱，認為我們的人生缺少了愛，宇宙正在以某種方式壓抑我們。我們變得沮喪和憤怒。面對喜怒無常隨意擺布我們的命運是多麼可怕的事！它對某些人給予愛的光芒微笑，卻又對其他人怒目而視，讓愛缺席。但事實是，我們生命中唯一缺少的事物，是自己沒施予的事物。

我們總能接觸並培養愛的力量，只是我們太在乎它的形式，結果錯過了不斷在我們眼前出現的機會。我們試圖讓愛看來像某種形式——戴在手指上的戒指、溫馨家園的白色柵欄，或你所想像的任何版本。只要未能確實得到我們想要的，我們就抑制自己對世界的愛作為回應。就像發脾氣的兩歲小孩，我們拒絕以任何其他方式去愛，就彷彿在說，「如果我不能以這種方式擁有愛，就沒愛可言。」但愛本身對形式不感興趣，它感興趣的只是你有沒有擴展自己超越你的期望，並且包容現在出現在你人生中的人和事。如果那個特殊的人還沒出現，那麼你能做的就是為他或她的到來做好準備，保持愛本身的通道敞開。因為物以類聚，如果一個人想吸引更多的愛，就需要培養和照顧讓愛存在的機會。

精神導師托勒告訴我們：「愛沒有選擇性，就像陽光沒有選擇性一樣。它不會對一個人特別，它是不會排他的。」如果你沒興趣培養愛的整體能力，那麼光說你要一段充滿愛的關係是不切實際的。你創造充滿愛的結合能力，和你在任何時刻能夠投入愛的數量息息相關。良好的關係需要大量的寬厚、仁慈、同情，和自知。太多浪漫的結合未能發揮其潛力，就是因為伴侶的一方或雙方在進入關係時，未能帶入這些本質之故。

「不要去想過去已經說的是什麼，而是想現在在說的是什麼。惡意？無知？驕傲？愛？」

——坎貝爾

我們必須擴展自己，超出我們的宗教信仰或理念，以培養這些本質。我們不能僅僅做一個佛教徒或基督徒，而其實我們本身的確有一些作為佛陀的能力。我們必須開發能力，學習做基督。

你曾看過貼在汽車保險桿上的貼紙，上面寫著：「耶穌會怎麼做？」如果我們讓自己成為愛的管道，就會整天自問：「現在愛會怎麼做？」只要我們願意讓自己投入愛的本質——同理心、寬恕、恩慈，和善良，我們就會發現自己從來不會空虛。相反地，我們會發現，只是我們提出要求，任何時候都會有大量的智慧和仁慈。威廉森在《迷上愛》一書中，引用瑪麗．馬寧．莫里西（Mary Manin Morrisey）牧師的話說，「上帝只能為我們做祂可以透過我們做的。」要求上帝偉大的愛，自己卻不願意做偉大的愛人，這是愚蠢的。這正如想做偉大的醫生，卻不願意上醫學院一樣不智。

「沒和平之路，和平就是路。」

——穆斯特（A. J. Muste，基督教和平主義者）

對於接納愛出現在眼前的瑣碎的愛，我們的第一個反應通常是抗拒。我們的腦海中總會浮現一些攻擊的想法，為某個缺乏愛心的反應做辯護，我們的心智執著於這樣做的正確性。但如果我們能夠觀察這些想法，選擇超越它們，而不要把它們表現出來，就等於允許愛通過我們。我們這樣做，不再堅持自己的正確，而接受其他人有他的道理的可能；不是揭露別人的缺點，而是遷就自己善良的同情；不是懲罰對方的冒犯，而是遵從自己的寬厚和瞭解。這樣做，讓我們擴大自己的心。我們覺得更瞭解自己——更大度、更腳踏實地、更成熟。

讓我們以聖經上諾亞的故事為例。在洪水退去很久以後，一天晚上，諾亞喝從自己葡萄園釀的酒，喝得爛醉，裸體倒在帳篷裡。他的兒子含看到父親的醉態，不禁向他的兄弟閃和雅弗抱怨，譴責父親的醉酒。但是閃和雅弗憐憫他們的父親，他們拿起毯子，扛在自己的肩膀上。為了不羞辱父親，他們倒退向後走進帳篷，不看他們父親赤身露體的醉態，只用毯子深情地覆蓋他，讓他睡一覺等酒醒。雖然他們沒為這個仁慈的舉動要求任何報酬，但他們的父親深受他們的愛心感動，祝福了他們和他們的子孫。

「神透過我們愛世人。」

——德蕾莎修女

我們許多人犯的錯誤是，嘗試以犧牲自己為代價，擴大愛的能力，但不當開放的心會造成很大的痛苦。我從前以為，做一個著重性靈的人意味著我必須開放自己的心給他人，即使他們不尊重我或對我不友善亦然。但我花了一段時間終於理解，這樣做讓我成為缺乏自我尊重和自我價值的人。愛是永遠不會以犧牲自己為代價，做可愛的人不能與做受氣包混為一談。佛陀說：「你可以看遍整個世界，卻再也找不到任何比你更值得愛的人。」

「如果一個人希望瞭解愛，就必須以行動實行愛。」

——巴斯卡力

練習：實踐愛的本質

拿出你的日記本。

首先，寫下四、五個你認為是愛的本質（例如，耐心、同理心、和平等等）的列表。

其次，寫下在生活中會激怒你的三種情況（例如，我因工作未獲升遷而憤怒等）。

接下來，寫下直接與這些情況相關的人名。在他們的名字旁邊，寫下你對他們的判斷（例如，珍妮絲——拍老闆馬屁，操縱和貪婪，奪去了原本應該是我的東西）。

最後，寫下這個問題的答案：

◆「現在愛（或者你列出諸如憐憫、仁慈等其他本質）會怎麼做？」

針對你列出的三種情況，寫下這個問題的答案。比如，承認珍妮絲過去幾週工作比我更努力，而且在關鍵時刻我休了長假，儘管我知道這會讓我付出代價。愛會為珍妮絲的成就祝賀她，愛會看到我的嫉妒，作為我也希望在事業生涯出人頭地的證據。愛會（一）採取與這種期望一致的行動，比如每天準時上下班，（二）盡力凌駕和超越大家對我的期望，（三）讓我的主管知道我也要努力上進，並要求他們的指導和支持。

加分題：實際行動

在這一天，每當你感覺到自己惱怒或不安時，就問你自己：「現在愛（或者你所列諸如憐憫、仁慈等其他性質）會怎麼做？」

讓自己一整天都注意在瑣碎中選擇小事中的愛。做你相信愛在任何時刻都會做的事，擴展自己成為愛最豐富的你。

Lesson

45

從「我」到「我們」

「雖然現代的婚姻是一間巨大的實驗室，但其成員對於伴侶關係的功能往往完全沒準備。在他們進入伴侶關係之前，如果至少有一點基本的學習，本來可以避免多少的痛苦、悔恨，和失敗。」

——卡爾．羅傑斯（Carl Rogers，美國心理學家）

猶太教教長班傑明．托爾斯基（Benjamin Twerski）在《不只是故事》（*Not Just Stories*）一書中，寫一個女人去看哈西德王朝（Kozhnitz）的布道者，要求他祝福，讓她和丈夫能懷有孩子。他們努力了好幾年都徒勞無功，因此相當氣餒。這名布道者對她說：「我的父母也許多年都未生育，後來我母親為巴山多大師（Ba'al Shem Tov）縫製了一件大衣，之後就生了我。」女人興奮地回答說：「我很樂意為你縫製大衣，一件漂亮的大衣！」但布道者對她悲傷地微笑說：「不，親愛的，這將會無濟於事。因為我母親在縫大衣時，並不知道這個故事。」這個布道者的故事提醒我們：在給予時，不要帶著我們應該得到回報的期望。他的母親並沒有為了獲得祝福而縫製大衣。然而，她確實得到祝福。

我們所給予的到頭來總會回到我們自己身上，但我們不能因為這個原因而給予，而必須為了給予而給予，這才是讓給予成為擴大和開展行為的原因。但我總是很驚訝，許多愛侶來找我洽談時，總帶著他們的紀錄：如果我為你做某件事，那麼你就有義務為我做件事回報。如果今晚我做飯，那麼明天就輪到你做。這在愛之中是多麼吝嗇，我幾乎想要問他們：為什麼如此麻煩？獨自一人不是更容易？

「愛是極其困難的瞭解到：除了自己之外，還有其他真實的事物。愛、藝術和道德，是對現實的發現。」

——梅鐸

在「我」的人生之外創造平行的「我們」的人生，需要一種流動性，彼此給予，就像呼吸一樣自然。在眼前這個過於自私的社會，這樣的行為越來越罕見。現代生活的「我，我，我」口號，正深刻地影響著我們在親密關係上成功的能力。我們缺乏善良、體貼、寬厚的練習就已經上場，我們不瞭解在我們的社群中，該關照他人的是什麼。我們太忙於追求「第一」，我們為了競爭而對彼此的冷漠逐年突飛猛進地增長，這教人心碎。是的，有些時刻我們會敞開心扉，比如在悲劇之後，突然之間，生命有了更大的視野，高牆倒下。在這一瞬間，我們瞭解彼此之間深刻的相互關聯，但是，在很短的一段時間之後，我們又回到原點，一切照舊。

美國文化特別強調自主和獨立的意識型態。這些原則通常激勵我們發揮自己，達到最優秀的可能，然而，相反地，它們也可以使我們成為最差的。我們必須放棄以自己僥倖得到什麼、欺騙了誰，達到頂端來定義自己的人生。對愛長期的耕耘是相互依存的舞步，因此它需要我們去思考息息相關、相互依存，和對彼此負責的意義。

在文化上，我們總把慷慨寬厚的表現稱為「相互依賴」而非「愛」。我們總傾向把善良當成弱點，把敏感看作缺陷。我們期望親密關係提供我們生活中所缺少的愛，但這個如此依賴伴侶雙方無條件的慷慨施予的關係，怎麼可能不會因為社會中如此普遍缺乏寬厚而受到阻礙？因為當你與某人成為伴侶，你要想的是「我們」而不是「我」，才能在你的家庭中得到和諧和愛情。你們必須彼此關照。

有一對夫婦來找我諮詢已經將近一年了，他們的婚姻是一個戰區。然而，為了孩子，他們還是每星期來，希望能在摧毀雙方僅存的一點愛之前更快成熟，這是一場分秒必爭的競賽。我們發現主要的問題在於他們對婚姻的概念，因為他們沒有以「我們」為社群的婚姻模型，因此他們認為婚姻是「誰主控局勢，喊叫最大聲，就能獲勝」。每一場爭吵不是他贏，就是她贏，但總有人輸。這是關於權力和控制的鬥爭，所以在他們的關係中，只有一個人擁有唯一的空間。他們倆都沒想到要探索伴侶的需求與希望，把對方的需求當成自己的需求，這對他們是完全新的概念。他們正在嘗試，只是積習一旦養成，並且一遍又一遍加強就很難改變。但追求「真命天子」的你還在準備，因此你可以開始以「我們」的典範做練習，當你遇到理想的伴侶時，就能有很大的機會站在創造相互關愛的基礎上。

「活在愛裡，是人生最大的挑戰。」

——巴斯卡力

婚姻（同性婚姻也包括在這個類別）是兩個人的共同群體。是在我們的人生中，「我們」所可以得到的經驗。很可能的從作為「我」到作為「我們」的做法，將會是你必須要做的最深刻調整。很多人都害怕接受「我們」的盟約，因為我們對自己是誰的感覺仍然很脆弱和微妙，我們誤以為有凝聚力的結合過程是要與其他人合併，合而為「一」，放棄自己的個性。我們誤解了什麼是愛，擔心在自己尚未掌握自我時，就要先接受其他人的需要——陷入「在被你愛之時，我要先喪失多少的自己？」的困境。然而，最好的合作夥伴是一直努力開發自己堅強的內在身分，同時也在雙方之間形成有彈性的認同感。簡單地說，你必須先是堅強的「我」，才能形成堅強的「我們」。健全的「我們」可以加強和鞏固你自己本身的個性，它提供了支持，讓你在世界上能更充分地發揮自己。

「什麼是愛？這是對我們所有人的強大吸引力……希望超越自己。」

——波西．比希．雪萊（Percy Bysshe Shelley，英國浪漫主義詩人）

許多人在談失能家庭，有時候我問學員，他們是否看過足以效仿的健全功能性家庭，但大多數的人答案都是否定的，所以我認為應該在這裡談談我們的目標。功能性的家庭容許每個成員發揮自己的個別性，成員可以自由表達他們的需要、想法和感情，這些表達會獲得尊重和愛，並且在隨後的所有決策中都納入考量。真正的「我們」容許成員中的每個人能夠擁有完全的「我」，各有自己的好惡、信仰、觀點，和態度。真正的共同群體有包容性和擴展的精神，每個人都有空間。我們不必都同意，我們可以只要同意大家可以不同意，因此而為所有的成員開創空間，以尊重和欣賞對待我們之間的差異。如果我們希望世界和平，首先就需要能夠在我們的家裡做到這一點。

「對同伴的財產猶如對自己的一樣親愛。」

——猶太法典《塔木德經》

練習：投入所屬社群

拿出你的日記本，回答下列問題：

- 我對婚姻的態度是什麼？
- 我想要的婚姻是什麼樣子？
- 我害怕的婚姻是什麼樣子？

現在，寫下一個你所歸屬重要社群的名單（比如，你的家庭、你的性靈社群、你的專業社群等等），接下來一次一個，針對在你名單上的每個社群，回答下列問題。

- 在這個社群中，我在哪些方面照顧別人？
- 在這個社群中，別人在哪些方面照顧我？
- 我對這個社群所給予的，比我所拿取的，是多還是少？
- 我對於這個社群有什麼批評和抱怨？

◆我採取了什麼行動，以糾正這些明顯的缺陷和不足？（也就是說，我不止光是抱怨，也考量過自己可以做什麼來改善情況。）

◆我對這個社群有多投入，我會願意花多大力氣來保證它成功？

加分題：實際行動

今天至少採取一個行動，慷慨對待你所屬的一個或更多社群。做到這一點不是為求贊同或認可，只是練習慷慨的藝術，並表彰自己是整體的一部分。如果可能的話，讓你的行動匿名，不要告訴任何人。

Lesson 46

七十個七次：寬恕的挑戰

「耶穌說我們應該原諒七十個七次，我認為他的意思不是我們應該找到四百九十個曾經冒犯我們的人。我認為耶穌是想告訴我們，深深的創傷需要透過不止一次寬恕，才能真正痊癒。」

——麥凱倫，《情緒天賦》

我們知道寬恕是好的——我們需要原諒，我們應該原諒，而且越早越好。憤怒——這種粗糙陰鬱的「暗影」情感，應該一發生就趕緊釋放，以免我們的靈魂因怨恨的汙染而生病。然而，當門徒彼得來到耶穌面前，問：「主啊，我弟兄得罪我，我當饒恕他幾次呢？」（〈馬太福音〉第十八第二十一節），耶穌並沒有要他只原諒一次，並且立即這樣做。相反地，他回答說，我們應該原諒「不是到七次，乃是到七十個七次」，承認有時寬恕是過程而非事件，是持續的做法而非特定的偶發情況。

我們生氣是有原因的。我們受到侵犯，界限遭到打破，誠信受到攻擊。雖然絕對的寬恕是我們大家都渴望的甜美恩典，但我們無法強迫它的到來。對於一些越軌行為，寬恕必須慢慢處理，自然地引它步出沉睡，讓它自動化解。我們可以承諾做寬恕所需要的內在工作，但我們並不想要混淆寬恕與酷似它的壓抑和否定。

真正的寬恕是心的情感擴張，必須誠實和自然地達到。

唯有在個人的界限已經穩固地重建，個人安全也完全恢復之後，才能夠寬恕。這兩個條件象徵了完全接受一個人的憤怒和憤慨，並且尊重它們。

「你們站著禱告的時候，若想起有人得罪你們，就當饒恕他，好叫你們在天上的父也饒恕你們的過犯。」

——〈馬可福音〉第十一章第二十五節

曾經有一名女性來參加由我帶領的研討會，她極度痛苦地表示自己無法原諒前夫對她做的可怕行為。我們討論之後才發現，她的前夫即使在當時依舊在虐待她，他對於自己與孩子的活動不斷地說謊，不肯按時支付子女的撫養費，並且對他們的女兒說她的壞話。我指導這女子不要原諒前夫，除非她能夠劃清界線，不論是經由直接與他設定規則，或經由法院這樣做。在當時，她需要她的憤怒，來幫助她採取她急需的行動。

當我們沒辦法面對憤怒的挑戰時，就會轉向它無能的搭檔——怨恨。憤怒就像是一把發光的利劍，要削斷對我們所造成的侮辱和侵犯。通常面對憤怒，我們只有兩個選擇——壓抑或表達。而由於我們感覺要處理它是件太危險太可怕的事，因此我們經常會壓抑憤怒，甚至對自己隱瞞這種情緒。面對憤怒的另一種選擇是以傷害回報，以我們覺得自己受到攻擊的同等方式回擊。然而，處理憤怒的強烈情緒還有第三種更健康的方式：感覺你的憤怒，與它同在，聆聽它的力量和氣憤。在暴怒的響亮旋風之下，有一個我們必須聆聽的重要訊息。在我們感到憤怒時，它的資訊就如黃金一樣，必須探索和開採，這個訊息往往就是我們未能為自己設下適當和安全的界限，未能為自己提供足夠的保護。

麥凱倫在《情緒天賦》中指出，憤怒總是乞求我們採取行動。幸運的是，這個行動未必是反動、破壞性的。憤怒所召喚的動作通常是（一）重新建立（或第一次建立）必要的界限，和（二）恢復個人的安全和完整性。一旦採取了建設性的行動之後，才可能真心原諒別人，如果過早原諒別人，你就奪走了為自己行動時急需的精力。

「寬恕不是一種情緒。它是在你真實情緒的工作已經完成後，由你整個自己做出的決定。」

——麥凱倫

「我常常幻想撞上我的前男友和他老婆。在幻想中，我開卡車撞他們，」《欲望城市》（*Sex in the City*）中的演員嘉莉說。如果憤怒剝奪了你的力量，那麼復仇的欲望是正常的，但如果你只專注自己憤怒的外在，彷彿需要改變的是其他人，而不檢討你自己需要做什麼改變，那麼你就會錯過憤怒提供的機會。上述遭前夫虐待的女人對我們承認，她一直都是別人的受氣包——她的父親、哥哥，然後是一連串對她不好的男朋友，一個又一個的惡霸似乎都能找到方法上她的床。需要改變的是他們嗎？不，她自己才需要改變，她必須開始為自己的人生挺身而出，堅持要別人以更好的方式對待她。最起碼，她必須停止把自己的電話號碼給會虐待人的男子。

霍華德每週都來找我，抱怨他對前女友的憤怒，他試圖與前女友保持友誼，只是這種友誼的條件是針對她的需要，而沒解決他的需求。自從她拒絕了他之後，他就是努力尋找新方向的一方。她在情感和經濟上仍然依賴霍華德，即使她已經與另一個男人交往，卻依舊希望他照顧她，而他也在嘗試。她打電話給他談論她對新男友的不安全感，直到他勃然大怒，大發脾氣。但第二天他卻向她道歉，並試圖再次支持她，認為這是理想的「愛的靈性」。她又開始談論她與新男友的問題，於是他又變得惱怒，雖然這次他設法隱忍不說，但是在他們打完電話之後，霍華德外出，馬上發生車禍。這是非常明顯的例子，像霍華德這樣的人並沒用自己的憤怒提醒自己該如何重新設定他們的界限和他們需要的個人安全。憤怒就像火焰，如果你不採取行動，就會引火上身。

「你在任何時候都可以說『不』，都可以改變你的想法，並表達你的真實感受。」

——卡蒂諾

通常我們最氣的人就是自己——為了讓某事順其自然發生，為了不聽我們的直覺，為了以自己最脆弱的地方做出抉擇。但是，若你發現自己只是沉溺在對自己的失望之中，就沒有讓你的內心發生轉型的過程。我們必須學會完全接受自己的失望感，並在自己表現出無視和不尊重自己時，讓自己深深地陷入悲哀。在你對自己深感失望之時，原諒才有可能展開，容許你讓自己在這些經驗中轉化。

「人可以做的最美麗的事，就是原諒錯誤。」

——以利亞撒（Eleazar of Worms，猶太教教長）

我有位學員某晚和已經分手且曾凌虐她的前男友發生關係。她為此非常懊悔，擔心他可能認為她是很容易利用並拋棄的女人，她迫切地想打電話給他（因為他沒打電話給她），告訴他，她並不是「那種女人」。由於他「嘗到甜頭」後已經消失，顯示他對她缺乏尊重，因此我建議她應該為自己考慮，她必須接受這樣徹底的尷尬和恥辱，因為對方已經一再表現出他根本不關心她的幸福。而經由這樣做，她才有機會把她感覺到的痛苦轉為對自己更深的承諾——讓她界定界線，尊重她所需要的安全性和連結，然後她才能夠在身心兩方面再度開放自己。

托勒說：「寬恕是不對生命做抵抗——讓生命透過你而生活。」在寬恕自己時，我們一定要注意，為我們所犯的錯誤而感到憤慨的只是我們的自我，是我們的虛偽和脆弱的自我意識。如果以為我們應該完美無缺或是像個超人，那麼這是扭曲失真的想法。人類的本性就是為道德和倫理的挑戰奮鬥，是為了超越自己的傷痛和脆弱而做的努力掙扎，是為了讓自己明白，我們不比其他人更好，也不比其他人更差。不能原諒自己而願意原諒別人，其實是一種傲慢的舉動，因為它代表我們認為自己高於人類的經驗。但是真正「高人一等」的經驗，卻是單純地讓自己深陷其中。認清這一點，我們才能治癒我們和自己的分離，而與自己分離正是我們侵犯自己能力的根本原因。

「愚蠢的人既不寬恕也不忘記；天真的人寬恕和忘記；智者寬恕但不忘記。」

——湯瑪斯．薩斯（Thomas Szasz，匈牙利裔美國學者）

為了能有愛的空間，我們要學習如何減壓。如果我們背負著嚴懲自己和他人的重擔，就不能真正開放自己、接受愛。如果沒學到憤怒試圖教給我們的教訓，並允許這些經驗改變我們，我們就不能信任自己，不能和人建立緊密的伴侶關係。我們會始終吸引同一種破壞性的、愛虐待的人，我們會一直對自己懊惱，陷入與再熟悉不過的憤怒和傷害的掙扎。如果你一直都是如此，那麼藉著設定清晰明確的個人界限，樹立安全意識，找出你還沒實現的目標。因為一旦你的人生恢復幸福和平衡之後，你原諒別人的能力也會更流暢。

「任何人都可以憤怒，這很容易。但要對正確的人、以正確的程度，在正確的時間，對正確的目的，並以正確的方式憤怒——這就不容易。」

——亞里斯多德

練習：鞏固生活中的界線

沒多少人能掌握寬恕，能夠瞬間清除我們所有的憤怒和怨恨。大多數人都需要每天的紀律，幫助我們朝這個理想努力。我請你來嘗試下面這種做法。

拿出你的日記本。寫下你對三到五個感到氣憤或不滿對象的名單和原因。你可以把自己也包括在這個名單上。現在，一個接一個，檢查你的列表，找出因此而造成的界限衝突和／或個人安全的損失。

寫下你容許他人，甚至與他人共謀，侵犯自己的界線和個人安全的做法。現在，寫下你所要採取的行動和／或你讓自己恢復健全平衡生活的承諾列表。最後，重新閱讀你的列表，看看是否有任何你已經準備好要釋放和寬恕的人。

加分題：實際行動

今天至少採取一個行動，鞏固你在生活中的界線和／或恢復你個人的安全。如果寬恕也是你行動的選項，請原諒你一直懷恨的對象。

Lesson

47

感恩

「感恩幫助你成長和擴展；感恩把歡樂和笑聲帶進你的生活，也帶進圍繞著你的所有人的生活。」

——凱迪，《生命尋徑》(*The Dawn of Change*)

幾年前，我被一段戀情所迷，這段情感在熱情興奮和深深的絕望之間交替。在絕望接手，主宰我們的關係之時，我變得越來越沮喪。我無法從破壞性的深淵自拔，感到悲傷和困惑。我不僅喪失對當時男友的尊重，也因自己無能結束這段關係，讓我失去對自己的尊重，開始為我的性格弱點斥責自己。最後，我不知道自己該怎麼辦，因此我屈服了。我告訴自己，我必須要面對自己，並且放棄了抗拒我的困境。我開始在腦海裡一遍又一遍地誦念：「謝謝祢，上帝，為這一段關係。謝謝祢，上帝，為落在我的胸懷的疼痛，因為它讓我的心敞開。謝謝祢，上帝，因為這個男人讓我成為更有愛心和同情心的人。」

不可思議的是，在默念這段禱文短短幾分鐘後，我的心開始輕鬆起來。雖然我依然沒找到出路，但卻感到一股平靜。因為受到這樣的鼓勵，因此日後每當我的情感糾結難解，就採取這個做法，而每一次我的痛苦也都得以緩解。最後這段關係找到自己的出路，我們也能夠以寬厚而尊重的方式分手。

有時，一段關係（即使是悲慘）的價值在於，它提供了一個機會，讓你以其他做法辦不到的方式成長和成熟。我從這種充滿挑戰的遭遇和非凡的力量學會很多教訓，而改造我們的感激力量就是其中之一。托勒在《當下的力量》中說：「你的任務不是去尋找愛，而是要找到一個入口，透過它，愛可以進入。」感恩就是這樣的入口。

「直到我們不再害怕時，我們才真正開始體會每一次經歷，不論它是痛苦或歡樂；我們感激每一刻，活得豐富充實。」

——桃樂絲．湯普森（Dorothy Thompson，美國記者）

一想到感恩，就讓人想到感恩節的火雞和南瓜派、匆忙書寫的人生小小幸福甜蜜的膚淺列表，以及童稚般的自言自語：「上帝是好的，上帝是偉大的。」不過這並不是我所要說的感恩。所有感恩的表達都是寶貴的，不過我所說的感恩可以作為一種鍊金術，轉變我們人生的非常體驗。我說的感恩是把心從收縮到擴張，從破碎到整體。

出於我與前男友的經驗，我開始明白感恩的力量。我決定做一個實驗：連續三十天，我每天都把鬧鐘設定得比平時早半小時起床。一早醒來，我泡好咖啡，拿出筆和筆記本，寫下滿滿五頁我所感激的事物。不過我並不是以列表的方式寫下它們，而是把它當成寫日記一般。「親愛的上帝，謝謝祢，因為我的整間公寓都鋪了美麗的硬木地板，謝謝祢，為了我的貓克洛芙每天都如此甜蜜和愛我，為我的健康感謝祢，為這個安靜的時間感謝祢……」很快地，我就把自己樂於感謝上帝的事物全都說完了。我必須擴大範圍：「為這個紅色的枕頭謝謝祢，因為我喜歡紅色。謝謝祢讓廚房裡的花朵再次盛開。謝謝祢因為我樓下的鄰居終於戒了酒，所以我不用再擔心他的香菸會燒掉整棟房子。」但很快地，我又用完了可以感謝的事物，這時候，我必須再次擴大範圍。「好吧，上帝，謝謝祢，因為我又破產了，讓我能有機會再次磨練我的信心。謝謝祢，讓我在週末晚上沒約會，讓我有機會鼓起勇氣克服自己的不安感受，獨自去看電影。謝謝祢，讓我在月經期間胖了五磅，因為我必須要愛我的身體，即使我並不喜歡它的外觀……」你可以明白我的意思。

奇蹟發生了。在這三十天的期間，我開始感到無所不在的喜悅。這種喜悅感和我期望自己的生活進行的方式完全互不相關。我就是隨時隨地都感受到福祉，我為自己活著而真心的歡喜。

「讓我們熱愛的美成為我們的所為。有成千上百種方式，讓我們跪下來親吻大地。」

——魯米

關於感恩，我學到的是：當我們感謝生活的一切，尤其且確實是為它們本來的面貌，不論我們是否喜歡它們，那麼我們的人生就變得喜悅光明。而當我們點亮了歡喜，也就成為生命福祉的磁石。

我們的腦海中常縈繞著我們缺少什麼，而我們或多或少都為此不快。我沒足夠的愛、我沒足夠的錢、我沒足夠的性生活、我沒足夠的時間。這是可以理解的，畢竟當你牙痛時，你不會想：「我非常高興，幸好我現在好手好腳。」不，你想的是自己牙齒的疼痛。然而我們專注於自己生活中所欠缺的事物會造成一種危險，因為我們是有創造性的人，不論我們關注什麼，只會使它越造越多。我們不斷地注意自己的不足，結果並不會產生豐盈，反而創造了更多缺陷。

感恩轉移我們的知覺，從我們沒什麼，變成我們有什麼。在以這種方式轉移我們的焦點時，我們的豐盈和感激增加了。而相對地，這也吸引了更多的豐盈和感激。這就是耶穌說「凡有的，還要加給他」的意思，感恩是指示宇宙的內在地圖如何回應我們。抑鬱症是一種內在的地圖，上面寫著：「你永遠得不到你想要的，無論你怎麼努力，它都沒希望，你應該放棄。」焦慮則說：「生活是可怕和危險的，最好小心，抽回你的賭注，不要抱太高的希望。你可以抱著某些執著，但不要相信你會真正得到它。」而感恩則肯定：「美好的事物總會來到我身邊，你看，現在就有一個。生活對我很好，即使乍看之下，它並不顯得那麼美好。我知道愛是屬於我的，因為我有它不斷存在於我的生命中的美麗證據。」

「要確實找到靈魂伴侶的先決條件，可能是先放棄我們非得要找到他的念頭。一方面，這個決定讓我們擺脫自己貪得無厭和理所當然應該要擁有的想法……並為生命已經給予我們的事物表示感激。」

——卡洛琳・米勒

當耶穌餵養眾人時，他的第一個行動是感恩。然後他撕碎麵包，把五個餅和兩條魚變成足夠的糧食，養活數以千計的人。耶穌知道用感恩的力量來創造一個豐富的人生，填滿任何時刻的所有需要，當他告誡我們「你想野地裡的百合花，怎麼長起來」，其實是懇求我們放棄擔心我們所匱乏的事物，而以我們擁有什麼填滿自己的心。在他眼裡，我們對人生不斷的擔心和煩惱何其愚蠢，就好像野地裡的百合花園在一起竊竊私語，擔心：「如果天空不再降雨該怎麼辦？如果太陽明天不再照耀又該如何？如果有地震把我們從土地中連根拔起如何應付？哦，我們會變成什麼樣呢？」

當人生是根據我們的意識不斷地重新定義它自己時，感恩絕對是吸引一切美好和可愛迷人事物進入我們生活的最好方式。它開始於既簡單又深奧的東西——對你生活之中事物本來的面貌感恩。

「心理健康的測量方法，是看到四處都是美好的性格。」

——愛默生

練習：感激一切事物

拿出你的日記本。以寫日記的風格，寫整整五頁你所感激的事物。雖然五頁的要求很多，但改變你的意識，讓它從「缺乏」到「豐富」的能力，有望徹底改變你對生活的體驗。正因為如此，我相信這值得花時間和精力。

加分題：實際行動

今天，我請你感激一切事物的本來面貌。今天一整天，不論你是否喜歡發生的一切，做個禱告，感謝事情發生的本來方式。

今天至少一次，表達你對某人的感激之情。告訴這個人為什麼你感謝他們存在你的生活之中。盡量具體（比如，「我總是覺得我可以對你說話而不受評判」，「你總是盡全力認真對待我的抱怨」，「你激勵我成為一個更好的人」）。

「心煩於你所沒有的，是在浪費你所有的。」

——凱耶斯

Lesson

48

對愛說「Yes」

「如果一個人希望成為情人，他必須對愛說『是』……情人對人生說是，對歡樂說是，對知識說是，對人們說是，對不同說是。他瞭解萬事萬物和人們都有東西要給他，他瞭解所有的事物都各居其位。」

——巴斯卡力《愛》

我七歲那年很喜歡電視節目《蝙蝠俠》(*Batman*)，更準確的說，我愛蝙蝠俠。在我心目中，他是最堅強、最陽剛的英雄。對於被父親疏遠的小女孩來說，蝙蝠俠是強而有力的角色，這個節目的製片人一定知道，他們的觀眾大半都是心醉神馳的小女孩，因為有一天晚上，他們宣布舉行一場比賽——大獎是與飾演蝙蝠俠的演員亞當．威斯特（Adam West）約會，我興奮到無以復加。一連幾個星期，製作單位鼓勵我們把姓名地址寫在明信片投寄。我非常想寄明信片，但又覺得向母親承認想贏得與蝙蝠俠約會的機會非常尷尬，我雖想要求她幫我寄明信片，卻一直拖延。到了抽獎的那一天，我羞愧地意識到，我根本沒參加比賽。我無法忍受自己贏不了的想法，於是我開始幻想別人——雖然我不知道是誰，一定會寄一張代表我的明信片，我耐心地等待，直到整個活動結束，當他們宣布獲勝者時，我明知不可能，還是希望聽到我的名字被叫到。唉，他們公布了另一個女孩的名字時，我徹底絕望了，我的心碎了，那晚我哭著入睡。

我們許多人都是如此。我們全心渴望屬於我們的愛，但我們太害怕不顧一切參加比賽的風險。儘管如此，我們仍然希望並祈禱：有人在什麼地方知道我們是如何希望有人愛我們。雖然我們拒絕讓自己參與，卻依舊幻想著總會有某人到來，把我們從渴望中拯救出來。

「進步總會有風險；你不能盜上二壘，卻又把腳留在一壘。」

——弗雷德瑞克．威考克（Frederick Wilcox，英國足球員）

三十多歲的迪安娜聰明可愛，她抱怨了好幾個月說自己沒認識任何男人。她有個理想主義的想法，認為自己應該「自然」地遇見合適的對象，但同時她又日復一日過著平凡的生活，沒做任何努力。從她的角度來看，「試圖」去認識人感覺「太做作」。她形容自己對於男人很「挑剔」，她就是不相信自己有興趣的男人會「努力」結識伴侶。她不肯參加單身聯誼活動，也不肯加入交友服務，或甚至要求朋友幫她相親，結果許多週末的夜晚她都獨自一人，空虛寂寞。最後，出於我不斷的威脅利誘和有時可能讓她惱怒的哄騙，她終於參加了一項單身聯誼活動，雖然她覺得害羞，在那裡有點尷尬，可是那個晚上，她遇到了她其實很喜歡的男子，並開始和他約會。兩人的關係雖然並未如她所願發展，但她被這一次的成功鼓舞，隨後加入了網路約會服務。在過去的幾個月裡，她遇到幾個有前途的男人，而他們都在認真地尋找自己的人生伴侶。她特別喜歡其中一個人，現在也開始專心交往。

有時候我們會用自己「挑剔」為藉口，藉此來規避風險。我們一邊渴望徹底臣服於愛的力量，一邊卻希望能繼續全面控制這個經驗的每個環節。其實迪安娜只是害怕，如果她讓別人知道她多麼想建立一段關係，很可能會遭到拒絕和羞辱。她怕會驗證自己所抱持「所有的好男人都已經被人捷足先登」的信念。她的王子總有一天會奇蹟般地出現——在乾洗店、在市場、在等紅綠燈時，這種幻想比較容易，她認為只要她沒「嘗試」去認識他，她就不會因為他沒出現而那麼失望。

我們抱怨生活中如何缺乏愛情，卻同時關閉和捍衛我們周圍的世界。說我們希望人生有愛很容易，但這需要我們放下警戒，並冒險以全新的層面開放自己，讓人可以親近。許多人都忙著試圖打動人們，但我們忘記也必須要變得脆弱。我們得要有好看的外表，結果這卻蒙蔽我們，讓我們看不見周遭真實、有意義聯繫的無數機會。如果我說我要拓展愛在我生命中的經驗，那麼我必須面對眼前所遇到的每個人，而不僅僅是我認為可能可以給我想要事物的人。

「曾經試過，曾經失敗。沒關係，再試一次，再次失敗。這回失敗得更好。」

——山繆・貝克特（Samuel Beckett，愛爾蘭作家）

愛情以許多方式來到我們面前，我們真的不知道它如何或何時會降臨，也不知道當它出現時是什麼模樣。大多數人都希望會有觸電感，「看房間一眼，我就知道」的經驗，在我們的集體心理中，這是最常提到的說法，也最常被稱為「真愛」。但是，也有另一種愛，緩慢而且持續，往往無法立即確認的愛，當你不注意時，它從後門溜進來，或者趁你睡覺時躲進你的心中。我認識一對讓人喜愛的伴侶，他們彼此共事多年並未交往，但兩人大約在同一時間都與各自的伴侶分手，接著在一次很平常的商務旅行中，突然認出彼此是對方的理想伴侶。在我們看到理想伴侶的那一刻，未必知道他就是我們正在尋找的人，這就是為什麼對生活中的每個人都保持開放和好奇很重要，我們期待每一次相遇都會出現有意義聯繫的可能性。

「我想只有不做事的人才不會犯錯。」

——**約瑟夫·康拉德（Joseph Conrad，波蘭裔英國小說家）**

在尋求「真命天子」的過程中，我們尋找一個伴侶補充和平衡我們，並分享自己的價值觀和關注。但是請記住，我們並不是在尋找一個複製人，在最好的情況下，婚姻是一個多元性的鍛鍊。我們從不會和與自己完全一樣的人結婚。我們需要欣賞與我們完全不同的人，而非因此而被激怒。為了做到這一點，我們必須習慣於開放且接受對我們來說是新的甚至陌生的理念和經驗。

在新認識人時，保持中立，但抱著接受的態度，直到你獲得更進一步的資料，更清楚地瞭解他們。有的人可能是偉大的人，但不適合愛。你可能想要透過某人在生活中的模樣，瞭解某人願意給予多少，如果他們言行一致，對你和其他人既敏感又體貼，那麼你可以開放更多的自己。如果他們告訴你如「我恐懼承諾」之類的言語，如果他們不履行諾言，或者他們的行為傳達出不顧你和別人感受的方式，就不要開放自己。我們不能讓我們對愛情的渴望蒙蔽對方在此時此刻提供或不提供自己的真相。

「大多數人還沒播放自己的音樂就已經死亡……我們應該努力走出自己的舒適區，做我們有能力的事。」

——**玫琳凱·艾許（Mary Kay Ash，玫琳凱化妝品公司創辦人）**

我們為什麼防衛自己免於愛情的可能性是有原因的，這種做法有其優點。問一個寡婦或鰥夫，失去自己心愛的人是什麼樣子，你就可能會略知一二。戀愛是人生中讓人最脆弱的經歷之一，沒人確切知道接下來會發生什麼情況，所以才會讓人害怕。

在我遇到馬克之前，我為生活忙碌，也非常投入。雖然就某個程度而言，我總是知覺到自己終有一死，而身為非常靈性的人，我覺得自己對死亡的必然性也做了準備。但是，一旦我戀愛了，你恐怕就會以為我完全沒做過任何靈性的修養！突然之間，活到一百歲似乎都不夠長，我想要更多時間，我想要無限時間，我想要永遠。我第一次真正明白我們是多麼脆弱，以及生命可能多麼脆弱。最壞的情況困擾著我：萬一我生病了？萬一他的飛機失事？萬一、萬一、萬一。人生不可挽回的消逝和對我們兩個人生命的時間意識，使得愛他成了我內心痛苦的經驗。如果你曾經為人父母，大概就可以明白。全心全意絕對的愛是一種可怕但又令人振奮的體驗，這就是為什麼大多數人都需要嘗試這麼多次，才終於願意敞開我們的心，裸身躍入愛的火焰之中。

去愛就是去冒風險，別無他法。如果你會迴避生活中的失敗，如果你只參加你相信會贏的比賽，那麼你可能過著即使連你自己都覺得範圍太小、太枯燥的生活。冒險意味著沒有確定的方式來預測你是否會贏，是否能得到你想要的東西，或者你可能會輸，而得不到你想要的事物。成果確定的風險就不是風險，只是你過著謹小慎微的生活。除非你擁抱失敗、損失，和失望，視之如人生的一部分，否則你很可能並沒有真正點燃生命之火，過著啟發自己的生活。

「婚姻停止，婚姻改變。人們總是說婚姻『失敗』，這種說法未免太過負面，失敗是極其重要的，失敗是負面的這種概念是不對的。」

——愛瑪・湯普森（Emma Thompson，英國演員）

「冒險」意味著你願意承擔在你的舒適區以外的行動。這意味著你願意容許自己，甚至挑戰自己、擴大自己，超越你所知的方式生活。出現阻力是正常的，但你必須提醒自己，你過去的生活方式產生了你現在的生活。我們沒辦法只改變你的生活，而不改變你願意負擔的風險。

為了在你的人生中創造更多的愛，你可能只需要對你在過去說「不」的事情回答「是」。你可能必須要放棄你的防禦，不再判斷和你交往的每一個人，不再找出他們的每個錯誤。你可能要忍受自己不是控制一方的不適，你甚至可能要放棄讓恐懼害你停止的癱瘓。請記住，如果不是因為錯誤，這個星球上的大多數人甚至無法活到現在。冒險把生命發揮得淋漓盡致，和明知是錯的卻還繼續向前，這兩者之間有很大的差異。後者是出於固執的動機，展現的是對自己和他人缺乏信心的人；前者則是人生中所有值得擁有事物的開始。不要讓你的恐懼決定你愛的機會。提醒自己，至少從你所犯過的所有錯誤中，出現了一個好的結果。

為什麼我們在世界中應該保持封閉和防衛彼此，自有一定的理由。然而，我們每天也能面對開放的愛，提醒我們在世界中愛情比恐懼更真實的可能性。由於我們是在你的個人生活中創造這種可能性，我請你們也把這個可能性帶到我們的集體生活中，思考在這樣的世界裡會是什麼樣的感覺：人們對彼此說「是」，對更加開放和接納的風險說「是」，對彼此更深刻、更周到、更寬厚的對待方式的可能性說「是」。

練習：面臨拒絕的風險

拿出你的日記本。列出在你追求愛的過程中，所有你一直沒採取的風險和行動列表。對於每一項答案，回答下面的句子，盡可能寫下對你是真實的答案。

◆ 我怕如果我這樣做，我會……

◆ 因為避免這樣做，我保護……

◆ 我可能會採取的行動將有……的風險

◆ 我願意採取的這些行動是……

◆ 我會經由……採取這些行動

加分題：實際行動

你的任務是，今天至少失敗一次。今天採取至少一個行動讓你面臨拒絕的風險，做一個不合理的要求，一個大膽的斷言，或者幾乎保證會失望的事物。

另外也嘗試，讓你自己比平常更容易親近和接納。對今天出現的邀請、請求、想法，或其他人的建議說「是」，除非這樣做顯然不符合你的最佳利益。刻意地提醒自己，今天一整天盡可能地保持開放和接受。

Lesson

49

反求諸己

「愛如果不在我們的人生之中，它就在前來的路上。如果你知道嘉賓五點鐘要來，你會花一整天把家裡弄得亂七八糟嗎？當然不會，你會做好準備。而這就是我們應該為愛做的。」

——威廉森，《迷上愛》

我與另一半坐在一起吃飯，我向他坦承自己為什麼不鼓勵人們列表寫出他們希望伴侶擁有的特性，並不是因為我覺得它們沒用，而是因為在我邂逅他之前也沒做這樣的列表，我本來就不確定這樣做會對我有什麼幫助。我承認自己單身時無法想像我們現在的關係，原因有兩個：（一）因為我從來沒經歷過這麼美好的關係，甚至不知道人們能夠有這樣美好的關係，和（二）我沒自信想像自己可以擁有它，即使我知道他人擁有這樣的關係。

「那麼你是怎麼做的？」他困惑地問，「你怎麼吸引這樣的關係？」我想了很久，才知道該怎麼回答他。我並沒想像過這樣的愛情在我的生命中會是什麼樣子，即使我做了這本書的課程（雖然它當時並不存在），並強烈相信真命天子會出現，也根本沒有如今我所擁有的參考點。如果說，你不必把這個課程做到盡善盡美，才能讓它發揮效力，那麼我就是個證人。但是，在反省我當年確實的想法之後，我發現自己幾年前曾做過一個決定：我決定全心投入培養給予和接受愛的能力，不是為了想得到什麼，而是因為我想用我的生命做些美麗和善良的事情。這是一個目標，除了讓我莫名地感動之外，沒別的原因，我覺得這是有價值的崇高目標。我不想因為人生沒給我我所要求的事物，而讓自己的整個生命被沮喪和憤怒消耗殆盡。所以，我做出選擇，盡我的能力去愛自己和上帝放在我的路上的每個人；我一直積極熱情地參與可以實現這個目標的一切。事後看來，這樣的生活已經幫助走出我曾有的自卑問題，擺脫我對於創造自己想要的生活能力的懷疑。

「夜間我在床上，尋覓我靈魂所愛的。」

——〈雅歌〉第三章第一節

能夠明確具體地瞭解我們所期待的是什麼固然很好，我不認為先前自以為不值得和不能夠擁有偉大的愛情有任何好處，但我確實覺得，有時候我們列出理想伴侶的特質清單，其實反映的是我們為了發揮自己而想要培養的特性。如果我列出理想伴侶應有特質（快樂、性靈、善良等）的列表，但自己卻並沒努力以具有這些特質，那麼就算對方有這些理想的性質，我也可能會自覺不如人，而不敢去約會，必須告訴他給我一個機會，讓我迎頭趕上，過一、兩年再回來約我。

這就是為什麼我們總是以自我開始，因為我們列的表單通常是我們追求最美好生活的願景。在這樣的表上，從來不會有人寫下不成功、憂鬱、破產、缺乏幽默感，和吝嗇的特性。當然我們希望伴侶很好很偉大，但偉人應與什麼樣的人在一起？其他的偉人。因此和一般流行的觀點相反的是，好的人都沒人捷足先登，但他們是留給其他像他們一樣美好的人。所以，我寧願鼓勵你花精力培養自己的長處，與其浪費你的時間判斷和評價他人是否符合你的夢想，不如想想自己是否是你夢想和期望自己能做到的一切。如果你盡力發揮自然最好，我向你保證，這樣的你絕不會選擇不道德、消極，和侮辱的人作為你的人生伴侶。

「一個人必須在黑暗中待多久？」作家希恩問。「直到他能在黑暗中看見。」她巧妙地回答。反求諸己就是這樣一個神祕的景象。反求諸己不是探求你在人生中得到什麼，而是要瞭解你在人生中是什麼樣的面貌。我必須做出承諾，成為我能夠成為的最好的人，才能夠吸引一個伴侶，而他給我最好的承諾是支持我，讓我成為我能夠成為的一切。

「你將有精彩的波濤把你推湧向前。接著在下一個波濤湧起之前，必須有鞏固加強的時間。接受這一點，這是過程的一部分，永不心灰意冷。」

——凱迪

有句心靈格言說，每當我們真正承諾要做到某件讓我們發揮自己的事物時，就會發生奇蹟，支持這個目標的實現。我遇到馬克，是因為我已經走了我在沒他的陪伴之下所能走的最遠的路途，他支持我，滿足我在生女兒和寫這本書時所需要的一切——這兩者對我來說都是深刻的機會，讓我拓展到人生更大的可能性。他對我來說，是讓我做自己能力所及一切的跳板。但首先，我必須承諾盡力成為我可以成為的人。

我們都弄反了方向。我們希望先擁有愛，好讓我們可以做深具愛心的事，讓我們成為愛。但事實正好相反。我們需要啟動我們的心，感受愛的經驗（成為），然後表現愛的方式（做），才可以吸引創造更多的愛和滿足（擁有）的事物進入我們的生活。我們必須把它的方向逆轉。

在《舊約》的〈列王紀下〉，有一個關於三王（以色列王，和猶大王、東王）在沙漠裡迷路，而無法為口渴的人馬找到水的故事。他們要求先知以利沙幫助他們。以利沙為水禱告時，上帝回答說：「耶和華如此說：『你們雖不見風，不見雨，你們要在這谷中滿處挖溝。』」有時候，我們就是要在雨水降臨之前挖溝渠。我們要愛和關心就在我們面前的這些人，我們必須「表現得好像」愛自己，好像我們的人生中充滿豐富的愛。之後沒多久，故事繼續，「……實現……遍地流滿了水。」

我們必須完全投入自己對學習愛的方式的渴望。我們必須讓我們的承諾具體化，讓偉大的愛主宰我們現在做出的選擇，和我們每一天所採取或不採取的行動。有時候，我們把投入愛的想法當成屈從或放棄，但這其間有所差異。投入就像是浮在水面上，你放鬆全身，讓水充分承載你的體重，受到支撐後，你可以安全地放手。

「有時候所需要的毅力是耐心。」

——布倫

而另一方面，屈從就像是下沉。你有恐懼的感覺，知道你不安全，情況不妙。當你有這樣的感覺時，試著提醒自己，水的浮力和力量會握住你的希望和夢想，看看你是否可以克服這樣的恐懼。

《紐約時報》婚禮專欄作家路易絲．史密斯．布雷迪（Lois Smith Brady）寫道：「每當有人問我愛情……我總是說要等到那種感覺到來，等待，等待，等待。像姜太公釣魚般的耐心等待……」如果說要像姜太公釣魚，我們憑直覺就知道他明白如何由內而外養成自己，正如我們所說的，從中心生活。他們不回應外在的經驗——天氣、氣流的力量、水的溫度，或他們已經站在那裡等待的時間長短。他們在那裡是真正為釣魚的意圖，對準這一目標，決心堅定而不動搖。

「當通往成功的道路過於顛簸時，你會有回到舒適區的誘惑。不。繼續不斷地往前推進，永遠向前。舒適區是夢想和願望的土地，成功是結果的土地，在那裡，所有的夢想都會成真。」

——馬克・伯內特（Mark Burnett，英國電視製作人）

在這個過程中，你可能會有一段時間感到很洩氣。我知道這個體驗，因為我自己就是如此。有時，當你設定召喚「真命天子」這個意圖之後，你會創造失之交臂的情況。

我記得在我再次發現馬克之前，認識羅伯特的痛苦。我以為他是曾與我交往過最美好的對象——英俊、真誠、有趣，並且無私。當他決定不再和我進行第四次約會，因為他已經與另一個女人交往時，我徹底絕望了。他開車送我回家時，我差點就哭出來。這種情況難免，可是不要因此而覺得你所做的一切都是徒勞無功的，把它看作是磨練自己的需要，並承認自己離目標已經越來越近。在這些令人灰心和沮喪的時刻，記住艾倫在電影《漢娜姊妹》（*Hannah and Her Sisters*）中睿智的建議，「心臟是非常、非常有彈性的小肌肉。」

「記住，屬於你的就會來找你。」

——布倫

我們已經宣布我們的意圖，並大膽地訴請上帝發送偉大的愛情進入我們的人生。我們已經明智地、徹底地做好準備，清理了垃圾，扔掉所有不再適合新關係的事物。我們已經創造了願景，充分擴展自己以學習並實踐愛的方式。現在，剩下要做的就是確認它存在於我們的生活之中，並繼續擴展我們給予和接受它的恩典的能力。就如已種植莊稼的農夫不去園子裡揠苗助長一樣，我們等待。這是積極而非被動的等待，因為我們知道百分之九十九的創造都發生在土壤的下面。我們做好準備，保持警覺。我們耕作地面。我們知道奇蹟即將到來，而我們也接受那個奇蹟，我們一起說是的、是的、是的、是的。

練習：培育自己的本質

好，現在是「列表」的時候了。拿出你的日記本，寫下你所尋找人生伴侶的特質。現在就做。當你完成後，讀一遍你的列表，把範圍限縮到你最重視的前五大特質，圈出對你來說最重要的五項。現在做這一點。

接著，檢查這些項目，做出承諾，與似乎具備這些素質的人約會，避免和不具備這些特質的人約會。

現在，再檢視你的列表一次。對於你圈出的每個本質，我請你也對你自己做一個承諾，你會盡你所能，開發和培育自己這個本質（例如「著重性靈」變成「我承諾優先考量我的心路歷程，每一天都讓自己的性靈更堅強」。「有趣」則變成「我保證以幽默的心看待各種情況，我要學會自我揶揄，並且每一天都快樂」。「敏捷」變成「我保證熱衷學習新事物，每一天都盡我所能來開發我的心智」）。

「我的心一直燃燒著激情，它為了我現在注視的這個奇幻美景已經搜尋了一輩子。」

——魯米

加分題：實際行動

寫一份聲明，肯定你吸引心愛者的能力。請讀下面的列表，看看是否能引起你的共鳴，並創造你自己的聲明：

謝謝祢，上帝，提前為我帶來一段偉大而持久的愛情。

我對愛開放，我現在接受我心愛的人。

我是愛，在這個時刻，我吸引了一生的摯愛。

我知道我心愛的人現在已經來到。

我已經深深地和我生命中的伴侶連結，我接納這個伴侶。

我現在得到心靈伴侶關係的奇蹟，知道我們是幸福的結合。

讓這樣的肯定成為你的禱詞，對自己一遍又一遍地訴說。為預期你心愛的人到來，讓自己感到快樂和感激。接受愛的奇蹟，在恐懼和懷疑的時刻重想你的祈禱文，讓這個祈禱成為你的心和靈魂的神聖歌曲，經常大聲地把它唱出來。

我現在也加入你，與你一起反求諸己，我知道你已經提出要求，所以你會被應許。

小組討論建議研究指南

一、與小組分享你認為可以定義愛情的本質，說明在你感到困擾的情況下，你能或不能運用這些本質。

二、放下自我，融入「我們」，分享你的感覺。什麼是你在歸屬更大的群體時，不願放棄的事物？

三、你在人生中一直難以原諒誰？為什麼？你覺得自己可以設定什麼界限，讓你更接近結束與此人的關係？你在設定界限時，感到什麼樣的抗拒？

四、在寫完五整頁感激的事物之後，你有什麼感覺？

五、這一週你採取了什麼樣的風險，發生了什麼結果？失敗讓你有什麼感受？

六、與小組分享你正在尋找的伴侶最重要的五項本質，你如何在自己的生活中培養這些相同的本質？分享你的經驗。

注意：在最後一次大家一起參加的會議中，我建議大家繞行房間，認可小組的每一位成員，結束討論。一次請一名成員坐上「大位」，讓其他成員有機會對這個人表達他們的讚賞和欽佩。

後記

「終點就是我們開始的地方。」

——T・S・艾略特（T. S. Eliot，詩人）

倘若你如我想像，認真上這門課，那麼你可能一路上會有些顛簸，轉變從來都不是易事。正如莎士比亞所說的：「真正的愛情之路永遠不會平坦。」很可能你一路走來最具挑戰性的，就是絕對的孤獨。每當我們走出個人成長的重要一步，就會引起我們周圍的人生活的動盪。他們不再能夠指望我們默默拾起怠惰、折磨自己、擔任受氣包的角色，和／或承受我們已經容忍了許久的虐待。到現在為止，我想你已經惹火不只一個朋友或家人，我只是想讓你知道，這是很OK的。

當我們成長時，也強迫我們生活中的其他人成長——他們未必會喜歡這樣。事實上，他們往往會為此憎恨我們，有時甚至選擇離開我們。這必須是沒關係的，因為他們的這種選擇——透過為我們踩煞車，回到原來引起中毒的老方法是背叛我們——我們完全不能接受，這甚至也不再是一種選擇，因為一旦你有了自我意識，就永遠不能再回頭。藉著隱藏我們的偉大來減弱自己，對任何人都沒幫助，只能夠鼓勵他們也保持微小。雖然讓人們按他們的選擇離開我們的生活教人難過，但這是人生的一部分，我們必須單純地接受，容許喪失、容許死亡；清出舊的以騰出空間給新的、更合適的關係，讓它們進入我們的生活。雖然離開的人可能疾言厲色或胡言亂語，說我們拋棄他們，或讓他們失望、消沉，但我們能為任何人所做的最好方法，就是繼續讓自己更健康和更美好的任務。

毋庸置疑，許多人開始這個課程，是為了達到一個特定的目標——讓愛在你的人生中實現。其實我們所有的人都以某種方式努力實現愛，不論是有或沒有承諾的伴侶關係都一樣。愛不是一個目標，而是一個旅程，它不是因為愛人來到你的生活之中而突然實現。愛是動詞，不是名詞，它不是有形的東西，你不能把它放在你的保險箱裡，它的存在是為了讓你施予，它就像你上一次的邂逅那樣新。愛總是超過我們最初打算給予它的，因為它會拿走我們所有的一切。愛很少會守規矩，乖乖服從我們預想的觀念、我們要求的表列，我們持續的欲望，以特定的方式顯示。相反地，它堅持要我們把人類的高度發揮得淋漓盡致，不斷地伸展自己，超越我們以前認為是我們的局限。愛是不眠不休的工作，它永遠不會在特定的時間以特定的形式被包覆在特定的關係之中。愛的履行不是在未來，而永遠都是在現在。

就我多年的工作經驗，發現人可以分為兩大類：希望人生中有愛，並忠實地努力讓愛獲得體現的人；和希望人生有愛，但不會做任何努力的人。會努力的人瞭解愛是一種創造行動，他們能在任何時刻自由地選擇。而不會努力的人往往認為愛是一件可以獲得的物品，或者可作為藏身處的地方。我全心祈禱我引你走向前者，因為這是我人生目標的實現——以不斷擴大我的能力，對所有經過我的道路的人給予和接受愛，並且幫助別人做同樣的事。你們，親愛的讀者，是我的愛的實現，而現在我懇求你們也把它向前傳遞。

致謝辭

「如果我看得比較遠，那是因為我站在巨人的肩上。」

——艾薩克・牛頓（Isaac Newton，物理學家）

生命中所有的成就，不論大小，都可以追溯到許多人的努力，本書也不例外。多年來，許多睿智而滿懷愛心的人協助我，讓我走到人生的這個階段，能夠有些有價值的話可說。這些仁慈和慷慨是我永難直接報答的恩惠，只希望能在餘生中把它傳出去。

不過我仍舊想感謝一些人，他們不只協助我寫這本書，而且讓我變成能夠寫這本書的人。我要感謝我的「憧憬守護人」娜歐米・本吉亞（Naomi Benghiat）和珍妮佛・霍特（Jennifer Holt），感謝你們在我疲憊不堪無法顧及時，對我生命中的愛能且會是什麼模樣，依舊抱持堅定不渝的憧憬，也感謝你們實現我夢想的奉獻。感謝蘿拉・坎恩（Lora Cain）不斷地鼓勵，提供編輯本書的意見和指導。感謝及時來到我人生中的塔瑪拉・休斯（Tamira Hughes）。感謝娜塔莉・雷曼（Natalie Lehman）親切關愛的支持。感謝班傑明・多佛（Benjamin Dover）指點出書中可能出現的陷阱，並且亦步亦趨忠實地守護我。感謝我的經紀人安吉拉・里納爾迪（Angela Rinaldi），她以無比的親切關懷，讓本書得以面世。感謝我的編輯珍妮佛・卡休斯（Jennifer Kasius）以豐富的才華和創造力為本書增色。感謝南希・哈丁（Nancy Hardin）的慷慨、投入，和常識。感謝嘉莉・桑頓（Carrie Thornton），在我們進入最後階段時，優雅而熟練地不畏艱難挺身而出。感謝凱倫・明斯特（Karen Minster），用你美麗的設計妝點我的文字。感謝泰瑞莎・阿拉斯（Teresa Alas）在我寫作和重寫的那些漫長的下午看顧我女兒。感謝菲利帕・伯吉斯（Philippa Burgess）的忠告和樂觀的鼓勵。感謝難能可貴的道格拉斯・伊凡斯（Douglas Evans），總是主動照顧身邊的人。也感謝最開始堅持要我把一切都寫下來的莫林・歐克林（Maureen O'Crean）。

我也要感謝我的病人和學員，謝謝你們全心全意信任我，並且不斷地教導和啟發我。感謝我曾有過的所有心理治療師、性靈老師，和治療師，包括安・布魯克斯（Anne Brooks）醫師、克里斯・弗爾克納（Chris Faulconer）牧師，和迪布・高許（Debu Ghosh），謝謝你們過人的慷慨、智慧，和輔導，也謝謝你們願意深入探究我的問題，讓我找到回家的路。謝謝當我因愛的力量而燦爛燃燒時所認識的瑪莉安・威廉森（Marianne Williamson），她一直是燃燒自己照亮他人的女性典範。謝謝「精神的愛」團契和劃時代教育機構（Landmark Education）協助我們所有的人擴展愛與被愛的力量。

感謝我的兄弟托德・葛洛普（Todd Grupe）和斯科德・葛洛普（Scott Grupe），你們一直是我人生中愛與光明的來源。感謝我的母親珊卓・普曼（Sandra Pullman），謝謝你這些年來的支持和無盡的慈愛，也感謝我的父親羅伯特・基爾希（Robert Kersch），畢竟他一直都愛我。感謝我過去曾愛過的人，和命運多舛的愛戀對象，由他們身上，我學到了一切——我由衷感謝你們，並請你們原諒我的諸多缺點。

最重要的，我要謝謝我的另一半馬克・奧斯汀・湯瑪斯（Mark Austin Thomas），因為你對我穩定堅持的愛、智慧和鼓勵的建言，和從不動搖的信心。感謝我們的女兒亞莉山卓（Alexandria），小甜甜，謝謝你的降生，讓我的心扉開敞得比我想像得廣。

參考書目

Adrienne, Carol. *The Purpose of Your Life*. New York: William Morrow and Company, 1998.

Anand, Margo. *The Art of Sexual Magic*. New York: G. P. Putnam's Sons, 1995.

Capacchione, Lucia. *Living with Feeling*. New York: Jeremy P. Tarcher/Putnam, 2001.

Chödrön, Pema. *When Things Fall Apart*. Boston: Shambhala Publications, Inc., 1997.

Chopra, Deepak, ed. *The Love Poems of Rumi*. New York: Harmony Books, 1998.

Dalai Lama, His Holiness The. *Ethics for the New Millennium*. New York: Berkley Publishing Group, 1999.

Dalai Lama, His Holiness The, and Howard Cutler. *The Art Of Happiness*. New York: Penguin Putnam, Inc., 1998.

Forward, Susan. *Emotional Blackmail*. New York: HarperCollins Publishers, Inc., 1998.

Frankl, Viktor. *Man's Search For Meaning*. New York: Pocket Books, 1959.

Gawain, Shakti. *Creative Visualization*. New York: Bantam Books, 1978.

Gibran, Kahlil. *The Prophet*. New York: Alfred A. Knopf, 1962.

Goleman, Daniel. *Emotional Intelligence*. New York: Bantam Books, 1995.

Gray, John. *Men Are from Mars, Women Are from Venus*. New York: HarperCollins Publishers, Inc., 1994.

Gurmukh. *The Eight Human Talents*. New York: HarperCollins Publishers, Inc., 2000.

Hafiz, translations by Daniel Ladinsky. *The Gift*. New York: Penguin Books, 1999.

Hollis, James. *The Middle Passage*. Toronto: Inner City Books, 1993.

James, William. *Varieties of Religious Experience*. New York: Macmillan Publishing Co., Inc., 1961

Krystal, Phyllis. *Cutting The Ties That Bind*. York Beach, Maine: Samuel Weiser, Inc., 1993.

Masterson, James F. *Search For The Real Self: Unmasking The Personality Disorders of Our Age*. New York: Simon & Schuster, 1990.

McLaren, Karla. *Emotional Genius*. Columbia, CA: Laughing Tree Press, 2001.

Miller, Carolyn Godschild. *Soulmates*. Tiburon, CA: H J Kramer, 2000.

Moore, Thomas. *Care of The Soul*. New York: HarperCollins Publishers, Inc., 1992.

__________. *Soul Mates*. New York: HarperCollins Publishers, Inc., 1994.

Myss, Caroline. *Why People Don't Heal And How They Can*. New York: Three Rivers Press, 1997.

__________. *Sacred Contracts*. New York: Harmony Books, 2001.

Peck, M. Scott. *A Different Drum*. New York: Simon & Schuster, 1987.

Rumi, translataed by Coleman Barks. *The Illuminated Rumi*. New York: Broadway Books, 1997.

Schiffmann, Erich. Yoga: *The Spirit and Practice of Moving Into Stillness*. New York: Pocket Books, 1996.

Schucman, Helen. *A Course In Miracles. Glen Ellen*, CA: Foundation for Inner Peace, 1975.

Shafir, Rebecca Z. *The Zen Of Listening*. Wheaton, IL: Quest Books, 2000.

Shinn, Florence Scovel. *The Game Of Life And How To Play It*. Marina Del Rey, CA: DeVorss & Company, 1925.

Tolle, Eckhart. *The Power Of Now*. Novato, CA: New World Library, 1999.

Vanzant, Iyanla. *In the Meantime*. New York: Simon & Schuster, 1998.

Walsch, Neale Donald. *Conversations with God, book 1*. New York: G. P. Putnam's Sons, 1995.

Williamson, Marianne. *Enchanted Love*. New York: Simon & Schuster, 1999.

__________. *A Return to Love*, New York: HarperCollins, 1992.

Zweig, Connie, and Jeremiah Abrams, eds. *Meeting the Shadow*. New York: Jeremy P. Tarcher/Putnam, 1991.

國家圖書館出版品預行編目（CIP）資料

七週遇見對的人：擴展愛的能力，聽從內心的指引，尋回值得的人生／凱薩琳．伍沃德．湯瑪斯（Katherine Woodward Thomas）著；黃美姝譯.
-- 二版. -- 新北市：臺灣商務印書館股份有限公司, 2022.03
400 面；17×23公分 --（Ciel）
譯自：Calling in "the one": 7 weeks to attract the love of your life

ISBN 978-957-05-3392-7（平裝）

1. CST：擇偶　2. CST：女性心理學　3. CST：兩性關係

544.31　　110022378

Ciel

七週遇見對的人

擴展愛的能力，聽從內心的指引，尋回值得的人生

【暢銷修訂版】

Calling In "The One": 7 Weeks to Attract the Love of Your Life

作　　者一凱薩琳．伍沃德．湯瑪斯（Katherine Woodward Thomas）
譯　　者一黃美姝
發 行 人一王春申
選書顧問一林桶法、陳建守
總 編 輯一張曉蕊
責任編輯一廖雅秦
校　　對一呂佳真
封面設計一張巖
內頁設計一黃淑華

行　　銷一張家舜
影　　音一謝宜華
業　　務一王建棠
出版發行一臺灣商務印書館股份有限公司
231023 新北市新店區民權路 108-3 號 5 樓（同門市地址）
電話：（02）8667-3712　傳真：（02）8667-3709
讀者服務專線：0800056193
郵撥：0000165-1
E-mail：ecptw@cptw.com.tw
網路書店網址：www.cptw.com.tw
Facebook：facebook.com.tw/ecptw

局版北市業字第 993 號
初版一刷：2014 年 7 月
二版1.5刷：2022 年 5 月
印刷廠：沈氏藝術印刷股份有限公司
定價：新台幣 450 元